聲名顯赫又沉默如謎：任正非傳

林超華 著

前 言

　　提起華為，大部分媒體會表現出極大的關注，許多人都會豎起耳朵，這不僅因為它是「唯一一家能夠與國際頂尖電信製造商進行正面競爭的中國企業」，而且還因為華為掌舵人的神祕——被稱為「華為教父」的任正非。

　　任正非自創辦華為二十多年來沒有接受過任何一家媒體的正式採訪，即使在今天，華為已全面調整對外宣傳戰略，允許華為高層對媒體自由發聲，但任正非還是給自己申請了一項「特權」——「你們任何人都應該都可以接受採訪，我就免了。我的性格不適合與媒體打交道。」

　　而人的心態就是這樣，越是神祕就越想一探究竟。任正非渴望低調，而華為卻「樹大招風」。傲人的成績總是讓聚光燈興奮、悸動。任正非不對媒體開口，華為企業不上市，甚至幾乎不向銀行貸款，外界的好奇堆積成山不得其解，流言四起卻難有定論。外界認識任正非的渠道，只有任正非個人所寫的文章、針對華為的各種講話，華為員工的隻言片語和一些從華為出走的員工寫的各種小冊子。

　　然而，僅靠這些隻言片語和零星片段還不足以破解華為的快速成長之謎，一睹其全貌；不足以讓我們認識一個真實的任正非，再現他

艱苦打拚的傳奇經歷。因此，我們通過多種途徑多種方式對涉及這位神祕人物的資料進行挖掘考證、走訪調查，像拼接一張破碎的照片一樣，使任正非的形象變得完整清晰起來。

一九四四年，任正非出生於貴州安順地區鎮寧縣一個位於貧困山區的小村莊，飢餓感是任正非的少年創傷記憶；他的父母都是教師，家庭背景是他一生的第一個決定性因素。中國的知識分子對知識的重視和追求，可謂「貧賤不能移」。即使在三年自然災害時期，任正非的父母仍然堅持從牙縫裡擠出糧食來讓孩子讀書。不幸的是，任正非剛考上大學不久，「文化大革命」便開始了，他的父親被關進了牛棚，學校也變成「槍林彈雨的環境」，但是他始終不為所動，堅持學完了電子計算機、數字技術、自動控制等十幾門功課，甚至把高等數學的習題集從頭到尾做了兩遍，還學習了邏輯學、哲學，並自學了三門外語。大學畢業後，他參了軍，成了一名建築兵。在軍工廠緊張工作之餘，他鑽研電子技術，並成為一名技術標兵。儘管十四年的軍旅生涯並沒有給他帶來多少榮譽和事業上的成就，但卻深深影響了他的價值觀並鍛造了他的鋼鐵般的意志。

一九八七年，任正非從部隊以團副的身分轉業，來到成為改革試

驗田的深圳，在一家國有企業下屬公司任職。沒想到就在這一年多的時間裡，他遭遇了人生的兩次重大打擊。痛定思痛後，他決心「下海」創業。

那一年，他四十三歲，被解職，離婚，處於人生的最低谷；他以二萬餘元起家創立華為，以「活下去」作為公司發展的最大動力，以「深圳速度」飛速發展——二〇一五年實現銷售收入三九五〇億元人民幣，創利三六九億；員工由六個創業「元老」發展到十七萬人。任正非帶領華為不斷發展壯大，從中國走向世界，使華為成為「土狼」走向世界的先行者，並改寫了「全球電信業的生存規則」，成為全球電信設備巨頭之一。

這個商業傳奇，離開了任正非幾乎是不可能的，他是一個少有的同時具備卓越的戰略眼光、偏執狂般的執行力與商業雄心的企業家；也離不開任正非打造的優秀團隊——「滿世界拚命的華為員工」。尤其是在通往國際市場的漫漫征途上，一行行悲壯的腳印，給了有志於開拓國際市場的中國企業以無盡的啟迪。在智利九級大地震中，華為員工失聯，找到後還去地震中心維護設備。在利比亞戰爭後的撤僑行動中，任正非一聲令下：「不准撤，網絡癱了，死人更多。」軍人出

身的他，對現代戰爭有最基本的判斷——「戰爭是精確打擊，不在那個點，就沒問題。」在日本，二〇一一年發生地震海嘯，很多人開始撤走，但華為人情緒穩定，背著工具背包，逆難民而走……華為員工憑著一股為「中國製造」四個字爭光的精神，為華為公司拓土開疆，所向披靡。華為公司或者說任正非，影響了成千上萬年輕人的生活乃至改變了他們的命運。

本書以探究事實真相的寫實手法，以多述事件、少發議論為原則，以任正非的人生經歷、創業歷程為主線，重點講述了他的獨特個性、管理理念、精神追求和他學者的思辨、智者的膽識、軍人的風度、大師的風範、哲學家的深刻和作家的浪漫詼諧，以及華為員工的自發性成長、艱苦奮鬥，華為組織的持續自我否定和演進，伴隨著二十餘年企業成長的風風雨雨，展示一個具有獨特魅力的現代企業家形象。本書可以說是一本具有勵志色彩的不可多得的企業家正傳。

本書在出版的過程中，得到了李華偉、林中華、李華軍、范高峰、林學華、張慧丹、林春姣、李雄傑、劉豔、李小美、林華亮、陳聰、曹陽、李偉、曹馳、龐歡、劉豔、張麗榮、李本國、林曉桂、李澤民、龔四國、周新發、林紅姣、林望姣、李少雄、陳志、張鵬、李

天昊、劉洋洋、沈文彬、向麗、楊城、曹茜、劉宇、楊衛國、孔志明、葉超華、金澤燦、羅斌、趙志遠、汪建明、翟曉斐、林承謨、曹雪、林運蘭、曹建強、陳娟、許偉、曹琨、趙生香、梁曉丹、張茗凱、吳佳琪、張昊、曹霞、汪鵬、劉昊宇、楊顯輝、班躍鑫、劉宇、郭夢雅、崔佳生、田建兵、胡冬梅、李曉軍、亢博劍、段勇、王映霞、郭松、王偉、林喆遠等不少同仁的支持和幫助，在此特表示深切的謝意！

目 錄

CONTENTS

第一章

家族基因

物質的艱苦以及心靈的磨礪，可以說是我們的人生走向成熟的一個契機。這在任正非身上得到了驗證，家庭環境以及特殊的生活經歷，造就了他那戰略性的領導力：無私，遠見，低調和危機感。

一、「土狼」之說

一九九八年，華為技術有限公司（以下簡稱華為）以八十多億元的年營業額雄踞聲名顯赫的國產通信設備四巨頭「巨大中華」之首。勢頭正猛時，華為的首領任正非不但沒有從此加入到明星企業家和富豪榜行列中，反而對各種採訪、會議、評選唯恐避之不及，甚至對有利於華為形象宣傳的活動和政府的活動也一概堅拒，並給華為高中層人員下了一道命令：除非重要客戶或合作夥伴，其他活動一律免談，誰來遊說，我就撤誰的職！整個華為由此上行下效，全體以近乎本能的封閉和防禦姿態面對外界。

儘管任正非幾乎完全遠離公眾視野，但他的一舉一動總會引發外界的高度關注。二〇〇二年的中國國際信息通信展覽會上，任正非在公司展台前接待客戶，一位上年紀的男子走過來問他，華為總裁任正非有沒有來？任正非問，你找他有事嗎？那人回答，也沒什麼事，就是想見見這位能帶領華為走到今天的傳奇人物究竟長什麼樣子。任正非說實在不湊巧，他今天沒有過來，但一定會把你的意思轉達給他。

關於任正非的神出鬼沒還有很多故事。有人去華為辦事，暈頭轉向地交換了一圈名片，坐定之後才發現自己手裡居然有一張是任正非的，急忙環顧左右，斯人已不見蹤影。有人在出差去美國的飛機上與

一位和氣的老者天南地北地聊了一路，事後才被告知對方就是任正非，不禁懊悔不已。這些多少帶點演繹成分的故事說明，想認識任正非的人太多，而真正認識任正非的人卻太少。

當然，「一味地拒絕媒體會導致外界對企業的認識產生偏差」，因公司面臨深層次的戰略轉型，從二〇〇八年開始，華為不願再做鴕鳥。任正非說：「在輿論面前，公司長期的做法就是一隻把頭埋在沙子裡的鴕鳥，我可以做鴕鳥，但公司不能，公司要攻擊前進，華為公司到了這個時候要允許批評。」於是，人們開始大力宣傳華為，各種有關華為成功的「寶典」也紛紛出版發行。不過，華為的掌舵人任正非仍是神龍見首不見尾，僅偶爾在雲端露出來一鱗半爪而已。

任正非的刻意隱身，使得他被貼上「神祕」的標籤，在各種事實與臆測中，人們憑自己的理解給任正非加上各種名號，如「土狼頭領」「硬漢」「商業領袖」「華為教父」。對此，任正非表示：「媒體記者總喜歡將成績扣到企業老總一個人頭上，不然不生動，以虛擬的方法塑造一個虛化的人。我不認為自己像外界傳說的那樣有影響力，但是很敬業、無私、能團結人。」他這話一出，又引來種種議論，有人說他「偏執狂」「很暴躁」「心理有障礙」，還有人說他平時衣著打扮太平常，像一個老工人，襯衫袖子永遠是挽到胳膊一半，偶爾繫回領帶還往往不正。

如果說「硬漢」「華為教父」不難理解的話，那麼「土狼頭領」又是從何而來，該作何解呢？

土狼又叫鬣豺，很多人常把土狼當成鬣狗，二者外貌相似而本質

品行卻有天壤之別。土狼是溫順的獨居者，且行動較為遲緩，已從肉食動物中退化出來；而土狼的近親斑鬣狗卻颯爽、凶猛無比，是大自然界捕食動物的頂級獵手。顯然，人們用來比喻任正非的不是這種土狼。這個「土狼」中的「土」是指中國本土，華為人把通信製造企業比喻成草原上的三種動物：獅子——跨國公司；豹子——跨國公司在中國的合資企業；土狼——地道的中國本土企業。在獅子眼中，華為這匹土狼以100：1的兵力蠶食獅子的邊緣戰場，直至腹心；就是以獅子難以理解的目的瘋狂發動價格戰，使獅子的利潤直線下降；就是以對中國本土市場無與倫比的適應性和理解能力，運用各種「不規範競爭手段」，在複雜的利益關係中靈活穿梭，使獅子的技術優勢變得蒼白無力，使華為成功挺進世界五百強，成為全球第二大通信設備供應商。

如果說華為人是一群土狼，任正非正是這群土狼的首領，而這位首領最終成為企業的一個符號，體現的是本土企業的狼性：對成功的強烈渴望，面對挫折屢敗屢戰的可怕執著和忍耐，對多變環境的適應和求生能力，以及不惜代價集體作戰的方式，都向獅子證明土狼是凶猛而難纏的對手。「力量，來源於組織，不是個人」，「土狼」之說原來是指任正非在一個本土企業裡締造的「狼文化」。

接下來，我們通過「狼文化」這一核心，由內向外去探究任正非的創業足跡、心路歷程以及華為和他的傳奇。除了他曾經共事的同事的看法（包括已出版的著述）之外，作為一家大型企業的總裁，他的重要講話一般會有記錄，外界也因此多了一個認識他的機會，加上與他一起生活過的老鄉、同學、戰友的回憶，所有的碎片銜接起來，使

我們認識到，華為這家中國本土的高科技企業成功的背後，有它令人信服的故事經緯和哲學架構，即一部簡明的、基於人性慾望的價值觀所牽引下的有血有淚、有歡樂與苦難、有希望與絕望的一部群體奮鬥史和財富創造史，同時也是一部人性管理思想的探索史。

二、任氏家族

生物學認為，遺傳和變異決定於物種的基因。但考證任正非的家族，我們發現在他之前的任氏幾代人都沒有半點狼性基因。

任正非的爺爺叫任三和，浙江浦江縣任店村人（今浦江縣黃宅鎮任店村），年少時在金華火腿廠當學徒，由於他幹活勤快麻利又謙虛好學，老闆非常喜歡他。幾年後，他成了醃火腿的大師傅。他製作的火腿皮色黃亮，肉色紅潤，香氣濃郁，這一手絕活使他遠近聞名。而金華火腿廠名聞天下，能在這樣的大廠裡當「技術員」，也算得上是「知識分子」，待遇順理成章地越來越高。所以，任家當時家道殷實，有一棟雕梁畫棟的四合院，很是氣派。現今四合院還在，不過雕梁畫棟已腐朽，只剩下杉樹的雕花門窗了。

任三和在二十歲左右娶妻成家，不久有了一個兒子，日子過得挺舒暢。一九一〇年十一月十六日，他們又得了個兒子，起名任木生，字摩遜，意指希望他「揣摩研究」學問和技藝，「不遜於」任何人。

任木生天資聰穎，說話作文很有條理，五六歲就被送進學堂。任三和學徒出身，沒什麼文化背景，一步步走到大師傅的位置，自然了

解知識技術的價值，因此，他除了教給子女為人處世的道理外，還極力鼓勵他們讀書，多掌握文化知識。他的想法很樸實，家財萬貫不如一技在身。在清末民初的紛亂世道裡，即使讀書不能晉身仕途，至少也有利於掌握一門好手藝和謀生技能，讓生活的路子更廣一些。任木生在兄弟姊妹中是學習最用功，也是成績最好的一個，也因此獲得了更多受教育的機會。但他沒有走父親的老路，不想將來靠手藝謀生，而且他進的是新式學堂，新式學堂開設了很多舊私塾沒有的科目，少了些科舉入仕的濡染，多了些新思想的薰陶。他思想活躍，嚮往新生活，為此學習非常努力刻苦，各科成績都很不錯。為了讓兒子有個遠大的前程，任三和在任木生十多歲的時候，就將他送到北平高等學校附屬中學就讀，以便考入高等學府。

果然，任木生不負父望，兩年後考取了北平一所高校。他是任氏家族的第一個大學生，也是任店村的第一個大學生。任三和感到十分欣慰，對兒子有了「不遜於」任何人的期盼。

大學期間，任木生在努力學習文化的同時，為了實現自己的政治抱負，接觸了不少進步青年，組織起校友會。「九‧一八事變」後，他參加了北平抗日救亡宣傳活動，並加入了共青團。不幸的是，大三這年，他的父親病故，不久母親也隨之而去。沒有了經濟來源，書也念不下去了，任木生只得回老家找工作。當時有大學學歷的人並不多，任木生找工作還算比較容易。一九三四年，他被聘入浙江定海水產職業學校任教，一年後轉入南京農業職中，擔任校領導工作。在兩校任教期間，他娶妻吳氏，育有一子一女。

一九三七年「七七事變」後，日本發動了全面侵華戰爭，蘇滬沿海集結了大批日軍，大戰一觸即發。正在南京農業職中任教的任木生為躲避戰火，忙把家眷送回浦江鄉下。任木生在大學期間參加過中國共產黨領導的祕密革命活動（據說還加入了共產黨），被國民黨特務組織列入黑名單，一直被暗中監視。大學校友會的朋友早就建議任木生南下，但他一直猶豫不決。就在他把家人送往任店村時，國民黨特務對他突然離校返鄉產生了懷疑，祕密跟蹤而至，值得慶幸的是，他們匆忙之中抓錯了人。第二天，任木生裝病托村裡人用皮龍（類似於轎子）抬到鄭家塢火車站，南下廣東。沒想到他這次匆匆離鄉，一別竟是五十多年，直到一九九五年，他才找機會回了一趟浦江，一了生前最後心願。

　　任木生逃到廣州後，不久進了四一二軍工廠，在會計處擔任會計。四一二工廠是國民黨開辦的一家生產防毒面具的軍工廠。在廠裡，任木生依然很活躍，響應共產黨的號召，積極宣傳抗日，組織讀書會。參加讀書會的人，大多是堅決主張抗日的愛國青年，其中還有共產黨地下組織成員。任木生的愛國舉動引起了國民黨特務組織的注意，但他毫不畏懼，經常和大家一起探討抗日問題。不久，為了順應民意，國民黨地方政府和駐軍也喊出了抗日口號，並表示誓死堅守廣州。

　　到了一九三八年，戰局進一步惡化，日軍大舉南進並多次派出飛機對廣州等地進行大密度的猛烈轟炸。國民黨軍隊並沒有拚死抵抗，而是迅速撤至粵北，四一二工廠也向西撤到廣西融水。到達融水不久，任木生和幾個朋友利用業餘時間開了一間書店，專賣進步書刊，

還重新組織起讀書會，取名「七七讀書會」。同年十月下旬，廣州淪陷，鑒於日軍仍有可能繼續西進，四一二工廠又遷到了貴州桐梓，任木生隨廠來到這個偏僻之地。

桐梓素稱「黔北門戶」「川黔鎖鑰」，距離重慶（國民黨中央政府已遷到重慶）不遠，由於省外軍工、學校、醫療等單位相繼遷駐，這裡人口日繁，商旅大增。在這個大後方，任木生的一腔抗戰熱血被冷卻了，加上國共關係愈加緊張起來，他覺得繼續在軍工廠裡待下去沒有什麼前途，一九四四年初，他做了一個對自己一生有著重大意義的選擇：申請轉地方繼續幹自己的老本行──教書。

他跟相識不久的一位叫程遠昭的姑娘一起回到她的老家──安順鎮寧的一個小鎮。這一帶屬於喀斯特石灰岩地形，享有「中華第一瀑」盛譽的黃果樹瀑布就在這裡，古人形容道：「白水如棉不用弓彈花自散，虹霞似錦何須梭織天生成。」雖然這裡四周青山環繞，碧水長流，峭壁上的植被鬱鬱蔥蔥，但經濟非常落後。

儘管沒有太多的閒情逸致去欣賞景色，但任木生能感覺到這裡山美水美人更美，老百姓勤勞善良、淳樸誠摯、熱情好客，使他動了在此地安家札根的念頭。他與程遠昭經過短暫的相互了解後，二人情投意合，心心相印。一九四四年初，三十四歲的任木生與十七歲的程遠昭喜結良緣。任木生一表人才，又在北平上過大學，才識不凡，談吐儒雅；程遠昭生在農家，勤儉誠實，模樣俊俏，文靜端莊，他們的結合可以說是天作之合。可惜兩人不得不分居兩地，新婚沒幾天，任木生便獨自到上級安排的學校──黔江中學報到。

這年十月，程遠昭臨產，任木生匆匆從黔江趕回來守候。十月二十五日，一個健康、可愛的男孩降生了。新生命的到來給這個小家庭帶來了無限的歡樂。任木生非常高興地對妻子說：「我們的長子一定要取個好名字。」

　　程遠昭說：「取個名字對你來說還不是信手拈來。」在她心目中，丈夫是個學問高深之人。

　　但是，任木生卻感到有點為難，他苦思數日，才認真地對妻子說：「我給兒子取名叫正非，正，正確的正；非，是非的非，你看如何？」

　　「正非？」程遠昭說，「這個名字好呀，是不是跟你的名字一樣也有別的什麼含義呢？」

　　任木生笑而不答。這給後來研究任正非的人留下了一個小小的難題。有人說，或許這是對程遠昭的安慰，程遠昭是續絃，偏室即正室，正室即偏室，有正偏存乎一心的意味；有人說，正非就是要有正確的是非善惡觀，體現了任木生對人生的感悟；有人說，「正非」二字本身，就是一個平衡，或稱為中庸，非即正，正即非，非中有正，正中有非；還有人說，這是任木生告訴兒子：人世間充滿了是是非非，究竟何為正，何為非，需要一個人用一輩子去探究、去領悟。只有將是是非非悟透，才能成為一個對社會、對國家、對世界都有用的人。名字只是人的一個代號，也許任木生根本沒有想這麼多。

　　一九四六年，任木生的大女兒降生，他給女兒取名叫正離。從這

個名字的本意來看，如理解為「正即離，離即正」之意，那麼，正與非就不是相對立的了。通過這一旁證，有人又說任木生的「正非、正離」說，是老子所揭示的「有無相生，難易相成，長短相形，高下相盈，音聲相和，前後相隨，恆也」。這是宇宙的運行規律。如此一說，越發把意思搞複雜了。

實際上，這反映了任木生的一種哲學理念，他給兒女種下了一顆種子：不要被是非善惡誤導，別被狹小的自我圈圈套住，生活有無限的可能。不跟隨主流，心裡要有主流。離開主流，才是推動主流。這對任正非後來的人生與事業產生了極為重要的影響。

後來，任正非完全按照自己的理解去踐行，他認為天道酬勤，號召員工跟公司的天敵——懶惰開戰，力出一孔，利出一孔，聚精會神做獨一無二的極致產品，這便是華為商業模式的基因。任正非大開大合，以狼性基因作為企業文化，淋漓盡致地彰顯了中國企業對競爭力的渴望，走的正是通過顛覆現實與正統離合的路徑（將是非暫且擱一邊）。正非、正離，還有點混沌之味。後來任正非還提出了管理的灰度理論，或許也可以在他的名字中找到某些啟示。

如果一定要在任氏家族中探尋任正非的狼性基因，只能說，他與父母之間有靈魂的應和、意識的傳遞、氣質的生養。

三、窮也會有快樂

從一九四四年到貴州解放前夕，任木生輾轉於黔江、鎮遠一帶，

先後在黔江、鎮遠、關嶺、豫章等中學任教，差不多一年換個地方，可以說居無定所。

一九四九年，任木生參加了土改工作隊，隨解放軍剿匪部隊一同回到鎮寧，參與改建一所少數民族中學——鎮寧縣民族中學。當時山區還有很多土匪和國民黨反動派殘兵，他冒著挨冷槍開展工作，不計較個人得失，不畏艱難困苦，為學校的創建立下了汗馬功勞。次年新校開學，他被任命為校長。

任正非在中學前一直和母親及妹妹在小鎮生活。這個小鎮雖是個清貧之地，但一家人也過得其樂融融。母親是高中學歷，顯然，外祖父家並非貧苦人家，而且外祖父母能破除女子無才便是德的封建觀念，送她上學，說明他們是非常開明的。母親受父親的影響，努力自學，也成了一名數學教師。後來，任正非在一篇文章中說：「媽媽程遠昭，是一個陪伴父親在貧困山區與窮孩子廝混了一生的一個普通得不能再普通的園丁。」

剛剛經歷過抗日戰爭和解放戰爭的新中國一貧如洗，農村很多和任正非同齡的孩子早早便下地幫著父母插秧，或光著背上山放牛，跟他們相比，任正非還是很幸運的。一九五一年，任正非進入鎮小學讀書。課餘和假日，他和其他貧苦孩子一樣下河摸魚、上樹抓鳥，或用自製的「順風耳」跟小夥伴們打電話。土電話製作簡單，兩個圓形紙盒，一根棉線，兩支火柴棒便可輕鬆製成。他們當時並不知其原理，只是覺得好玩，自得其樂。

後來，他們又得到了一個寶貝——一台笨重的舊收音機。這是一

個小夥伴在縣城的一個廢舊堆裡撿到的，任正非胡亂搗鼓了幾下，竟然能出聲，通過它聽到了不少評書故事。大家還經常在一起複述故事情節，評說英雄人物，也鬧過張飛殺岳飛的笑話。後來收音機沒電了，任正非求父親給買幾節電池回來，但被父親一口拒絕，父親讓他去找化學老師求教。化學老師告訴了任正非電池再生的方法：用釘子將電池正端一頭札兩個小孔，再灌些鹽水進去就行了。任正非和夥伴們又用再生電池聽了一段時間的故事，直到電池徹底報廢。這是任正非童年玩過的唯一一個非自製的高級玩具，從中他收穫了許多快樂。

任正非自小愛聽故事，母親從成語故事到神話故事，她都給孩子們講。對任正非影響最深的是「聞雞起舞」「鑿壁借光」「沉香救母」「蜘蛛結網」之類的故事。

任正非讀書的小學離家很近，學校的條件很差，教室簡陋，透風漏雨。一到冬天，雖然有燒木材取暖的鐵爐子，但室溫和外面的溫度也差不多；夏天則是蚊蟲亂飛，既悶又熱。為了鼓勵兒子唸書，程遠昭給任正非講了「囊螢映雪」的故事：

車胤生活在距今1600多年前的晉朝，是個非常勤奮好學的孩子，可是他家裡很窮。父母微薄的收入維持一家人的吃穿都非常困難，根本沒有多餘的錢供他上學，甚至連給他買一盞油燈的錢都沒有，所以，車胤從小就立志一定要好好學習，等到將來長大了做高官，以便擺脫貧困的家境，讓父母都過上好日子。因為白天要幹農活，他只能利用傍晚時間背誦詩文。

有一年夏天，天都已經黑了，車胤還在院子裡背誦古詩文，他背了一首又一首，還不願意停下來。這時，院子裡有螢火蟲高高低低地飛過，像一盞盞小燈籠，照亮了車胤的眼睛。車胤靈機一動，想出了一個繼續讀書的好辦法。他從屋子裡找來一個透明又透氣的絹布袋子，然後開始逮螢火蟲，等到袋裡的螢火蟲足夠照亮他的書本了，他才停下來，紮緊袋口。聰明的車胤想用螢火蟲的光亮來幫他讀書。他選擇透明的袋子，是為了讓光能透過袋子照射出來，有了這個「小燈籠」幫他讀書，他進步很快。

自那以後，每個有螢火蟲飛舞的夜晚，車胤都會抓一袋來，伴著微弱的光源繼續學習。由於天性聰穎，加上後天的勤奮刻苦和不懈的努力，他終於做上了職位很高的官，不但自己過得很好，而且也讓父母一起享福了。

「這就是『囊螢』的故事。」講到這裡，程遠昭停下來，望著兒子，希望他能自己悟出點道理來。

任正非想了想，問道：「『囊螢』這個故事是不是說，沒有好的學習環境也能讀好書？那『映雪』這個故事又是怎樣的呢？」

程遠昭看著兒子性急的樣子，接著說：「『映雪』說的是同一個道理，一樣精彩。」便接著講下去：

與車胤同朝代的一個人叫孫康，他的家境也很貧寒。因為沒錢買燈油，晚上不能看書，他只能早早睡覺，眼睜睜地看著時光白白溜走卻無能為力。一天半夜，他從睡夢中醒來，把頭側向窗戶，突然發現窗縫裡透進一絲光亮，他打開窗一看，原來是白色的雪光把天地照亮了。

「好美的雪景啊！」孫康不禁被眼前的美景驚呆了，如此耀眼的光芒，不正是讀書的好時光嗎？他倦意頓失，立即穿上衣服，取出書籍，來到屋外。寬闊的大地上映出的雪光，比屋裡要亮多了。孫康不顧嚴寒，看起書來，手腳凍僵了，他就起身跑一跑，搓搓手指。此後，每逢有雪的晚上，他都不放過讀書的大好機會，孜孜不倦地讀書。正是這種孜孜不倦、不畏嚴寒的苦學精神，使他的學識突飛猛進，最終當了高官。

聽完這個故事，任正非明白了母親的意思，暗下決心，一定要努力學習，長大後做大事，做一個對祖國和人民有用的人。

後來，任正非的父母又生育了一子四女。一家九口人，全靠夫妻倆教書賺來的微薄薪水生活，而且任木生還要按月給浦江老家的家眷寄生活費。按說，一對知識分子組成的家庭，日子不會過得太差，可惜他們生不逢時，命運遠比一般平民悲慘。那個年代，別說沒有多少錢，就是拿著大把的錢也買不到東西。政府實行計劃經濟，重要的生活用品憑票供應。最少的時候一年每人只發〇點五米布票，十幾斤糧票，兄妹七人哪裡夠用！

儘管無法給七個兒女溫飽的生活，但為了讓他們都有書讀，任木生和程遠昭省吃儉用、四處借錢，即使幾個人合用一條被子、缺衣少食，也不覺得苦。兄弟姊妹間也相互關心謙讓，和睦相處，一家人雖苦卻很快樂。

　　一九九五年世界博覽會（以下簡稱「世博會」）時，華為的一名員工陪同任正非的幾位小學同學參觀世博會。問起任正非小時候是個什麼樣的人，任正非的一個同學說，他是一個流鼻涕邋遢但成天笑呵呵的人。任正非自己也曾在法國對媒體說：「我也不知道怎麼解釋自己是怎樣的一個人，因為不知道應該從哪個角度來看。我認為自己從來都很樂觀，無論身處什麼樣的環境，我都很快樂，因為我不能選擇自己的處境。雖然小時候家境很貧窮，卻很快樂，因為當時不知道別人的富裕是什麼樣的，直到四十多歲以後，我才知道有那麼好吃的法國菜。」

　　任正非後來被人稱為「不可救藥」的樂觀主義者，恐怕也是因為他童年受到了父母的影響。他們教育孩子坦然地面對貧窮，接受貧窮，更要立志改變貧窮。他們的勉勵讓任正非從小養成了樂觀上進、淡泊名利、崇尚知識的良好習慣。

四、「飢餓」的印跡

　　一九五八年，任木生在國家吸收一批高級知識分子入黨時光榮地入了黨，並被調到都均民族師範學校任校長。正遇「大躍進」時期，由於反右鬥爭擴大化，很多知識分子被劃為「右派」，遭到錯誤的批

判，任木生也不例外，加上「三年困難時期」。貴州地處高原，經濟欠發達，尤其山區俗稱「天無三日晴，地無三里平，人無三分銀」，先天的地理環境不適宜於農耕。「大躍進」運動開始後，貴州農村大辦公共食堂，謊報糧產高徵購（多向國家交公糧），一度被譽為「紅旗省」，使得原本不能自給的糧食成了稀缺之物，因此任家的生活更是雪上加霜。

這一時期，任正非隨父親來到都均，進入都均中學讀書。求知慾望使他一頭札進書本裡盡情地吸取知識的「乳汁」，但這只能解決精神上的貧乏，解決不了餓肚子的問題。任家的生活一直十分拮据，而弟弟妹妹們又在一天天長大，衣服一天天變短，而且一個個都到了上學的年齡，這就使原本緊張的日子過得異常艱難。任正非後來在一篇文章中寫道：「每個學期每人交二元到三元的學費，到交學費時，媽媽每次都發愁。與勉強可以用工資來解決基本生活的家庭相比，我家的困難更大。我經常看到媽媽月底到處向人借幾元錢度饑荒，而且常常走了幾家都未必能借到。」

任木生為人父母，為了孩子可以捨棄面子和忍受屈辱，但即使如此，全家人還是經常餓肚子。為此，任家每餐實行嚴格的分飯制，控制所有人食物的配給，保證人人都能活下來。如果不這樣，肯定會有弟妹被餓死。任正非作為老大，完全可以偷偷多吃食物，但他沒有這麼做。弟弟妹妹一個比一個小，都在長身體，他總是處處讓著弟妹們。

在追求溫飽的時代，對一個家庭來說，吃穿永遠是放在第一位

的。任正非回憶時說：「三年間從來沒有穿過襯衫。有同學看見很熱的天裡我穿著厚厚的外衣，就說讓我向媽媽要一件襯衣，但我不敢，因為我知道做不到。我上大學時媽媽一次送我兩件襯衣，我真想哭，因為我有了，弟妹們就會更難了。」任正非的無私、捨己精神正是從母親程遠昭身上學到的，他感觸最深的是母親的勤勞與捨己。家裡八口人的生活全仗著她支撐。八口人就是她的全部世界。八口人的吃飯穿衣是她巨大的挑戰。她時常忘了家裡的第九個人——她自己。其他人在吃飯，她在收拾鍋灶，等她收拾妥貼了，桌上的飯菜早已乾乾淨淨。忍饑挨餓成了她的家常便飯。父親有時外出參加會議，還有機會適當改善一下；而她除了自己的教學工作，還要煮飯、洗衣、修煤灶、尋野菜……她苦，還不讓人看見。她勤勞，無論是收過糧食的田野，還是路邊的撿漏，她覓食的空間總比他人寬廣。她手巧，常常能在沒有米的窘境中，將各種各樣的野菜和樹葉，做成「美味」的食物。成功後的任正非曾感慨道：「我的不自私是從父母身上學到的，華為之所以成功，與我的不自私有一點關係。」

程遠昭性格沉靜，言語不多，因為每天有那麼多事要做，每做一件事她都全心全意，沒有時間就一些無關緊要的事說三道四。靜心，這是程遠昭給任正非最好的薰陶。高中期間，任正非食量增加，經常餓得昏昏沉沉、天旋地轉，他的學習成績忽上忽下，像過山車一樣，很不穩定。高中二年級時，任正非多次補考才過關。他為此焦慮不安、脾氣暴躁，程遠昭見狀，對他說：「無事心不空，有事心不亂，大事心不畏，小事心不慢。」

高三那年，任正非有時在家複習功課實在餓得無法忍受，就用米

糠和著菜揉一下，放在鍋裡烙著吃。有幾次被父親發現了說道：「正非，你這樣吃，會把身體吃壞的！」任正非若無其事地說：「沒事，我年輕，身體好著呢！」父親雖然疼愛兒子，但也沒有一點辦法。他拉著任正非的手，心痛得連連搖頭。那個時候任家窮得連一個可上鎖的櫃子都沒有，糧食是用瓦缸裝著的，但任正非絕不敢去隨便抓一把，因為這會讓弟弟妹妹挨餓。由於生存所迫，全家人都想方設法尋找食物。程遠昭領著孩子們上山采了一些紅刺果，再把厥菜根磨成漿，青楨子磨成粉，代替糧食。他們還在山上開了一塊荒地，種了一些南瓜。播種南瓜時，他們還意外發現荒地旁邊美人蕉肥碩的根可以煮熟解飢。每天晚上，任正非和弟弟妹妹們圍著火爐，等著母親煮出一大鍋美人蕉的根或南瓜來充飢。和睦的家庭氣氛，共渡難關的信心，使這些食物吃到嘴裡時充滿了「香甜」的味道。

由於任正非正處於長身體的階段，又面臨高考，程遠昭給予他特殊照顧，每天早晨額外給他一個小玉米餅，並叮囑他不管多苦多難，都要安心複習功課，努力考上大學。

對於懦弱的人來說，清貧和苦難就是重重枷鎖和鐵鏈，會約束和限制其前進的方向。但在勇敢者面前，這兩個「忠誠」的夥伴就會變成助他騰飛的一對「翅膀」。任正非每每回憶起這段辛酸往事，都不禁感慨萬千：「我能考上大學，小玉米餅功勞巨大。如不是這樣，也許我創辦不了華為這樣的公司，社會上可能會多一名養豬能手，或街邊多一名能工巧匠而已。」任正非對親人的虧欠之情，在那時達到了高峰。「這個小小的玉米餅，是從父母與弟妹的口中摳出來的，我無以報答。」

任正非的父母作為當時社會底層的學校教師，無法給予孩子財富和事業上的幫助，但他們留給了孩子對知識的熱愛，以及為人父母的舐犢之情。如果說長輩留下的基因只是傳奇的基礎，那麼青少年時期的挫折和生存壓力，就是任正非成才的第一課。他養成了一種獨特的心性，不喜歡多話，常常一個人靜心思考，思考自己的未來。

但精神上的充實仍然無法抵擋住飢餓的侵襲，在那樣的特殊年代，飢餓給任正非留下了不可磨滅的印跡，使他無心讀書，對未來充滿迷茫。少年時期的任正非並沒有鴻鵠之志，到了高三，他最大的願望就是能吃一個白麵饅頭。最終幫助他實現這個夢想的是畢業前夕一個家境不錯的同學請客，那次他拿到了大半個白麵饅頭，這大半個饅頭他吃了整整兩天，每頓飯都吃上一口，然後再裝進口袋。

物質與精神上的磨難，促使任正非有了更強烈的改變現狀的渴望，養成了堅韌的性格，百折不撓，懂得以身作則，不怨天不尤人，自強不息，由此也催生出他的冒險精神和原始生命力。他曾經感慨：「我真正能理解活下去這句話的含義！」「華為最基本的使命就是活下去。」在「活下去」這個簡單的念頭中，寄託著他不一樣的追求。即使到現在，華為已經成為無可爭議的中國IT企業老大，可任正非依然念念不忘活下去：「我沒有遠大的理想，我只想這幾年如何活下去。」

第二章

艱苦攀登

當我們探究任正非的人生軌跡時，不能只關注他登上峰頂的光輝時刻，更需要了解他艱難的攀爬過程，他對希望的追尋、對人生使命的理解。

一、知識就是力量

人窮志不窮，面對困苦的生活，任正非及其父母都抱持著知識改變命運的強烈信念。一九六三年，十九歲的任正非考上了重慶建築工程學院，這本是一件值得慶賀的喜事，但程遠昭卻發了愁。她為兒子穿針引線，縫製了兩件新襯衣和一條拼接起來的被單。但上學還需要自帶棉被，她實在沒有辦法解決，恰巧趕上學校住讀的高中學生畢業，她便將畢業學生丟棄的破棉被撿回來，拆開洗淨再精心縫製。這一用就是五年直至大學畢業。任正非拿著少得不能再少的生活用品，難過地哭了。因為他想到家裡的經濟狀況將更加捉襟見肘，弟妹的處境也會因他超了定額標準而更加艱難。

任木生見兒子淚流滿面，還以為他是嫌棄這些東西破舊，怕人笑話，便對兒子說：「面子都是給狗吃的。只要你努力學習，成績不比別人差，就沒有什麼丟臉的。」

任正非不知怎麼跟父親解釋，哽咽著又是搖頭又是點頭。

他告別滿懷期望的父母，告別荒涼貧瘠的小村莊，踏上了對美好未來不懈求索之路。

重慶是一座被長江、嘉陵江兩江環抱的美麗山城，重慶建築工程

學院坐落於城北沙坪壩嘉陵江畔，於一九五二年十月建校，最初的校名是重慶土木建築學院，一九五四年更名為重慶建築工程學院。該校不但師資力量雄厚，實驗設備齊全，而且是我國當時八所老牌的建築名校之一。任正非讀的是暖通專業，面對嶄新的環境和陌生的男女同學，他沒有自卑、沒有消沉，相反，嶄新的課堂知識和良好學習的氛圍使他有了一種遨遊於知識海洋的暢快感覺。他渴望通過獲得更多的知識來改變自己的命運，因此學習很用功，專業課的成績都很好，而且還不斷探索、總結好的學習方法。他認識了幾位西安交通大學的老師，這幾位老師經常給他看一些油印的課外讀物。另外，他還自學第二、第三外語。

一切似乎都走上了正軌，但就在任正非讀大二的時候，「文化大革命」爆發了，大、中學校的學生率先起來「造修正主義的反」。在很短的時間裡，由學生成立的「紅衛兵」組織蜂擁而起，到處揪斗學校領導和教師，一些黨政機關受到衝擊。這場運動很快從黨內推向社會，各種高帽子漫天飛，如「頑固不化的走資派」「現行反革命」「反革命修正主義」「歷史反革命」「蛻化變質分子」「牛鬼蛇神」等。一些會寫文章、有獨立政治思想的黨政領導幹部，首當其衝地成為被革命的對象。任木生謹小慎微，自知地位不高，從不亂發言，整天埋首於教學中，但在「文革」懷疑一切、打倒一切的運動中，他還是在劫難逃，被別有用心的人揪了出來，說他是「反動學術權威」「走資派」，遭到批鬥。不久，他又因曾經在國民黨的兵工廠裡工作過這個「歷史污點」，被戴上「歷史反革命分子」的帽子，被關進了牛棚。本來，一個知識分子的家庭，窮歸窮，起碼在精神上是富足的，而現

在在精神上也跌入了十八層地獄，眼前一片黑暗。任正非的母親是處於社會底層的普通教師，而且那個時候，教師都是「臭老九」，受人鄙視不說，工資也很少，任正非的家境之貧寒，幾乎到了難以想像的地步。多年來，家裡兩三個人合用一條被蓋，破舊的被單下面鋪的則是稻草。當地的造反派到任家抄家時，本以為一個高級知識分子、專科學校的校長家境一定很富有，當他們看到這種被縟時，全都驚呆了。

任正非當時在重慶上學，沒有親眼看到過父親被批鬥的場面。他的父母也一直寫信告誡他：「要相信運動，跟著黨走，劃清界限，爭取自己的前途。」而他的弟弟妹妹則親眼見證了父親被一次次批鬥的屈辱場面：任木生站在高高的檯子上，頭戴高帽，滿臉塗黑，雙手被反捆，被人拳打腳踢，甚至被踢倒在地。有時，他和幾百個「走資派」掛著黑牌，被裝在卡車上遊街……基於這樣的家庭背景，任正非在學校要求政治進步的權利都沒有。後來他說：「大學時代，我沒能參加共青團，因為優、缺點太明顯。」實際上就是家庭出身不夠好。儘管如此，任正非仍在「文革」的「槍林彈雨」中潛心苦學。他想，是碌碌無為、虛度韶華，還是踏踏實實、拚搏奮鬥？這取決於自己。倘若不抓緊時間，奮鬥進取，拚搏出屬於自己的一片天地，他將成為一個既可悲又可憐的人。因為他的人生畫卷是如此空白，如此缺乏光彩。本來應該由他塗抹的畫卷，卻因為虛度光陰而被白白地棄用。

任正非原以為這樣的動盪會很快過去，堅信知識能改變自己的命運，沒想到這場悲劇愈演愈烈，學校裡的教授們絕大多數都被打成「臭老九」，面對瘋狂的批鬥，他們哪裡還有心思教書育人？紅衛兵

的文鬥武鬥成為家常便飯，隨時都有可能把一個正站在講台上講課的教師拉出去批鬥。在這場「火熱」的「大運動」中，重慶建築工程學院的課堂裡已經沒有幾個學生能坐得住板凳了。可任正非很少參加課外的各種活動，只要有老師講課，他就堅持去教室裡上課；如果沒有老師講課，他就去圖書館看書。有一天，他正在圖書館看書，一個同學兼老鄉跑來告訴他：「你父親挨批鬥，都生病了，你怎麼還有心思坐在這裡看書？」

任正非聽了又氣又急，再也坐不住了，丟下書就往火車站跑。到了火車站，他才想起自己囊中空空如也，根本沒有錢買車票，於是做了一個冒險的決定──扒火車。恰好當晚有一趟車去貴陽，任正非就斗膽按自己的計劃攀上了這列火車。

當時的運輸秩序非常混亂，扒火車的人不少。因為火車裡超員太多，擁擠不堪，列車員也懶得在車廂裡擠來擠去地查票，因此，人多就成了無票乘車的極好掩護。但紅衛兵小將們比列車員更會管事，一旦查出沒票的人，免不了要痛打一頓。快到目的站時，扒火車的人還得提前跳下車，不能走出站口。

任正非第一次扒火車就運氣不好，中途被發現了。當他們盤問的時候，任正非說：「我是重慶建築學院的學生！」

一個紅衛兵小將繼續追問：「那你父親是什麼身分？」

任正非據實回答說：「我父親是老師！」

聽說是「臭老九」的兒子，小將們立刻來勁了，把任正非揍了一

頓，然後趕他下火車。被推下車後，任正非又遭到了車站工作人員的打罵。但為了回家，他只得再次扒火車。這次他吸取教訓，巧妙躲過查票，但他不敢直接在父母工作的城市下車，而是在前一站青太坡下車，步行了十幾里回家。當滿身淤青的任正非於深夜回到家裡時，父母既驚訝又心疼。

父親問：「正非，你怎麼半夜三更回來？你身上的傷是怎麼回事？」

任正非說：「我聽說您生病了，所以回來看看，我身上的傷沒什麼事！」

「誰說我病了，這不好好的嗎？是你自己想逃學吧？」

任正非一個勁地搖頭。程遠昭說：「不管什麼原因，你都不該在這個時候回來。要是被別人發現，會受牽連的。」她擔心影響孩子的前途，勸任正非趕緊回學校去。

第二天，天剛濛濛亮，任木生便催促兒子回學校。臨走時，他脫下腳上的一雙舊反毛皮鞋交給任正非，語重心長地說：「孩子，記住，知識就是力量，別人不學，你要學，不要隨大流。」他將兒子送出門後，又叮囑道：「你的弟弟妹妹因為受到我的影響，已經不能進一步求學了。你是長子，是任家唯一的希望，以後弟弟妹妹還需要你的幫助。」

父親這兩句話，令任正非刻骨銘心。等他回到重慶，已經是「槍林彈雨的環境」，但是他不為所動，不隨大流，硬是自學完了電子計

算機、數字技術、自動控制等課外專業書。他的一個朋友還開玩笑說，沒什麼用的東西也這麼努力學，真是很佩服、感動。任正非還把樊映川的高等數學習題集從頭到尾做了兩遍，同時又讀了許多邏輯學、哲學方面的書，他還先後自學了三門外語。

在專心學習同時，任正非也免不了為家人擔憂，家庭遭受巨變，父親處境艱難，但他又無能為力，於是收集了許多傳單，夾在信中寄給自己的母親。其中一張傳單上印有周恩來總理的一段講話：幹部要實事求是，不是的不要亂承認，事情總會搞清的。程遠昭把周總理的這段話藏在飯碗裡，送給關在牛棚中每日掛著牌子遭受批鬥的任木生。後來任木生說，是這張條子救了他的命，有段時間他想著結束自己的生命，看了這張條子才沒有自殺。他明白，自己一死，就成了自絕於人民的「罪人」，會讓孩子們背上沉重的政治包袱，一輩子該如何生存？為了無辜的孩子們，他決定忍辱偷生。

心靈的磨礪，讓人無法忘懷。每當回憶起這段心酸往事，任正非都格外動情。「文革」對國家是一場災難，但對他則是一次人生的洗禮，使他政治上越來越成熟，不再是一個單純的書呆子，逐漸成長起來。

二、前路茫茫

一九六八年，任正非大學畢業了。學制為四年的大學本科，由於「文革」造成的混亂，學校被迫停課而耽誤了一年。任正非對未來滿懷憧憬和熱情，準備迎接畢業後的新生活。在等待分配的這段時間，

由於控制不住對家人尤其是父親的擔心，他找時間回了一趟家。

回到家後，他才知道家境越來越糟糕。「由於父親受審查的影響，弟弟妹妹們一次又一次的入學錄取被否定，那個年代不知剝奪了多少孩子接受教育的權利。弟妹們有的只唸到高中或者初中，有的只唸到高小或初小就被迫輟學，受當時環境影響，不得不回家務農，他們後來謀生的技能，只能是自學而來。」

任木生仍在蹲牛棚，除了挨批鬥，還被逼著參加繁重的勞動。

弟弟妹妹們都不能繼續求學，但這並不算是最大的問題，穿衣吃飯活下去更要緊。任正非想起自己有個同學在街道辦事處工作，於是便求同學給弟弟妹妹謀點事幹。這個同學見任正非一家生活如此窘迫，便好心介紹他那四個歲數稍大的弟妹到河裡挖沙子、修鐵路、抬土方。這些活很苦，累死累活也掙不到多少錢，但當時能有一份餬口的工作已經很不錯了。實在難以想像，任正非四個未成年的弟弟妹妹，站在冰冷的水裡挖河沙，冒著塌方的危險抬土方，是怎樣一種折磨？繁重危險的修路工作，又豈是幾個孩子能幹得了的？看到弟弟妹妹們遭這樣的罪，更加重了任正非對家人的愧疚感，他後來回憶說：「我當年穿走父親的皮鞋，沒念及父親那時是做苦工的，泥裡水裡，冰冷潮濕，他更需要鞋子。現在回想起來，感覺自己太自私。」他期盼自己能找到理想一點的工作，幫助家人脫困。俗話說：「讀書改變人生。」有的人發憤讀書是為了改變自己的命運，有的人是為了改變家族的命運，而有宏偉大志者，則是為了改變天下更多人的命運。任正非也相信知識改變命運，但此時的他還沒有更遠大的理想，最大的

願望就是改變父母的命運和幫助弟弟妹妹們活下去，讓他們過上有飯吃有衣穿、不再被人隨意侮辱的日子。

但踏入社會後，任正非發現，現實並沒有他想像的那麼美好。儘管當時的大學畢業生比較走俏，並由國家統一安排工作，但由於國家的路線方針已經有所轉變，大學生畢業分配也受到了很大影響，普通大學生基本都得去基層鍛鍊，比如去當一名農村技術員或工廠普通工人，接受工農兵「再教育」。任正非看不清前方的道路，心裡十分矛盾，到底何去何從，他一時拿不定主意。倘若去農村當技術員或到工廠當普通工人，他學到的專業知識就派不上用場了，更別提改變一家人的命運。

就在任正非感到前路茫茫的這段時間，一個四川妹子走進了他的生活，她叫孟軍，父親孟東波是四川省某廳正廳級幹部，與任正非的父親遭遇相似，被當作「走資本主義道路的當權派」、「修正主義分子」，遭到「四人幫」的殘酷迫害，被下放到米易縣灣丘「五七幹校」（集中容納黨政機關幹部、科研文教部門的知識分子，對他們進行勞動改造、思想教育的地方，去幹校的人被稱為「學員」），進行「勞動改造」。與任木生不同的是，孟東波的問題屬於「人民內部矛盾」。

任正非對於自己怎樣與孟軍相識相愛，何時結婚成家都諱莫如深，外人很難獲知詳情。任正非只對外界說：「大學畢業後我是當兵了，當的是建築兵。當然是軍官，不是士兵，在中國『當兵』這個說法是指行業，而不是職位。我當兵後的第一個工程是法國公司的工程。當時法國德布尼斯‧斯貝西姆公司向中國出售了一個化纖成套設

備，設備在中國的東北遼陽市。我在那裡從這個工程開始一直到建完生產，然後才離開。」

據知情人透露，任正非參軍前雖然沒有與孟軍結婚，但至少與孟家建立了某種關係（與孟軍訂親或者是孟東波認了乾兒子）。這種說法比較合乎情理。人們談到的旁證是，當時恰好有一個軍工企業——遼陽化纖總廠需要一批有專業技術的人。任正非畢業於建築學院，他的專業知識正好可以派上用場。但是，去承擔這項工程的人除了專家就是軍人，而任正非剛剛大學畢業，顯然不算專家，也就是說，任正非必須先參軍，才有資格去那裡工作。二十世紀六七十年代的中國，主流價值由工人、農民和軍人（即工農兵）所主導，那時沒有外企、私企，最好的企業是國企，工農兵三種身分對受過大學教育的任正非來說，無疑當兵進軍工單位是最好的選擇。他如果當兵了，不僅自己光榮，生活有所保障，而且以他的學識，在部隊中一定能夠有一番作為。另外，他也許能給家庭和父親帶去一點榮耀，軍屬會享受到一些優待，完全有可能影響父親的社會地位。基於以上考慮，他堅定地選擇去當兵。

但是，那個年代要穿上軍裝可不是一件容易的事情，除了身體健康、年齡、學歷合乎標準外，更重要的是要通過政審。所謂政審，就是政治審查，要本人表現好沒有污點，還要調查直系親屬是否歷史清白。按當時的標準，任正非無疑政審不合格。他的父親被關在牛棚裡，天天被人拉出去批鬥，這樣的家庭出身，他哪有資格去當兵？他後來感嘆道：「被時代所拋棄，沒人可以聽你講道理。」

有人說，當時國家正處於軍隊急需技術人才之時，擴大招兵規模，進入全面備戰狀態。在這一歷史背景下，任正非因為有專業技術特長，被「破格」招進了部隊。不過，這一說法難免牽強，要知道，在「知識越多越反動」的年代，任正非即使品學兼優、技術過硬，也不可能被破格招入部隊，除非他是不可替代的專家。為此，人們不能不猜想這次「破格」離不開孟家的背後運作。孟東波曾任華東軍政委員會副秘書長，還擔任過遼寧某大型軍工企業的廠長，一個黨的高級幹部，雖然進了「五七幹校」，沒有實權了，但並沒有被開除黨籍，仍是幹部身分，且待遇不變。孟家多少還有點勢力和人際關係，藉助舊友的幫助，讓任正非去當兵應該不是什麼難事。

不管怎樣，任正非的軍人背景確實給他的人生帶來了不小的影響。華為出名後，在歐美開展業務時遭遇重重的政治障礙，當地政府人員最大的理由是，任正非一直像一個軍人一樣，保持著高度的警惕和對市場的敏銳，他領導的華為可能會通過網絡竊聽他們的祕密。美國國防部也曾對華為和任正非展開各種調查。事實上，當年從軍隊轉業的一位技術幹部在深圳這座新興城市簡直無足輕重，軍人出身對於事業能夠起到的作用非常有限。經過一番考證後，美國才認定任正非並非中國軍方祕密派駐華為的代表。

三、大熔爐的鍛鍊

軍人背景給任正非帶來的影響都是後話了，現在我們來看看任正非的軍旅生涯。一九七四年，任正非應徵入伍成了一名基建工程兵。

他從貧困的大西南來到相對富裕的遼寧省遼陽市，開始了火熱的軍營生活。

工程兵是一九六六年成立的一個新型專業兵種，主要擔負著國防基礎設施建設、維護、搶修等任務，比如挖山洞儲備戰略物資，在偏遠地區修建戰備鐵路、公路、橋梁，承擔三線軍工企業基礎工程和軍港碼頭、機場、導彈基地工程施工等。

遼陽化纖是從法國引進的一套世界先進的化纖項目，總投資二十八億元人民幣。任正非主要從事自動化控制設備安裝調試工作，實際上與他所學的暖通專業沒有太大關係。當時有數百個法國專家在現場親臨指導，他們教會了中國工人化工自動化操作等必要的技術。任正非入伍的初衷就是錘煉自己，他沒有工夫計較公不公平，始終堅持學習，鑽研技術，並從中受益匪淺。當然，在軍隊裡除了自學一些專業知識外，更重要的是政治學習。按照領導要求，他把生產勞動與學習軍事、政治、文化緊密連繫起來，並經常寫學習心得。

一年多以後，化纖廠的基建基本完工，任正非所在部隊又接到了一項新任務——參加代號為011的工程施工。他隨一支從幾個連隊裡抽調的技術骨幹隊伍一起奔赴大西南。

所謂「011工程」，就是在貴州西部高原修建一個軍事工業基地，是三線戰備建設的系列重點工程之一。這一系列工程包括幾個機械廠、軍用飛機發動機製造廠、飛機試飛機場等。基地總部在安順地區城郊，機場、機械廠則分散在另外幾個縣市。這一帶雖然地處偏僻、十分荒蕪，但總部所在地正是任正非的老家，這使他非常高興。他可

以抽空去看望父母和弟弟妹妹，還可以去看女友孟軍及其父母（孟東波一家都在米易縣）。

不久，任正非與孟軍結婚了。在條件艱苦的高原上，由於準備時間和經濟條件都十分有限，婚禮很簡單。任家的經濟依然拮据，但任正非的弟弟妹妹還是為他結婚辛苦地湊了一百塊錢。這一百塊錢代表了任家兄弟姐妹之間最濃、最真、最深的情誼！

婚後，任正非沒有跟父母住在一起，反倒跟孟家來往更加頻繁，因此，有人認為任正非是孟家的上門女婿。不管怎樣，成家後的任正非就像一艘孤舟終於找到了可以停泊的港灣，心歸於平靜。不過，因為夫妻倆不在一個地方工作，他與妻子聚少離多，濃濃的相思之苦只能靠拚命工作來沖淡。那時011基地總廠已經建成，並研製出用於飛機的首台渦噴-13發動機；一九七〇年九月十八日，011基地自行研製生產的第一架殲擊機在安順雙陽機場飛向藍天。任正非所在部隊最初的任務是負責修建新的試飛機場和維護教練機場，新廠的基建施工及鋪路架橋等。部隊陸續完成了包括總裝廠改建、飛機洞庫、試驗場地在內的幾十個建設項目，這些項目分布在黔中區域（貴陽、平壩、安順一帶）公路兩側的山溝裡，綿延四百多公里。

因「三線建設」屬於國防戰略體系（相對於全國獨立的、「小而全」的國民經濟、工業生產、資源能源、軍工製造、交通通信、科技研發體系和戰略儲備體系），是軍事祕密，所以從一九六四年始到一九七八年止，很少有官方資料透露詳細情況，只有親身參加過「三線建設」的人才能深切體會其中的苦與樂。在荒蕪的大山中，在「備

戰、備荒、為人民」的口號下，以工人、幹部、知識分子、軍人為主的一代建設者，傾注了全部的熱情和期望，把自己的寶貴青春和滿腔熱血奉獻給了「三線建設」。其中，軍人往往承擔最艱巨、最危險的任務。任正非最確切的感受是「一把炒麵一把雪」，三塊石頭搭口鍋，帳篷搭在山窩窩，露宿風餐，肩扛人挑。這是任正非揮灑青春熱血的一個證明。每一個男兒心中都有一個英雄主義的夢，任正非也不例外。儘管他的部隊不曾上陣殺敵，不曾金戈鐵馬、攻城拔寨，但那些艱苦的國防工程施工建設經歷，使他內心同樣充滿了英雄主義的悲壯情懷。他把這份情懷埋藏在內心深處，用平淡的言語來掩飾。這與他以後的性格和處世作風很相似。

幾年的軍旅生活，除了使任正非得到了經驗、技術方面的鍛鍊外，最大的收穫是讓他明白了得失的內涵。他一有空就會去攀枝花看望老丈人孟東波（時任渡口市委第三書記兼攀枝花鋼鐵廠廠長）。孟東波的領導楊超曾擔任國家領導人的秘書，任正非也曾多次拜見他，從他們身上學到了不屈不撓的精神，並開闊了視野。任正非曾經說過：「我為老一輩的政治品德感到自豪，他們從牛棚中一放出來，一恢復組織生活，就拚命地工作。他們不以物喜、不以己悲、不計榮辱、愛國愛黨、忠於事業的精神，值得我們這一代人、下一代人、下下一代人學習。生活中不可能沒有挫折，但一個人為人民奮鬥的意志不能動搖。」

任正非雖然耐得住寂寞，但卻是個閒不住的人，工作之餘他還努力鑽研電子技術。知識的高峰是沒有頂點的，對於二十多歲的年輕人來說，激情是他們最寶貴的東西。任正非靠著自己的勤奮、吃苦和電

信技術水平突出，被調到了通信連。與普通通信兵不同的是，他主要從事通信設施裝備的調試、維護等，還包括軍用電子系統方面的研製工作。這時，他才真正用上自學的通信專業知識。

面對大好機會，任正非加倍努力工作，搞了很多技術創新和發明，但因為父親的「政治原因」，使他多年與應得的表彰無緣，也不被批准入黨。部隊裡都是根紅苗正的人，對人才的要求是「又紅又專」，紅是排在第一位的。而一向對政治活動不感興趣的任正非注定紅不起來，而且他父親的問題還沒有得出明確結論，所以，入伍後的三四年間，無論任正非如何努力，一切立功、受獎的機會均與他無緣。儘管他被提幹升職，但在他領導的集體中，戰士們立三等功、二等功、集體二等功的比比皆是，唯獨他從未受過嘉獎。任正非在《我的父親母親》一文中稱：「我已習慣了我不應得獎的平靜生活，這也是我今天不爭榮譽的心理素質培養。」話雖如此，但羨慕是人的本性，對於一心報國、一心為家爭光的任正非來說，恐怕內心也不能輕易釋懷。這件事使他得出了一個基本經驗，那就是「一個人再有本事，也得通過所在社會的主流價值認同，才能有機會」。

在艱苦的軍營生活中，任正非除了發明創造，還通讀了馬克思的《資本論》，對四卷本的《毛澤東選集》也有深刻的研究、認識。《毛澤東選集》的精華已經深深印在了他的腦海中。後來，任正非在華為活用毛澤東的思想、言論。當然，他對毛澤東思想的理解和傳承並不僅僅是形式上的模仿，他從毛澤東身上吸收到的更多是哲學思想方面的傳承，其中最核心的就是辯證思維和自我否定的意識。

任正非的種種努力，雖然只換來一個象徵性的獎勵，但他毫不氣餒，養成了寵辱不驚的心態。俗話說，機會總是留給有準備的人。因為沒有荒廢自己，在動盪中堅持鑽研技術，他在部隊中表現出了良好的科技素養，有多項技術發明創造，兩次填補國家空白，得到了領導和戰友們的一致認可。對此，任正非在他的一篇文章中說：「因為我兩次填補過國家空白，又有技術發明創造，合乎那時的時代需要，突然一下子『標兵、功臣……』部隊與地方的獎勵排山倒海式地壓過來……」那時候的任正非是幸福的，任何人在自己的努力受到重視、得到肯定的那一刻都是甜蜜的。但是，長期的冷遇也使他無法完全開心起來，他甚至有些發憷，很多獎品都是別人去替他領回來的，最後他還將獎品分給了大家。

一九七八年三月，任正非出席了全國科學大會，在六千多人的代表中，僅有一百五十多人年齡在三十五歲以下，任正非時年三十三歲，同時也是軍隊代表中少有的非黨員人士。

隨後，在部隊黨委的直接關懷下，部隊未等任正非的父親平反，就直接派專人對任正非的背景進行外部調查，否定了一些不實之詞，並把他們的調查結論寄給任木生所在的地方組織。這之後，任正非終於入了黨，晉陞為某研究所副所長。任木生的冤案也得以平反，並被任命為都均中學校長。不久，任正非又出席了黨的第十二次全國代表大會。任木生也為兒子的成就感到高興，專門做了一個相框，將任正非和黨中央領導人的合影放進去，高高掛在自家的牆上，全家人都引以為豪。

任正非從軍十四載，從技術員到工程師再到副團級幹部，可以說，他得到的不僅是職位的陞遷，更重要的是他的性格特徵及後來華為狼性文化的形成，都與這段軍旅生涯密切相關。而「三線建設」的大熔爐中錘煉出了一批優秀人才，任正非的戰友們，這些從事通信工作的戰士，在未來的日子裡，作為通信人才，被分配到全國各地的通信管理崗位。這種深厚的人脈關係，為日後華為的快速發展起到保駕護航的作用。

　　熬過了那些落寞的歲月，任正非的人生開始燦爛起來，他安然地享受著這段平靜而又幸福的日子。然而高峰之後，等待他的卻是一次深深的打擊。他自己三言兩語作了簡單敘述：「我有幸在羅瑞卿同志逝世前三個月，有機會聆聽了他為全國科學大會軍隊代表所做的講話，說未來十幾年是一個難得的和平時期，我們要抓緊全力投入經濟建設。我那時年輕，缺乏政治頭腦，並不明白其中含義。過了兩三年大裁軍，我們整個兵種全部被裁掉，我才理解了什麼叫預見性的領導。」

　　其實，早在一九七五年，國家領導人鄧小平在領導軍隊整頓工作時，就很有預見性地指出，軍隊問題的解決要從「消腫」切入。但那時的任正非並不了解這將與自己產生怎樣的連繫，更無法預知這次裁軍會成為他人生的一個重要轉折點。

　　一九八一年，部隊的裁軍工作正式啟動。任正非是部隊的技術骨幹，在（第三十三）研究所任副所長（相當於副團級），部隊領導非常希望他能留下來，並準備將他調到另一個科研基地工作。任正非徵

求了愛人孟軍的意見，夫妻倆決定先領著兒女到基地參觀一下，再根據實際情況選擇去留。

當時任正非的兒子還小，被他抱在懷中，尚不懂事。而不滿十歲的女兒看完科研基地周圍連綿的群山，說了一句讓他心情複雜的話：「爸爸，這地方好荒涼！」

自從結婚後，任正非夫妻就長期兩地分居，轉業對他們來說也許是一件好事，至少可以一家團聚，過上正常的家庭生活。任正非很想留在軍隊的科研單位，繼續自己的研究工作，但他又不願意讓兒女也陪著自己在這個荒涼的山區生活和學習，他已經虧欠兒女太多了。孟軍也希望他轉業，爭取到大中城市安排一個穩定的工作，讓浮萍一樣的家扎下根來。

將近不惑之年的任正非面臨著艱難的抉擇，他已經將自己的青春和熱情都獻給了他所熱愛的軍營，現在讓他離開，實在有些不捨。沒有在最想做的時候去做自己想做的事情，這是人生的一大憾事。經過反覆權衡，他最終決定去科研基地工作。

任正非被平級調動，從文職副團級轉為副處級幹部。這個科研基地地處山區，條件艱苦，這對任正非來說不算什麼，但讓他無法忍受的是手頭沒有具體的科研項目，整天坐在辦公室裡無所事事，他已經習慣了熱火朝天、井然有序的軍旅生活，現在一時不知道該幹點什麼。之後，孟軍轉業去了深圳，在中國南海石油聯合服務總公司任工會主席。為了家庭，任正非不得不重新考慮自己的去向，再次做出人生的重大抉擇。

第三章

寂寞大佬

在深圳遭遇人生的第一次「滑鐵盧」後，任正非的婚姻也亮了紅燈，為了活下去，他義無反顧地走上了下海幹實業的道路。目光遠大的他，不滿足於做「二道販子」，決定另闢新路，開始研發自己的產品並取得了初步進展。

一、在轉折點上

一九八三年初夏，在深圳經濟特區羅湖火車站，一個三十八九歲的中年漢子從人群中擠出來，他肩上搭著黃挎包，手提著褐色行李袋，腳步匆匆。這個人就是任正非，因為要去總部設在南頭的中國南海石油聯合服務總公司報到，他急著趕上羅湖去南頭的汽車。

沿著深南大道走，只見兩邊儘是高低不平的土包窪地、叢生的灌木，原來這個被稱為特區的城市只是一個貧瘠的邊陲小漁村，一點也不比貴州的山區強多少，任正非的心都涼了。

從羅湖車站到南頭中國南海石油聯合服務總公司有二十幾公里，要過邊檢站，沒有公交車過去。任正非不知道有這麼遠，事先也沒有給妻子打電話，而當時附近根本沒有可以打電話的地方，望著陰雲密布的天空，他感到有些不安。這時，一陣腥臊的海風吹來，他還沒有做出反應，豆大的雨點就灑落下來，打在地上劈里啪啦直響。烏雲被陣雷炸裂開了，把金箭似的閃電從密布的濃雲中射向大地，令人膽顫心驚。任正非愣在路邊，任由暴雨洗禮。沒想到深圳特區竟以這種轟轟烈烈的方式迎接他，真是出師不利，也許這預示著前路坎坷吧。

到了南海石油聯合服務總公司總部，任正非才了解到這個公司是由招商局集團有限公司、深圳市投資控股有限公司、中國南油石油聯合服務總公司及中國光大集團股份公司共同投資的大型合資企業，也將作為招商局集團和深圳市政府全面合作的一個重要平台，主營業務為地產、物流、高新技術、商貿等。任正非作為一個無關緊要的中層幹部，被派到開發服務公司工作，主要任務是蓋房子，但施工由專門的建築公司負責，他只是個監工而已。這樣一來，他在部隊學到的電子技術和大學裡學到的建築知識都派不上用場了，在這個國有企業裡，閒散生活的慢節奏與深圳的快節奏城市文化格格不入，他接下來的人生似乎只有可以想見的平淡無奇。

此時的深圳已經成為「冒險者的樂園」。二十世紀七〇年代末，鄧小平到南方視察，大手一揮，將廣東寶安的小漁村變成改革試驗田，一時間，深圳這個名字便家喻戶曉，人們談論這裡遍地黃金，把這裡當成「下海」的首選之地，四面八方的「淘金者」洶湧而來。大家互不相識，卻聚集在一起，操著方言味十足的普通話，奔波在已建或在建的高樓大廈之間，為的只是一個夢想——掙錢，成就事業。

短短幾年間，深圳發生了翻天覆地的變化，迅速崛起。一九八四年，鄧小平又到特區來，看到深圳由過去「水草寮棚」的漁民村變成「家家萬元戶、戶戶小洋樓」，看到企業開發的計算機軟件，看到國貿大廈建設工程中「三天一層樓」的「深圳速度」，欣然題詞：「深圳的發展和經驗證明，我們建立經濟特區的政策是正確的。」也就是在這一年，中國南海石油聯合服務總公司重組成為深圳南油集團有限公司（以下簡稱南油集團）。不甘平庸的任正非受到了極大鼓舞，主

動向公司領導請纓去主持集團旗下的一個電子公司（國營）。集團公司領導答應了他的要求，任命他為電子公司經理。

任正非認為這是一個不可多得的展示自己才華的機會，因而一走馬上任便大展拳腳。為了適應新的工作崗位，他又開始了學習。經過一段時間的適應，他對深圳這個正在飛速發展的城市有了新的認識和了解，並迅速融入到這種快節奏的生活中去。然而，就在這個重要的轉折點上，任正非遭遇了人生的一次「滑鐵盧」。

二十世紀八〇年代是「下海」的第一個高潮期，各行各業的人紛紛「下海」，力求在「第一時間」撈到「一條大魚」；二十世紀八〇年代是淘金的時代，各行各業的人都爭取在最短的時間內淘到「第一桶黃金」。有的人膽子大，敢想敢做，抓到了「大魚」，淘到了「黃金」，錢袋鼓起來了；也有的人「葬身大海」「賠兵又折將」，任正非便是其中之一。改革開放之初，商場泥沙俱下，充斥著爾虞我詐。任正非為人正直忠厚，對朋友極重感情，他誠懇待人的軍隊作風很不適合處處皆是陷阱的商場。這個爽直的漢子在某些奸商眼裡，簡直就是一個「傻子」。

急於有所建樹的任正非很快就談成了一筆二百多萬元的大生意。他既興奮又極為慎重，這是他的第一筆大單，從生產到發貨，他都親自把關，奮戰了幾個月，總算按照合同要求準時將貨發了出去。他本以為大功告成了，可是發貨後很長時間都沒有收到對方的貨款。一開始收貨方還找理由推託，但到後來，對方甚至連電話也不接了。那時的生意不做賬期，任正非意識到自己被人騙了，二百多萬打了水漂。

任正非後來說，自己栽過跟頭，被人騙過，因為無處可以就業，才被迫創建華為。對於這一慘痛教訓，他只是一言帶過，其實他當時的境況更為複雜：由於對待家庭（任正非太看重父母與弟弟妹妹）和事業的理念不同，任正非與妻子孟軍產生了矛盾，就在他們的婚姻正處於危險期的時候，偏偏又傳出任正非真假難辨的緋聞，將家庭維持下去已無可能；電子公司又要解除任正非的經理職務，任正非曾求集團領導讓他留任或「立軍令狀」到其他下屬公司任職均遭拒絕。四十三歲的任正非不但老了，最後還被一擼到底，被離婚、被炒魷魚，幾乎成了孤家寡人，他怎能不倍感辛酸、淒涼？

　　已過不惑之年，生活卻讓人如此迷茫。此時任正非下有一兒一女要撫養，上有退休的老父老母要照顧，還要兼顧六個弟弟妹妹的生活。他擔心兩個孩子跟著他受苦，便將女兒任晚舟和兒子任平送回老家去唸書，已上高中的任晚舟將名字改成了孟晚舟，這多少跟任正非與孟軍離婚有點關係。離婚後，任正非和父母、侄子住在深圳南頭一個租來的十幾平方米棚屋裡，每天只能買死魚死蝦，或晚間到市場買一些賣不掉的菜來吃。房內太擁擠，只能在陽台上做飯。任正非的父母不忍心給兒子增加負擔，不久便回老家去了。

　　任正非身心疲憊，時常望著透得進陽光、也漏得進雨水的小棚屋沉思默想。英雄總是需要經過千錘百煉，直面最慘痛的現狀，才能甩掉一切包袱重新開始。面對無情的打擊，有人倒下，有人哭泣，有人認命，有人怨天尤人。任正非也曾感嘆過生活無常，人生難測，認為所謂的人生理想、雄心壯志、家國情義等都是如此的微不足道，如今活下去才是人生最基本的需求。他沒有更多的時間去感傷，家庭的責

任、生存的需要，促使他孤注一擲，走上了一條「下海」幹實業的道路。

二、奮鬥才能生存

一九八七年，在人生的轉折點上，任正非義無反顧地選擇了創業。要創業，首先要解決資金問題。當然，他並非一無所有，工作那麼多年也有點積蓄，勉強夠得上「萬元戶」（那個年代的「萬元戶」算是比較富有了），他想把這筆錢拿出來做生意或者辦實業。這筆錢如果僅僅維持生活，在深圳還能支撐一兩年，但用來創業，實在是捉襟見肘。為此，他想拉人入夥，在同事、朋友、熟人中一遊說，還真找到了幾個志同道合的人，紀平、張燕燕、郭平等人先後加入進來。紀平是任正非在南油集團的同事，也是最先支持他創業的人。而郭平與任正非結緣則非常偶然，還傳下了一段佳話。

當時，郭平在華中理工大學（今華中科技大學）讀研究生，有一次，大學的一位教授帶著郭平等幾個研究生到深圳參觀調研，遇上了正在物色人才入夥的任正非。交談一番後，郭平被任正非身上特有的氣質、做大事業的抱負、待人的熱情和誠懇所吸引。任正非當即「拿下」郭平，邀他入夥，郭平爽快地答應了。

幾位合夥人的熱情很高，總共籌集了二點四萬元，計劃用這筆錢開辦一家技術公司。

公司要註冊，得先取個名字。在南方，為公司取名字有不少講

究，他們想取一個響亮點的名字，但思來想去，都覺得不是特別好。對於取名字，任正非後來這樣解釋：「我們當初註冊公司時，起不出名字來，看見牆上『中華有為』標語響亮就拿來起名字了，有極大的隨意性。『華為』這個名字應該是起得不好。因為『華為』的發音是閉口音，不響亮。所以十幾年來我們內部一直在爭論要不要改掉『華為』這個名字，大家認為後面這個字應該是開口音，叫得響亮。」

一九八七年九月，華為技術有限公司以「民間科技企業」的身分獲工商局批准，註冊資本二點一萬元，員工十四人。四十三歲的任正非為法人，與另外五人均分公司股權。辦公場所是租用的南油新村雜草叢中的一棟居民樓，這棟樓的每一層都是在倉庫的基礎上改裝的，而倉庫的另一頭則是用磚頭壘起的牆，隔出一間間的單間，就成了員工的宿舍。這比租用寫字樓要便宜好幾倍。

華為初創時名為技術公司，實際上卻是一家小型貿易公司，人們習慣於稱這種拎起包來就可走人的小公司為「皮包公司」。華為最初的業務主要是採購一些有點科技含量的電子產品，如火災警報器、氣浮儀等，轉手賣出，賺點差價。這並不是任正非創業辦實業的初衷，但為了生存，公司什麼業務都得做，除了電子產品倒賣（貿易），他們也賣其他緊俏商品，甚至賣保健品、減肥藥。有一次，聽說深圳有一家台灣人辦的唐京公司，賣墓碑的生意很火，賺錢快，任正非積極性很高，專門派人去調研。公司的兩個女將立即出動，結果發現他們經營的是存放骨灰盒的塔位，其經營合法性尚未得到認可，任正非這才打消了賣墓碑的念頭。零敲碎打的小生意終非長久之計，為了讓這個小公司存活下來，任正非百般嘗試，費盡心思。

一九八八年的一天，任正非出席一個老戰友的酒宴，意外見到了一位熟人。經過了解，任正非得知這位熟人正擔任遼寧省農村電話管理處處長。這位處長見任正非為人厚道、心誠，就介紹他做電話交換機生意。於是，華為成了生產用戶交換機（PBX）的香港鴻年公司的銷售代理。

這雖然還是轉手生意（二道販子），但公司的業務稍稍穩定下來了。他們從香港鴻年公司和珠海一家公司買（賒）來交換機，再賣給國內縣級郵電局和礦山等單位。二十世紀八〇年代後期供單位使用的小交換機市場，還是一個買家找賣家的市場，作為賣家的日子要好過得多。皮包公司有極高的毛利，「倒爺」們過著很舒適的「先富起來的少數人」的日子，大都「早上皮包水（喝早茶），晚上水包皮（泡澡堂）」。正因為錢好賺，僅深圳一地一個月之間就湧現出幾十家皮包公司，賣方市場很快變成了買方市場，因此代理公司的夭折率也很高。

代理交換機數月後，任正非認識到，在市場對抗和競爭中，「沒有什麼只有你會做，別人不能做的，關鍵是客戶給不給你做」。代理銷售是一種主要憑關係、價格、服務而沒有自身技術差異化可講的行當，所以，任正非一再強調：「客戶是我們的衣食父母。」「大家對客戶再好一點，大家對客戶的服務再好一點，客戶給大家的訂單就會多一點。」任正非對養活公司的客戶始終充滿感激，這與他做代理時打下的服務意識和服務基礎是分不開的。「當得人下人，方為人上人」，任正非在客戶面前的屈伸能力是超強的。這個四十多歲的男人親自做市場、做銷售，絕大多數時候，他出門都是孤身一人，可以想

像，一個中年男人、曾經的副團級軍官要跑到各地的偏遠郵電局去俯首哈腰給客戶（其實真正打交道的多是20多歲的年輕人）說好話、拍馬屁，個中滋味只有他自己才知道。中國人習慣在上班時間聊天，在酒桌上談工作談生意。任正非不會喝酒，所以每談一筆生意都要比別人多講好話，費盡口舌。

建立客戶關係，說到底就是建立信任的過程。有些人通過做事或送禮來建立信任和感情，而北方人更喜歡通過喝酒來建立信任和感情。

有一次，任正非到北方某地縣城去推銷交換機，他跑了縣局六七趟，好不容易見到分管局長，好說歹說總算得到答覆說可以跟其手下談談。只要有百分之一的希望，任正非就不會放棄。他想拉近關係，於是請分管局長吃飯。但華為只是個小小的代理商，這位局長根本沒放在眼裡，叫了兩位年輕的副科長去應付一下。吃飯的時候，任正非熱情地給這兩位年輕人敬酒，自己卻不喝，因為他根本不會喝酒。兩位副科長都不高興了，一位說道：「局長不來，是不是瞧不起咱倆？今天這頓酒不喝，生意也就別談了。」任正非立刻給兩位小夥子賠不是，又講了一大堆不能喝酒的理由，但都沒有得到諒解，無奈之餘，他只得端起酒杯捨命陪君子。沒想到兩杯酒下肚，他就醉了。回到賓館，他稀里嘩啦吐了一頓，又連夜做了一份技術建議書和報價單，第二天大清早就給客戶送過去。自那以後，好長一段時間，任正非一聞到酒味就想吐。

任正非之所以能從創業初期那種艱難的環境中生存下來，應歸功

於其貧寒出身和艱苦的軍旅生涯賦予的堅韌性格和奮鬥精神。

當時我國交換機市場被國外的公司壟斷著，跨國巨頭們以傲慢的姿態，在中國市場上高價傾銷產品，並享受著某種市場征服者的勝利的快感。任正非沒有實力代理昂貴的國際品牌，而且即使是代理香港鴻年公司的產品，也還是付不起天價的供貨費，只能採取賒賬式交易模式，即先提貨，賣完後再付款。為此，他說盡了好話。香港鴻年公司的老闆被他非凡的氣質、不俗的談吐和忠厚坦誠感染，給了他二千萬元的賒貨額度，持續兩年，相當於香港鴻年公司給了華為一億多人民幣的無息貸款。因此，任正非對上家供貨方也得十分客氣，稍有不恭，供應商就可以「掐脖子」斷貨。那時候，許多經銷商、大型用戶都派採購人員在廠家外排隊等貨。珠海有一家台資企業的訂單甚至都排到了第二年。有的企業為了早日提到貨，還會給廠方負責人送禮。

許多早年加入華為的人都還記憶猶新，每當有人在辦公樓下喊「來貨了！」從任正非到所有人，全都歡呼一片，衝到樓下，從大卡車上卸貨——「像過年似的⋯⋯」有時睡到半夜，突然來車到貨，大家都立即從床上爬起來，一起卸貨，卸完再睡。如果不是任正非胸懷的夢想和一群人的「野心」，華為也許會跟其他皮包公司一樣被湮滅在歷史的風塵中。

當代理賺錢，總會不可避免地遇到各種進出口政策的限制，以及來自原廠的各種風險。當時一些單位用戶機（也叫小總機）市場緊俏，地方政府都很重視，如果一台五百門的用戶機開通，當地省級領導都要去現場剪綵。要想訂貨，單位用戶需要至少提前半年以上下訂

金給華為，然後華為再下訂金給香港的原廠。但因為產品供不應求，香港的原廠經常發不出貨，以及產品出了問題，無法及時修理，備板、備件等也不提供給代理商，這些使華為在為客戶服務時非常被動。任正非意識到，沒有自己的產品、沒有自主研發，為客戶提供優質服務就是一句空話。他深深體會到了產品、客戶、訂單、公司的現金流、公司的命運都卡在別人手上的痛苦。他這樣坦陳道：「中國當時正面臨著社會轉型，我們這種人在社會上，既不懂技術，又不懂商業交易，生存很困難，很邊緣化。」

由於用戶小交換機的市場太火爆，一年之間，全國有二百多家國營單位參與了用戶小交換機的生產和銷售，國家限制信貸控制設備進口，華為的代理業務越來越艱難。

一九八八年秋，任正非跟公司的其他業務員一樣背著四十台交換機到武漢連繫客戶，特意到華中理工大學拜訪了郭平的導師，這位導師是國內極少數研究程控交換機的專家，任正非向他請教程控交換機的發展前景。當然，他還有一個重要目的是將郭平帶到深圳去。郭平這年正好研究生畢業，學校準備安排他留校任教，經任正非一鼓動，郭平的心早飛到深圳去了。從此，任正非與華中理工大學結下了不解之緣。

郭平是個才華橫溢、很有點書生意氣的人，但又很具商業頭腦，他的到來，給華為增添了不少活力，更重要的是，他跟任正非的想法基本一致。科技公司不能長期當二道販子，代理只是權宜之計，必須自己研製生產產品。這是一個很大膽的想法，對因國家信貸政策收縮

造成資金鏈瀕臨斷裂的代理商來說，他們通常沒有勇氣冒更大的資金風險來自己研製交換機，但任正非卻敢做他人之所不敢做。

一九八九年底，華為的代理之路走到了盡頭。其時通信設備業內烽煙四起，群雄爭霸，進入了草莽英雄起家的年代。任正非要研發產品，可一沒有人才，二沒有足夠的資金。國內許多企業都知難而退，紛紛依附於實力雄厚的外國大品牌，但代價是受制於人，而任正非偏偏想為華為另外開闢一條生路。他自己雖然懂些電子技術，但要開發產品，還得靠郭平這樣的年輕人。經過一番盤算，任正非決定集中全部資金和人力，破釜沉舟，大幹一場。他與幾個創始人商量了一下，先成立兩個組，一個是以郭平為首的研發組，另一個是以紀平為首的財務組（或者說是資金籌募組），分頭去招人，去籌錢。

這天晚上，任正非親自下廚為所有員工煮了肉絲麵，然後對大家說：「感謝各位同志過去為華為做出的努力，現在華為面臨重大轉型，也意味著面臨更大風險和生存難題。如果你們誰對華為沒有信心，吃完這碗麵條，領了工資明天一早就可去另謀生路。而願意留下來的人，則要過更艱苦的日子，可能會有好幾個月甚至更長時間沒有工資發。不過，公司不會欠你們一分錢，到了有錢的時候會一起發給你們，或者將你們的部分工資入股，讓大家都成為華為的股東。」

大家聽了任正非的話，都默不作聲，慢慢地吃麵條。第二天早晨，一個人也沒走，大家仍各自做好本職工作。華為自此開始摸著石頭過河，走上了一條全新的探索之路。

三、獨創的「床墊文化」

一九八九年，郭平在華為立下的首功就是為公司挖得一「寶」，這個寶就是鄭寶用。

鄭寶用長得胖胖的，憨態可掬，一看就是一個值得信賴的人。他是福建莆田人，出生於一九六四年，比任正非小整整二十歲。一九八四年，他從華中理工大學光學系本科畢業時才二十歲，可見其天資聰穎。一九八七年，他從華中理工大學激光專業研究生畢業後，考上了清華大學的博士。一九八九年，他架不住老朋友郭平的再三勸說，還沒拿到博士學位就奔赴深圳，加入華為這家成立還不到兩年、工資都沒有保證的小公司。華為正缺乏這種研發骨幹，任正非如獲至寶，當即任命鄭寶用為總工程師。

二十世紀八九十年代，深圳的誘惑力是巨大的，一直是中國年輕人最嚮往的城市。「時間就是金錢，效率就是生命」，那裡有太多白手起家的奇蹟和迅速致富的神話。人們從四面八方聚集到這裡，奔波在這片新興的熱土之上，為的只是一個夢想——開創事業，功成名就。也許鄭寶用也懷著同樣的夢想，一到華為便開始日夜苦戰。他工作勤奮，待人隨和，與下屬打成一片，沒有任何架子，同事們都親切地稱他「阿寶」。

研發產品必須進行市場調研。擺在任正非和研發組面前的，是美國AT&T（1996年4月，其網絡系統與技術部門獨立為朗迅科技）、加拿大北方電訊公司（1998年與海灣網絡公司合併成北電網絡公司，以

下簡稱北電）、瑞典愛立信公司（以下簡稱愛立信）、德國西門子股份公司（以下簡稱西門子）、比利時貝爾公司（以下簡稱貝爾）、法國阿爾卡特公司（以下簡稱阿爾卡特），以及日本電氣股份有限公司（以下簡稱NEC）和富士通集團（以下簡稱富士通）的產品，這八家公司幾乎壟斷了中國所有的通信設備市場，俗稱「七國八制」。本土企業要想占有一席之地，必須要有自己的核心技術。任正非後來解釋華為這一次轉型的原因時，說：「外國人到中國是為賺錢來的，他們把底交給中國人，他們轉讓技術的手段，都是希望引進、引進、再引進，最終不能自立。以市場換技術，市場丟光了，哪一樣技術真正掌握了」

郭平、鄭寶用帶領的研發組從一九九〇年開始，全力以赴研製工作。因為各種條件的限制，最初他們只是開發用作配件的板件（SKD半散裝），與買來的其他配件組裝成整機，第一批產品型號是BH01。產品新外殼上貼著華為標籤，其實裡面的配件大部分還是別人的，並沒有太高的技術含量。任正非的出發點是先換掉二道販子的身分，以低成本的改裝產品攻占農村市場，在外國企業的夾縫中尋求生存。先活下來，再謀求發展。

這一年，研發組的管理層人員工資不過三百三十元左右，遠低於外資企業的平均工資，但他們工作起來很拚命。幾乎每個開發人員都有一張床墊，卷放在鐵櫃的底層，辦公桌的下面。午休時，席地而臥；晚上加班，整夜不回宿舍，就這一張床墊，累了就拿出來睡。四周老化的測試機架，設備上一閃一閃的信號燈，高頻電流的振盪聲，伴隨著他們進入夢鄉，醒了就爬起來繼續幹。整層樓都沒有空調，只

有吊扇，高溫下作業，經常是汗流滿面。大多數員工以此為家，領料、銲接、組裝、調試、質檢、包裝、吃飯、上廁所，一直到睡覺都在這一層樓上。除了到外協加工廠及公司生產部，不少人一連幾天都沒下過樓，有時連外面天晴天陰，有沒有下雨都不知道。沒有人強迫他們這樣做，大家都是自覺自願的，這就叫創業。

一張床墊半個家，華為人攜著這張床墊走過了一段創業最艱辛的日子，但一張張疲憊的臉上綻放出希望和夢想。這種「床墊文化」說明華為人艱苦創業、堅韌不拔，努力把智力發揮到最大值，它成為華為人奮鬥精神的一種象徵。這種精神彌補了當時公司物質極度短缺的劣勢，使大家都為一個美好的明天而齊心協力。沒有艱苦創業經歷的人很難理解這種精神，認為這是對人身心的摧殘。但試想一下，在快速成長的城市裡餓著肚子、生存受到威脅的時候，有幾人能一覺睡到自然醒？任正非主導的單純正向的企業文化氛圍如業績優先、人才優先的戰略導向，正是成就日後華為王者地位的基礎。

任正非的辦公室裡也有一張簡易小床，他平時跟員工一樣在工作間幹活，有時甚至比一般員工幹的時間更長，幾乎每天都只睡五六個小時，而且經常是睡在辦公室的小床上。

一九九〇年夏天，張建國辭掉大學教師的工作後來華為應聘，面試當天天氣格外悶熱，進了任正非的辦公室，張建國發現任正非滿頭大汗。聽說是來應聘的，任正非對張建國說：「我先沖個涼再說。」他出去後，張建國又打量了一下辦公室，他從來沒有見過哪個老闆的辦公室如此簡陋，也不知是什麼原因使他立刻對這家僅有二十幾人的

小公司產生了好感。過了一會兒，任正非穿著褲頭，光著膀子走進來，坐下來跟張建國交談。任正非簡單問了一下他的基本情況，看了看簡歷，然後說：「你下午來上班吧。」

張建國愣了半天，低聲問道：「老闆您面試完了嗎？這麼簡單，我去哪個部門上班？」

「你不是蘭州交通大學電子通信專業研究生畢業嗎？曾獲得過省裡的科研二等獎，在國家重點刊物上發表過幾篇論文，是吧？當然是去研發組了。你當過老師，我還有一項重要工作交給你，在正式設置人力資源部之前，凡是來應聘的人都由你來面試。」任正非認真地說。

張建國就這樣成了研發組的一名工程師，兼管人事。他第一次從這個土裡土氣的老闆口中聽到了一個新名詞——「人力資源」。

一九九一年，華為租下了深圳寶安蠔業村工業大廈三樓。一層樓分隔為單板、電源、總測、準備四個工段，既是生產車間、庫房，又是廚房和臥室。十幾張床挨著牆邊排開，床不夠就用泡沫板加床墊代替。五十多人吃住都在裡面，無論是領導還是員工。華為的「床墊文化」在這裡繼續發揚光大。

工業大廈後面有一棟十一層的大樓叫億利達大廈，是中意合資公司深意壓電技術有限公司的辦公樓。剛來華為不久的張建國特別羨慕在億利達大廈工作的人——深意壓電技術有限公司的規模太大了，他甚至幻想自己也能到這樣規模大的公司上班，那該有多神氣！為此，

他悄聲問任正非：「任總，不知華為什麼時候能有一棟這樣的大樓？那樣的話，什麼人才都能到華為來。」

任正非看了張建國一眼，語氣肯定地說：「不出十年，華為就會有比這更高、更寬敞的寫字樓。不過，你得先給我招攬足夠的人才，然後才能靠我們自己的才智和雙手來建新樓。」

張建國見任正非一點也不像開玩笑的樣子，心裡暗暗地笑了。

喬遷新址後，任正非帶領的華為團隊才真正開始研發局用模擬程控電話交換機。華為研發要跨越用戶小交換機的「紅海」到局用交換機的「藍海」，首先得在技術上有一次大的飛躍。而華為業務員在市場上推銷的真正屬於「華為製造」的新機是BH03，僅為二十四口容量。隨著電信業的飛速發展，這種小交換機即將被淘汰。任正非任命郭平為項目經理，技術突破的重擔則交給總工程師鄭寶用。當時研發組僅五六個人，鄭寶用既要與技術人員一起設計電路主板，又要負責編寫數控程序，還要進行整機的調試，忙得焦頭爛額。而且公司沒有數控點焊機，沒有中試檢測設備。主板要拿到外面去請人加工，拿回主板後再對焊點一一進行檢查，看是否有虛焊、漏焊或連焊，而這些全靠技術人員用放大鏡目測。待交換機組裝完成後，還要進行性能檢驗，人手不夠，他們便把全公司的人集中起來，一人拿兩部電話用耳朵試聽，一旦發現問題，就要重新設計、反覆修改完善，這是一個十分煩瑣的過程。

儘管如此，為了興趣，為了事業和理想，他們都拼了。研發組成員全力以赴，群策群力，克服重重困難，使新機型HJD48模擬空分式

用戶交換機（簡稱HJD48）的各項技術參數都達標了，測試通過後，再將它拿到位於南頭西鄉翻身村勝邦大廈的生產部去生產，任正非幾乎每天都到現場檢查生產進度，遇到吃飯時間，他和公司領導就在大排檔和員工一起吃工作餐。當然，費用尤其中職位最高的人掏腰包。

年底，HJD48模擬空分式用戶交換機作為新產品正式推出。這雖然不算換代產品，但至少可以算是BH03的升級版，容量擴大了一倍，而且全部是華為自己的技術，大幅度降低了產品成本。任正非十分高興，他一貫主張「敗則拚死相救，勝則舉杯相慶」，新產品研發成功當然要慶祝一下。他性子急，立馬在南頭西鄉開會慶功並進行產品推廣。

除公司全部員工外，任正非還邀請了幾個老客戶。四川來的陳先生對任正非自主研發的戰略思維和決心十分佩服，稱讚道：「當一家家小公司、小店鋪正在為自己的銷路一籌莫展時，只有任總長於預知未來，帶著華為走出最大膽、最有遠見的一步，所以只有華為最有成效，也最有前景。」面對客戶的稱讚，任正非謙虛地說：「其實，我們現在就像紅軍長征，爬雪山過草地，拿了老百姓的糧食沒錢給，只有留下一張白條，等革命勝利後再償還。華為還面臨著很多問題和困難，更希望陳經理一如既往地支持我們。」

這一天，淅淅瀝瀝地下了一場小雨，屋外冷風嗖嗖，屋裡卻熱氣騰騰，慶祝儀式極為隆重。當然，慶功宴只是簡單的自助餐，加上啤酒，讓每個人都輕鬆一下。任正非在會上宣布，華為從下一年（1992年）開始實行工號制，這意味著工號越靠前的員工進入華為的時間越

早，獲得的股權越大。唯一例外的是鄭寶用，他的工號是0002，這可能是任正非對這位有著突出功勞的總工程師的一種獎勵。

開完慶功會從西鄉回來的路上，他們遇到了一點小狀況，鄉下的路不好走，天黑又下著雨，公司的一輛車陷進了泥坑，進退兩難。就在大家猶豫之際，只見任正非跳下車，脫掉皮鞋，挽起褲腿，邁進泥坑推車。眾人見狀，也紛紛下車，合力將車子推出了泥坑。

任正非上車後，語重心長地告訴大家：當一個公司像這輛汽車一樣陷入困境的時候，不能猶豫，更不能退縮，只有齊心協力幫助它，才能使它走出泥淖，繼續前進。

四、失敗了只能跳樓

任正非信心滿滿地推出新產品HJD48後，市場的最初反響很不錯。在華為這款自主研發產品的宣傳手冊最上方印有這樣的廣告語：「祝您早日走上成功之路，電子通信是您發達的催化劑，一種優良的小程控交換機會使您的辦公發生較大的變化。」圖案中有幾行小字：「每月十至十八日在深圳舉辦用戶學習班，月月如此，不再另行通知」「生活費用自理，技術培訓免費，無論是否訂貨，　視同仁！」

這種以技術為主導的推廣策略產生了非常好的績效，因為華為的產品質優價廉，受到了很多單位用戶的好評。一九九二年，憑藉HJD48模擬空分式用戶交換機系列早期的單位用戶機產品，華為銷售額首次突破一億元。自主研發的決策被證明是正確、有效的。華為依

靠「代理＋自主研發」兩條腿走路活了下來，一直走了好幾年，「生存第一」始終是任正非內心的第一要務。

　　儘管任正非長於預知未來，善於把握時代發展的趨勢，但時代列車前進得太快，市場的變化有時讓人措手不及。其時，中國郵電部（1998年3月，信息產業部成立，郵電部正式撤銷）下面有幾家國有企業都已在生產三十四口和四十八口的單位用小交換機，華為的產品並非處於領先地位。任正非知道，要想保住華為的市場份額，必須不斷革新技術，投入更多的資金進行產品研發。但這條路走得很辛苦，因為研發投入幾乎是個無底洞，而且成敗難料，就像賭博一樣，運氣占了很大成分。任正非後來說：「當時我們不懂事，誤上了電信設備這條賊船，現在想下都下不來了。如果當時我們開的是飯館，現在利潤可能更高，我也更舒服。」

　　的確，積累了不少原始資本的任正非有很多選擇。一個真正的企業家總是能在自然選擇之上，做出必然的選擇。就在華為人為自己能夠獨立開發通信產品而群情振奮的時候，一股不亞於十級颱風的經濟風暴刮來了。一九九二年春，鄧小平再次視察深圳並發表重要談話，強調改革開放的膽子要大一些，敢於試驗，看準了的就大膽地試，大膽地闖。沒有一點闖的精神，沒有一點「冒」的精神，沒有一股氣呀，勁呀，就走不出一條好路，一條新路，就幹不出新事業。此後幾年，中國經濟進入恢復性的高速增長。地產業、高新技術開發區火爆的投資、急遽的擴張，使得經濟開始「發高燒」。上千億的資金飛向南方的房地產和經濟開發區，海南八百億，北海三百億，惠州一百五十億⋯⋯迅速掀起了一場圈地狂潮。

做地產就是通過某種途徑和方式找政府部門拿一塊地,再找銀行貸款蓋房子,待房子蓋好了就坐地收錢。當然也可以不修房子,直接轉讓土地。深圳作為特區樣板,無疑成為一塊投資熱土。「到處都在開工,房子還沒有蓋,甚至還只有一張圖紙就進行轉讓。項目轉讓了一手、二手、三手。開發的人還沒有炒作的人賺錢快,開發的可能賺五百元一個平方,炒作的人一下可以賺一千至二千元一個平方。」一位親身經歷過這股地產熱潮的地產商人回憶說,「那時候甚至國內各省的政府部門都籌集資金到南方來撈一筆,一個人能在一夜之間變成百萬富翁。」

在這種情況下,有人想拉任正非入夥炒房地產,但任正非對這種傻瓜都能做的生意似乎興趣不大,因而一口回絕。他並非不想快速發財,而是有自己做企業的原則,他要做企業家而不是做老闆,毅然選擇了一條獨自修行之路。他強調,未來的世界是知識的世界,不可能是這種泡沫的世界。因此,華為的基因與許多企業不同,敢賭卻從不抱投機幻想,看準的事就要花血本投入,否則寧可放棄。任正非看準的下一個產品是開發局用交換機,主攻公用電話電信領域。

進入這個領域,不但技術要換代升級,而且市場競爭也升級了。競爭對手除了國際巨頭外,還有國內的幾位帶頭人哥。中國的交換機市場,大型局用機和用戶機基本上被來自國外的電信企業及其在中國國內的合資企業的產品壟斷。通信圈裡的人都清楚,國外產品成熟、性能穩定,技術更新快速,國內企業做高端產品研發具有很高的風險性。華為起步較晚,無論是技術、經驗、資金,還是研發方法和設備,都嚴重滯後,而且它的身分是民營,受到政策上的不少制約,尤

其是融資方面容易陷入瓶頸。從一九九二年第三季度開始，為防止經濟過熱，銀行已經從嚴控制專業銀行的貸款發放，信貸擴張的勢頭降了下來，任正非從銀行根本貸不到款。

但是，人的堅韌往往是被恐懼磨煉出來的。電信行業競爭非常殘酷，不發展就死亡，沒有中間道路。死亡的恐懼使任正非只能選擇往前走，毫無退路。他咬緊牙關堅持著，甚至向大企業借貸，利息高達百分之二十至百分之三十，實際上就是高利貸。他還制定了一個內部政策──誰能夠給公司借來一千萬，誰就可以一年不用上班，工資照發。這是任正非最大的一次冒險，華為前後投入一億元人民幣，是死是活全在此一舉。這一役只能勝不能敗，他要讓全公司的員工都認識到這一點。

由於華為發展很快，員工人數迅速增加，華為不得不租用更多的辦公大樓，不斷地搬家。任正非在西鄉租用了一棟六層的樓房作為生產基地，辦公室則從蠔業村工業大廈搬到深意工業大廈。就在這棟大廈的五樓，任正非召開了全公司員工動員大會，號召大家發揚紅軍爬雪山過草地的革命精神，團結一心，全力以赴地打好這一仗。他曾說：「處在民族通信工業生死存亡的關頭，我們要竭盡全力，在公平競爭中自下而上地發展，決不後退、低頭。」「不被那些實力雄厚的公司打倒」「為了點滴的進步，大家熬乾了心血，為了積累一點生產的流動資金，至今絕大部分的員工都還住在農民房裡，我們許多博士、碩士，甚至公司的高層領導還居無定所。一切都是為了活下去，一切都是為了國家與民族的振興。世界留給我們的財富就是努力，不努力將一無所有！」

動員講話後，他像帶兵出征的將軍一樣，又帶領大家唱軍歌，鼓舞士氣。此後，唱軍歌成為華為動員會上的保留節目。

唱完軍歌，任正非站在五樓會議室的窗邊，嚴肅地對身邊的管理人員說：「這次研發如果失敗了，我只有從樓上跳下去，你們還可以另謀出路。」言語間充滿了悲壯。

華為全體員工都被任正非置之死地而後生的頑強拚搏精神感染，所有人心中都燃燒起一股激情：一定要推出華為自己的數字交換機，為公司的生存和發展殺出一條血路來。尤其是開發人員，抱定了不成功誓不罷休的決心，開始研製大容量模擬空分局用交換機。任正非依然以鄭寶用為總工程師，將研製的第一台局用交換機命名為JK1000。

但華為沒有研發大容量局用交換機的經驗，研發組全體人員只能以勤補拙，刻苦攻關。由於空分模擬技術用於大容量機上有一定的侷限性，必須採用數字技術，而國內只有上海貝爾公司（以下簡稱上海貝爾）擁有全數字式的局用程控交換機，需借用它的技術和經驗，因此，研發組採取了折中辦法，將JK1000設計成模擬與數字混用機型。

第四章 土狼突擊

任正非帶領一批充滿理想主義精神、獻身精神、家國情懷，甚至清教徒精神的小人物，採取「群狼圍獵」的方式，進則同進，退則同退，協同作戰初步奠定了華為的企業文化基調。

一、華為的「西鄉軍校」

在研發組進行新產品開發的同時，任正非的銷售隊伍也在全國各地馬不停蹄地四處奔波。

一天中午，任正非來到人事部問張建國：「這段時間人事部招了多少人？新產品研發出來了，急需大批銷售菁英。」

張建國回答：「任總，我們現在已經有二百多名銷售人員，從公司目前的產能來看，這支隊伍已經足夠大了。」

任正非聽了不客氣地說：「答非所問。我是個老業務，知道多少人才夠用。我們需要幾倍於現在的銷售人員，甚至可以做到來者不拒，只要這個人勤勉、不怕吃苦又有頭腦。」

張建國聽了不由得有點緊張，結結巴巴地說：「對不起，任總。您知道，我是學電子通信的，本應該在研發部學習，您卻讓我來人事部，我的工作沒有做好。」

「那你的意思是說我用人不當了？在我們這個公司，沒有哪個人是天生該幹什麼事情的！搞開發、管生產、英雄兒女上前線，這是我們的口號。如果你在這個崗位上做不好，那你就上前線去試試（做銷

售）。」任正非平日樸實隨和，但脾氣一向火爆，一旦罵起人來，一般人可受不了。

張建國了解任正非的個性，便低頭不再搭理他。上前線就上前線，做銷售總比悶在這裡強。

當然，任正非並不是來問責的，他在考慮兩個問題，想從側面聽聽下屬的意見：一是新產品如何定位及保持怎樣的研發節奏；二是銷售人員應該採取怎樣的方式快速切入大市場。他見張建國不再說話，便緩了緩語氣，說：「難道我不知道你是學電子通信的？既然如此，那你說說，你對我們現在開發的JK1000有怎樣的評估和預期？」

涉及專業性的問題，張建國的膽子大了起來：「據我所知，目前國外廠商多採用數字程控交換機技術，我們研製的模擬技術的空分交換機市場前景不容樂觀。我國的電信業相對落後，這種機型還能派上用場，但只能低價快銷，作為一個過渡產品，不可有太大的依賴。」

任正非點頭道：「你說得對，我們的技術還不高，新產品剛開發出來就有過時的風險，現在只能以勤補拙，以快補短。所以，請你記住，招銷售員要不限名額，招技術天才要不惜代價！」

他們正說著話，從外面走進來一位陌生女子。她三十左右，穿著西裝套裙，顯得精明、幹練、灑脫和成熟。任正非覺得她初看像職業女性，細看又不乏女性所獨具的韻味和優雅。他愣了一下，問道：「你找誰？有什麼事嗎？」

「我找人事部經理，我是來華為學習的。」女子說。

「是來華為參加培訓的客戶吧？」任正非轉身對張建國說，「你把這位女士安排一下。」

沒等女子再開口，張建國就迎上前，連聲說：「歡迎，歡迎！」

女子一下子滿臉通紅，解釋道：「對不起，我不是客戶，我是來應聘的。我叫孫亞芳。」

任正非對孫亞芳的第一印象很不錯，本想多問她一些基本情況，但想了想又覺得不妥，便對張建國說：「這件事還是由你來處理吧。」說完轉身走了。他完全沒有想到，這個女人對華為日後的發展起到了不可估量的作用，後來被《財富》雜誌評為中國最具影響力的二十五位商界女性之一。

孫亞芳畢業於成都電訊工程學院（後更名為電子科技大學）無線電技術系通信專業，一九八二年在河南新鄉電子工業部的一個下屬廠（燎原無線電廠）裡當技術員，一九八三年在中國電波傳播研究所附屬學校任教師，一九八五年在北京信息技術應用研究所任工程師。她原本是想到華為應聘市場部工程師（產品經理），但因為只是本科畢業又沒有研發經驗，結果去了培訓部。

華為最初的入職培訓分為兩部分：客戶培訓和銷售人員培訓。客戶培訓主要是通過對客戶進行基本技術培訓，與客戶建立更緊密的連繫。實際上，華為最讓競爭對手膽寒的是其嚴密的市場體系，而不僅僅是技術優勢，在與對手技術相差不大的情況下，華為能通過市場獲得更大的優勢。而華為的市場幾乎完全依賴銷售人員拓展，市場一線

銷售是企業中最辛苦的崗位，銷售人員每天忙於開發新客戶，維護老客戶，上門拜訪，下走市場，一個月下來不僅經常遭遇白眼與閉門羹，還可能完不成任務，導致身心俱疲。所以，任正非想通過對銷售人員的強化培訓，提升他們的市場開拓能力和客戶維護能力。在這方面，孫亞芳很有天賦。她的聰慧、幹練以及對任正非的脾性、思想的領悟，是其他人所不能及的。另外，她極好的英語水平，也是任正非所倚重的。任正非的意圖，說得專業一點，是建立一個強悍的人力資源管理系統；說得通俗一點，就是要培養一群在飢餓中依然能頑強戰鬥的狼群。任正非闡釋道：「企業發展就是要發展一批狼。狼有三大特性：一是敏銳的嗅覺；二是不屈不撓、奮不顧身的進攻精神；三是群體奮鬥的意識。」做市場開拓，尤其要如此。「每個部門都要有一個狼狽組織計劃，既要有進攻性的狼，又要有精於算計的狽！」

為了實現這一目標，孫亞芳對銷售人員的培訓十分嚴格，幾乎搬用了軍營的管理模式。培訓基地設在西鄉，因此被謔稱為「西鄉軍校」。

華為的半軍事化訓練包括兩大方面的內容：

第一，灌輸企業文化，如自我潛能發掘、誠信、價值觀、責任感、團隊意識、服從組織和敬業精神，重點培養銷售人員的紀律性（服從命令）、執行力、歸屬感和統一性。

其中最為突出的是狼性企業文化，輔以極具吸引力的激勵措施。通過企業願景或使命的提出，為華為建立一個充滿責任感和企業道德的公共形象，提升品牌說服力，大力提倡以客戶為中心、以奮鬥者為

本的核心價值觀。通過這種文化的提倡，從而使公司的薪酬體系向一線的市場及研發部門傾斜的導向性得到廣泛的認可，保障客戶與產品這兩端的強大執行能力；而核心價值觀的反覆強調，又讓客戶與華為進行交易時產生高度的信任感，並讓運營商相信華為具備可持續發展的意願和能力。

第二，專業技能培訓，包括通信技術、市場開發、客戶維護等內容。相對而言，專業技能培訓比較煩瑣。對新員工培訓時，華為先進行營銷理論與知識的培訓，其中有一條鐵的紀律：穿皮鞋、西褲、襯衫、打領帶，一個也不能少。從進入公司的第一天起，所有新員工都將被仔細檢查，不合格者立即改正，否則就有可能被辭退。孫亞芳認為，這一規定是促成新員工完成學生向職業轉變的標誌。

所有新人在培訓的第三節課上，還會進行兩天的扎線練習。這是一種將機器設備內部的大量連接線，按照一定規則捆綁，從而使其整齊、便於檢測。這種培訓和考核看似簡單，實則不易。新員工必須嚴格按照流程，將電源線、告警線和半波線等分別插上，再按照一定的順序捆綁整齊，彩色線在外，不能有交叉。有的員工按照流程，一個小時就搞定了；有的員工不遵循流程，一上午的時光白費了還弄不好；還有許多老員工，按照自己的習慣想當然地進行處理，結果總是出錯。通過這種嚴格的培訓，以增強員工按流程辦事的意識。

對技術一竅不通的新人更要從通信原理學起，還必須參加車間實習和組裝操作培訓，去生產一線裝機實習，擰螺絲、調設備、放話線。培訓的內容很多，密度很大，考試又嚴格，要是不努力就會被淘

汰，很多人由衷的感受就是──比高考更折磨人。

培訓結束後，公司還會給新員工搞一次「實戰演習」，主要是讓員工在深圳的繁華路段以高價賣一些生活用品，規定銷售價格必須比公司規定的價格高，不得自行降價，做到理論與實踐相結合。以上培訓可以驅除員工的書生氣，為被派往市場第一線做好心理和技能上的準備。

這些派往「前線」的銷售人員，在相互配合方面效率之高讓客戶驚嘆，讓對手心寒，因為華為從簽合同到實際供貨只要四天的時間；國外電信運營商需要一年甚至更長時間才能完成的開發工作，他們加班加點一個月就能幹完。

孫亞芳在培訓部的時間雖然很短，但為華為後來建立的人力資源系統打下了基礎。

由於JK1000是一個過渡產品，必須要利用好時間差，所以這一年招收的銷售人員特別多。孫亞芳在培訓中發現，並非每個員工都與華為的目標一致，尤其是新來的員工，他們沒有經歷過創業初期的艱苦，也沒有共同創業的遠大目標，只是想著以工作賺取薪水，養家餬口。如果用華為的願景目標激勵他們，作用並不大。恰在此時，華為因貨款回收太慢，現金流出現嚴重問題，不但新產品研發要被迫停止，而且全體員工連續幾個月都發不出工資，員工士氣低落，不少人請求辭職。

這時，任正非再次動員公司幹部融資。孫亞芳又展示出了她在公

共關係方面的超群才能和廣泛的社會人脈資源，幫助任正非解決燃眉之急。不久，華為收到了一筆貨款。公司高層一起研究這筆款項應該怎麼用，任正非一時也拿不定主意。最後，培訓部經理孫亞芳站出來說：「各位領導，作為培訓部一員，我認為培訓就是將老闆的理念轉化為下屬的行動，獨一無二的理念體系是成功的企業戰略所需的要素，但並非全部。對於員工的激勵方式還是要因人而異，一群飢餓的狼，有的可能不顧一切地撲向獵物，有的可能會因為沒有力氣而直接倒下或者另謀活路。根據眼下的實際情況，我建議先發放員工的工資再說！」

孫亞芳說話乾脆，毫不拖泥帶水。任正非十分佩服她的膽識，這個相貌秀氣、文雅的女子竟然具有這樣的決斷力。他深知，憑華為現在的實力參與跨國集團在中國市場的競爭，就像一個剛離開母親的孩子要與狼搏鬥。要想勝券在握，只有迅速讓孩子也成長為戰鬥力很強的狼。他當即表示同意孫亞芳建議。於是，等待多月的員工們領到了拖欠的工資，一支龐大的銷售隊伍迅速奔赴全國各地城鄉。

二、豪言「三分天下」

儘管華為的銷售人員一直在努力，但JK1000、CT2及其他小型交換機所帶來的效益卻十分有限。

推出JK1000才幾個月，一向特立獨行的任正非又做出了一個驚人的決定：投資過億元研製C&C08數字程控交換機（簡稱C&C08）。

人們之所以驚訝，是因為任正非既沒有足夠的研發人才，也沒有足夠的研發資金。但是，任正非非走出這一步不可。狼擁有敏銳的嗅覺，距離二千米就可以嗅到被捕獵動物的味道。任正非就像狼一樣，對市場的血腥爭鬥異常敏銳。電信市場的血腥爭鬥比任何一個市場都激烈，一是技術進步很快，硬件更新換代週期短，軟件更是日新月異；二是市場越來越狹窄，幾乎沒有藍海地帶了。但信息產業在高速發展中的不平衡，給弱小公司留下了許多機會。

任正非是一個酷愛學習、胸懷遠大、眼界開闊、富有思想的人，他知道功能、性能、成本都占優勢的數字程控交換機更有優勢，啟動C&C08 2000門數字程控交換機的開發項目刻不容緩。他從一九九二年底、一九九三年初開始大量招兵買馬，人事部門除了培訓銷售人員外，主要任務就是挖技術骨幹。

技術骨幹應聘時要先過人事部這一關，然後再由總工程師和相應部門主管面試。一位工程師來華為應聘，面試時總工程師鄭寶用和任正非都在場。鄭寶用說：「華為公司是沒有任何背景的，一切都靠自己奮鬥。在這裡工作，不需要拍馬屁、拉關係，只要你好好幹，公司就會給你回報。」鄭寶用之所以這樣說，是想讓這位工程師下決心選擇華為公司。而這是他的親身經歷，最具有說服力。他靠自己在公司的業績，成為華為的技術負責人之一（人們謔稱他為「二號首長」），儘管沒有明確他是二把手，在華為，他的權力和影響力都不小，同時他也在很短的時間內積累起自己人生的一筆財富。不僅人才不需要拍領導的馬屁，任正非還經常拍人才的馬屁。

任正非笑著對應聘的工程師說：「阿寶（指鄭寶用）是一千年才出一個的天才。我們需要上千個這樣的阿寶，歡迎你加入華為。」

「謝謝！」這位工程師重重地點了點頭，本以為老闆還會鼓勵他幾句，讓他好好幹，沒想到任正非卻說：「但我要告訴你，進了華為就是進了墳墓。」

這位工程師一頭霧水，不明白任正非的意思，但他還是堅定地選擇了華為。

資金和人才是企業發展的兩個輪子。在資金方面，任正非通過轉賣電源技術，通過與郵電系統成立合資公司、與商業銀行開展「買方信貸」業務來解決眼前的困難，為搞活現金流可謂不遺餘力；在招攬人才方面，專業人才的職業發展一直是困擾任正非的一個難題。

為此，任正非召開了一次中層以上幹部會議，專門討論不拘一格挑選人才和公司發展策略問題。過去，他一再強調「活下去」就是華為的發展策略，而在這次會議上，他一反常態地說：有些企業，它們的經營模式是規模和服務，因此市場需求前景是受限制的，發展是有極限的。而且，同質化競爭，別人也可以擠進來分杯羹，縮小你的發展空間。我們這個行業是高速成長、拼實力的行業，技術是企業最核心的競爭力。如果今天你拿不出來先進的東西，沒有前瞻性的策略，明天你就垮了。像我們這樣的企業，垮了多少？我不知道華為能否存活二十年……十年之後，世界通信行業三分天下，西門子、阿爾卡特和華為。許多人聞言報之一笑，因為社會上正流行著企業早衰症，或破產，或勉強維繫，那麼，任正非的這番豪言壯語是否會因此變得滑

稽可笑呢？

　　任正非把自己三分天下的「夢」賣給自己的下屬，你信，這個夢就叫「願景」；你不信，這個夢就只是個笑料。他相信，只要通過賣願景，能團結一班有著相同價值觀的人建立一個團隊，形成一種文化，企業離成功就不遠了。

　　這次會議的重點是尋求高級技術人才進行各種形式的合作。會後沒幾天，公司來了一批實習生，一個身材瘦削、滿臉稚氣、鼻梁上架著高度近視眼鏡的小男生引起了任正非的注意。他叫李一男，是華中理工大學二年級碩士研究生。求才若渴的任正非對李一男「一見鍾情」，而初來乍到的李一男對任正非諸如「華為鼓勵人人當雷鋒，但決不讓雷鋒吃虧」等管理思想和見解也感到非常新奇。雙方都對對方很有好感。任正非慧眼識珠，注意到了李一男所具有的潛質，沒有顧及他的實習生身分，竟然委任他主持研究開發一個技術項目。按照李一男的要求，華為需要為此購買一套價值二十多萬美元的外國設備。此時華為正處於產品開發的最艱難時期，財力相當有限，二十多萬美元不是一筆小數目。但任正非力排眾議，依舊認可了李一男的提議。沒想到幾個月後，由於市場形勢急轉直下，李一男主持的項目意外擱淺，剛買來的設備也因此成了廢品，二十多萬美元打了水漂。

　　曾經因二百萬元損失而被單位炒魷魚的任正非對自己的那段經歷刻骨銘心，他對這筆二十多萬美元的損失雖然心疼不已，但他對李一男卻沒有半句責怪，反倒對有意見的同仁說，這可能就是培養年輕人必然要付出的學費吧。這並非任正非財大氣粗，而是表明他對人才、

對科研的重視和開發新產品、趕超國際水平的決心。

任正非的寬容大度讓李一男內心充滿感激。一九九三年五月，李一男研究生畢業後便到華為研發部上班，恰好C&C08機項目上馬，任正非任命他為項目組組長。隨李一男前後來到華為的還有余厚林、劉平等人，余厚林是從武漢一個研究所過來的，是一個很有經驗的硬件工程師，負責該項目硬件；劉平來自北京，負責軟件。

C&C08型萬門數字控制交換機的研製成為華為成敗的關鍵。所謂萬門數控機，就是先開發二千門的交換機，然後再搞一個中央數字控制模塊把多個二千門的交換機連在一起，形成萬門交換機。任正非在這個項目上幾乎押上了全公司。在研發過程中，他差不多每天都過去看望李一男，甚至直接用「乾兒子」來稱呼李一男。他還經常和項目組的人一起睡午覺，親自為研發組提供後勤服務。此時的李一男還是個二十幾歲的毛頭小夥子，開會講話都顯得很緊張，好像下面坐著的那些比他年紀大的人都是他的領導似的，讓他感到有不小壓力，生怕講錯一句話。第一次主持會議，他說話的聲音很小，顯得有氣無力，要很仔細才能聽清楚。他說話的時候，手甚至有點發抖。不過，他的眼神很厲害，所有的威嚴和自信都在眼神中表現了出來。任正非常親切地稱呼李一男為「紅孩兒」。

由於開發人力緊張，任正非在全力支持做萬門數控機方案的同時，也繼續安排二千門交換機的開發。劉平在二千門交換機裡兼任單板軟件項目經理，開發主節點軟件。二千門交換機的開發人員大部分是年輕人，最小的只有十九歲，他是中國科技大學少年班畢業的。這

群年輕人在一起開發，合作非常融洽。

當時開發組認為二千門數字控制交換機的容量已經足夠，對萬門數字控制交換機的前景並不看好。為了鼓勵大家的幹勁，總工程師鄭寶用給各個部門都立下了軍令狀，並對萬門數字控制交換機的開發人員說：「你們研製吧，開發出來我保證賣出去十台、八台的！」

萬門數字控制交換機項目組成員都投入到緊張研製之中。一天，劉平在公司吃完中飯，剛想回宿舍休息，就被李一男帶到萬門數字控制機開發的辦公室。此時萬門數字控制機的軟、硬件關鍵技術都已經解決，就等著聯合調試了。李一男急於要聽到萬門數字控制交換機的第一次通話。忙碌一通後，李一男從一個模塊上的電話撥號，另一模塊上立刻有了電話振鈴。劉平提起話筒，通了！幾個人高興得跳了起來。「且慢，」李一男突然想起了什麼，「剛才做實驗時，是不是設置了『永久連接』？」劉平趕緊檢查，果然如此。這說明剛才的通話是假的。去掉「永久連接」後，電話又不通了。看來軟件還是有問題。大家白高興了一場，只得繼續調試。又經過幾個小時的測試和修改，電話才真正打通。這時，時鐘已指向凌晨一點，他們連續工作了十三個小時。

為了解決各種電波（雷電干擾、高壓感應、交流電源等）對交換機的干擾，研發組查閱了大量資料，並認真分析了系列防護標準。他們深入維修工段，分析市場返回的失效用戶板，對過壓保護器件的失效機理做了大量的模擬實驗，在此基礎上提出了幾套防護方案備選。他們還把實驗室搬到廣東省郵電科學研究所，與郵電專家一起進行測

試，終於研究出了一套有效的防護方案。這是國內首次開發這類過流防護器件，技術難度很大，工藝要求複雜，研發組與硬體試制廠家的技術人員一直忙到大年三十晚上。

在開發C&C08的兩年時間裡，開發人員同吃同住，全身心投入到工作中。任正非讓他們享受了一點特權：上下班不用打卡，完成任務就行。他們常常晚上工作到很晚，早上睡到十一二點才起來，吃了午飯接著幹。大家的目標很明確，就是儘快把交換機做出來。為此大家自覺自願地加班加點，半夜兩三點鐘回家是常有的事。而任正非也沒有閒著，他一有空就和大家聊天，時不時還講一段精彩的故事。講故事是他激勵下屬最拿手的好戲。有時他也請研發人員去吃夜宵，搞點物質刺激。

任正非是一個很好的鼓動家，每次他講話，下屬都不由得熱血沸騰。這成了支撐華為員工全力以赴幹下去的精神力量，同時也是吸引外部科研人才的魔力所在。一到下班或週末，大型國企的技術人員，也帶著廠子裡的設計圖紙甚至原材料，一股腦投入到華為，以十倍的幹勁熱火朝天地鼓搗起來。任正非鼓勵「外援」說：「以市場換技術的代價太大了！」任正非始終堅信：技術自立是根本，沒有自己的科技支撐體系，工業獨立是一句空話；沒有獨立的民族工業，就沒有民族的獨立。只有自己才能救自己，從來就沒有什麼救世主，也沒有神仙，中國要發展，就必須靠自強。和很多領域一樣，在通信行業，最尖端的科學家不是在國企，而是在為軍隊服務。不僅是中國，即使在美國，芯片、計算機、互聯網等一系列科技成果，都是由軍方先研發出來，然後才逐步民用。軍事強，則科技強。若非如此，憑喬布斯在

車庫裡組裝一下電腦零件就能改變世界，豈不是天方夜譚？前解放軍信息工程學院院長鄔江興，就是交換機行業研發的佼佼者。早在一九九一年，年方三十八歲的鄔江興就主持研製出了HJD04（簡稱04機）萬門數字程控交換機。為此，他成了任正非的「狩獵」目標，在任正非的鼓勵下，他給華為研發組提供了一些技術指導。

為了吸引更多有遠大志向的年輕人給華為效力，實現自己「做一個世界級的、領先的電信設備提供商」和三分天下的宏偉目標，任正非刻意將李一男打造為絕頂聰明、個性剛烈、年少得志的天才。二十三歲的李一男迅速成為華為的一顆耀眼新星：兩天時間裡，李一男升任華為工程師；兩個星期後，因解決一項技術難題，他又被破格聘為高級工程師。

一九九三年底，在深圳蛇口的一個小禮堂裡，華為召開了年終總結大會，有二百七十多名員工參加。大家第一次目睹平時滿臉沉重的任正非流露真情。會議開始後，任正非說了一句「我們活下來了」，就淚流滿面，再也說不下去了，雙手不斷在臉上抹著淚水。

這一年，任正非意欲三分天下走出了最為關鍵的一步。

三、「群狼圍獵」爭市場

在研發團隊日夜奮戰的同時，華為的銷售隊伍也在四處奔波，不捨晝夜。

沒有政府背景的華為，在中國每一寸土地都印上了銷售員「集體

「奮鬥」的足跡。他們按照任正非的戰略思路，從跨國公司無暇顧及的縣城做起。在東北，一九九三年初，愛立信派了三四個人負責盯黑龍江的本地網絡，而華為則派出二百多人常年駐守，對每個縣電信局的本地網絡項目寸土必爭。狼群圍捕獵物，往往會追逐很久，在頭狼的帶領下，進則同進，退則同退，協同作戰，無往不利。

這一時期，華為主要依賴打「野戰」，採取「群狼圍獵」的方式爭奪市場。任正非制定的銷售策略是：「以農村包圍城市」，採取人海戰術，覆蓋農村市場。它也體現了任正非的「壓強原則」：在成功的關鍵因素和選定的戰略生長點上，以超過主要競爭對手的強度配置資源，要麼不做，要做就極大地集中人力、物力和財力，實現重點突破。外國公司的辦事處一般設在省會城市，一年接一個大單也就夠了，由於其產品較為高檔、售價昂貴，銷售大都集中在大城市，在縣級城市和鄉鎮則比較少。另外，農村市場線路條件差、利潤薄，國外廠商沒有精力或者不屑去拓展，這給國內通信設備廠商帶來了機會。

在這場圍獵戰中，張建國、孫亞芳這兩個管人事的技術幹部都成了頭狼。任正非派張建國去福州，孫亞芳則去了長沙。

張建國到福建後，天天乘一輛破舊的吉普車在各個縣城和鄉鎮跑，三年下來，他對各個縣城的分布瞭如指掌，可以隨手畫一張福建省的縣級區位地圖。福建是最早使用國外交換機產品的省分。全國第一台進口程控電話交換機就是在福建安裝使用的。張建國來到福建的時候，福建省內凡是已經裝了程控電話交換機的地方，都是使用日本進口的F150機型以及上海貝爾的產品。上海貝爾是上海程控交換機

市場的領航者，在中國市場上占有很大的份額。華為面臨的市場壓力很大，任正非心裡產生了趕超上海貝爾的念頭。

日本進口的機型性能穩定，但是由於裝機年數久了，除了通話功能外，很多新功能都不具備，更重要的是技術服務跟不上，技術升級難。任正非決定以及時周到的技術支持和服務來與日商爭奪市場。福建泉州市清一色是日本進口的F150機型，使用幾年後，需要技術升級了，泉州市電信局通過省、市政府與遠在日本的廠方協商，前後等了一年也沒有人來。這時，華為憑藉自身開發的交換機比日本的機器功能多、技術升級方便的優勢乘虛而入，最終，泉州市全部改用華為的機器。

張建國在跑客戶的時候，他的妻子臨產，但他並沒有請假回去照顧，直到拿下客戶，孩子已經滿月了，他才匆匆回去看了一眼。

孫亞芳在長沙也發揚了華為狼性銷售的特長：對客戶，你一天不見我，我就等你一天；一個星期不見我，我就等你一個星期；上班找不到你，我節假日也要找到你。她緊盯目標，窮追不捨。這也難怪人們後來給華為取了一個綽號「凶猛而難纏的土狼」。

由於工作拚命，華為的銷售員陞遷很快，所謂「亂世出英雄」，為了開拓市場，先封你個團長，沒有兵可以招；又是「以成敗論英雄」，「攻占一個山頭，活捉一個師長，立馬被提拔成排長或連長」。當然，銷售員的辛苦也是不言而喻的。一月之內可能數次南下北上，東奔西走，風餐露宿也是平常之事。銷售員不僅要跑客戶，有時收發貨也得自己幹。有一名新來的碩士生做銷售，第一天上班打包，一上

來就被鐵皮劃破手指，血都噴到了旁邊的牆上，幸好準備有止血膠布，他包上又接著幹。

一九九三年秋，銷售人員在新疆某地跑了半個月，終於敲開了電信局領導的大門。他後來這樣描述自己的經歷：「我在華為第一次見電信局長，是因為有個資料要遞給他。早上八點鐘我就去他的辦公室了，他說要開會，『你等等吧』。他一邊說一邊走進會議室。於是，我就站在能看到會議室的位置等著。他出來兩次，我都迎上去，他說還要繼續開。中午，他出來了，我連忙走上前去，他告訴我：『現在要去吃飯，你改天再來吧。』他走了，我還站在那裡，一個小時後，電梯門打開，從裡面出來的局長抬頭看到我，一愣：『你怎麼還沒回去啊，到我辦公室來吧。』聊天時，電信局長頗為感慨，說幾年前你們華為就有人來過這裡，那個人背著軍綠色舊書包，我剛開門，他就問我要不要買交換機……」

這名銷售人員帶著訂單和故事回到總部，把故事講給幾位老同事聽。同事們也一陣感慨，然後告訴他說，當年那個背舊書包去賣交換機的，可能就是我們的老闆（任正非）。

確實，不僅銷售人員在不顧一切打拚市場，任正非本人也跟普通員工一樣盡一切努力贏取客戶。一九九二底，四川客戶陳先生陪同一位地區電信局局長及幾名科長到深圳華為參觀考察，住在深圳華強北附近的格蘭雲天大酒店。任正非白天在酒店向客人介紹情況並談到晚上十一點多才告辭。當時從任正非住的深圳南頭到華強北（深南大道還在改造中），只有一條兩車道、彎彎曲曲的土路，路邊還是荔枝林

和農田，開車要一個多小時。大家原以為任正非第二天會晚點到，結果第二天早上七點多，任正非就已經到了酒店大堂，陪客人去吃早茶。這意味著他早上五點多就得出發，晚上休息了不到五個小時。任正非對客戶如此熱情和誠摯，令所有在場的客人都非常感動。

「有這樣的人做老闆，公司一定會得到客戶的認可，一定會有大發展。」陳先生這樣想。那個地區本來已向國內另一廠家訂了一台二百門的程控交換機，但一直沒有到貨。考察華為後，局長決定跟那個不重視客戶、違反協議的廠家取消合同，改訂華為的程控交換機。

一九九三年九月，任正非邀請幾十個地區縣市電信部門的有關負責人到深圳開了一次研討會，專門探討農村通信技術和市場問題。

商丘地區郵電局農村電話管理科張科長在會上說：「商丘地區也上了一些用戶機，但是使用起來不盡如人意，尤其雷擊問題更是令人頭痛。這幾天看了華為的機器，覺得華為交換機的性能比較完善。」接著，他又問任正非：「我們國家的通信正在發展，今後可能會採用數字微波，而現在我們用的是模擬中繼板，到時不知可否換板？這樣既可以更新我們的設備，又可以降低成本。」

任正非聽了風趣地說：「對於使用一兩年之後的元器件已經老化完畢的，正好是進入青壯年時期，又可以半價轉讓給其他地方，何樂而不為呢？或者也可以通過整個農話局的維修中心，在全省範圍內調劑。另外，根據我們的市場預測，JK1000到二○○○年是不會落後的。目前日本三分之一的交換機還是縱橫制的，英國也有將近三分之一如此。」

就這樣，任正非通過多種方式反覆地、鍥而不捨地宣講，利用一些市場關係，在一九九三年下半年到一九九四年上半年共賣出二百多套JK1000。

任正非心懷感恩，非常樸實地告誡員工：「天底下唯一給華為錢的，只有客戶。我們不為客戶服務，還能為誰服務？客戶是我們生存的唯一理由！」

由於C&C08二千門交換機到一九九二年十月分仍遲遲生產出不來，任正非十分心急。因為銷售人員在數字交換機還沒開發出來的時候，就已經為它找好了開局的地方——浙江義烏。原計劃一九九三年五月或六月供貨，結果因產品出不來而一拖再拖。一向不拘小節的任正非好像一下子老了十歲。項目經理毛生江每天見到負責軟件開發的劉平都會嘟嚷一句：「再不出去開局，老闆要殺了我。」

項目組人員在公司實在待不住了，機子還不穩定，他們就將第一台C&C08 2000門交換機搬到浙江義烏開局了。但第一台交換機的問題非常多，呼損大、斷線、死機，經常發生打不通電話，或者電話打到一半突然中斷，或者乾脆就斷線等現象。開發組的二十多人幾乎傾巢而出，帶著開發工具去了義烏，等於是把開發的戰場移到了義烏市電信局。

在義烏，各方面的條件自然比不上華為研發部，交換機只有一台，既要測試，又要調試，時間特別緊張，開發人員只好二十四小時兩班倒。這年冬天，義烏天氣很冷，凌晨時氣溫在零度以下，而機房裡沒有任何取暖設備，許多工程師穿著兩層襪子，兩件夾克。燒開水

的電水壺也壞了，大家連杯熱水也喝不上。有的工程師實在累得扛不住了，就在機房地板上躺一會兒，起來又接著幹活。清早收工回旅館，旅館老闆常常搞不清他們是上班還是下班。義烏的情況，華為上下都很重視。總工程師鄭寶用親臨現場指揮；任正非也不遠千里來到義烏多次看望大家，與工程師同吃同住，給他們以極大的鼓舞。

義烏電信局用戶也誠懇地反映了一些問題，提出了一些改進建議，如機架不夠美觀、安裝固定方式有待改造、需支持遠端用戶等。

試用、改進、調試花了整整五個月時間，最後終於達到了組合要求。萬門數字控制交換機的開通，在華為發展史上、中國通信產業發展史上都具有里程碑意義。經歷了數次的失敗後（曾經的失誤導致了6000萬至1億元的損失），華為終於正式推出了二千門網用大型交換機設備——C&C08組合機型（萬門數控機）。這標誌著華為擁有了自己的技術積累，企業的發展上了一個新台階。

研製出萬門數字控制機以後，華為的實力明顯增強，開始挑戰上海貝爾。任正非採取了迂迴包抄的戰術——先攻占上海貝爾最薄弱的農村市場，以及東北、西北、西南的落後省市。在這些「窮」市場上，華為大造V5接口的宣傳攻勢，以綜合接入設備對抗上海貝爾的遠端接入模塊（制式與華為不同），同時以盈利利潤為補貼，以低價為策略，用上海貝爾無法達到的低價占領農村市場，然後再爭奪城市的市場份額，逐步壓縮上海貝爾的利潤空間。很快，華為和上海貝爾兩種制式便呈並駕齊驅之勢。正是依靠C&C08萬門數字程控交換機的研製成功，華為得以在與上海貝爾的激烈搏殺中後來居上、一戰成

名。

　　一九九四年初夏，華為迎來了一個發展的關鍵時期。此時，華為剛剛完成了上海市話局增值業務平台系統，正好趕上全國各地的電信管理局高層會議在上海召開。顯然，這是一個向全國運營商展示華為技術和設備、進行自我宣傳的絕佳機會。任正非決定立即將萬門數字控制交換機設備運到會議所在地，在現場搭建一個展示平台。不過，會期只有短短幾天，留給華為的時間並不多。任正非動員全體員工，在不到五天的時間裡，必須完成了從設備運輸、環境搭建、設備調試、機器開通的全部工作。現場會那天，凡是觀摩了華為產品的專家、政府官員，都被華為開發、生產的具有自主知識產權的產品震驚了。他們幾乎不敢相信，這台性能優良的設備竟然是由一家小小的國內民營企業開發、生產的。華為第一次充分顯示了國產技術的實力，同時展現了華為人快速反應、勇往直前、來則能戰、戰則必勝的能力。

　　C&C08機推出後，華為產品在市場上的競爭力大為提高。除了滿足運營商的各種組網功能需求外，還可以提供各種專用通信網（如鐵路、電力、軍隊、公安、石油、煤礦）中的C&C08數字用戶交換系統設備。加上銷售人員的艱苦努力，華為終於化險為夷，渡過難關。

　　「敗則拚死相救，勝則舉杯相慶」，這是華為的市場工作原則。一九九四年六月五日，任正非召開了華為成立以來最盛大的一次慶功會，並在會上發表了熱情洋溢的講話：

「勝則舉杯相慶，敗則拚死相救」的市場工作原則，幾年來感召了多少英雄兒女一批一批地上前線。商場如戰場，卻比戰場更加持久的殘酷與艱苦，苦難的歷程又撫育成長了多少市場營銷幹部。沒有他們一滴汗、一滴淚的奮鬥，就不會有今天月銷售額突破十二萬線的好成績。我代表公司向市場部全體成員表示衷心的祝賀。在全國多個市場上，各省管局都較大幅度地接納了C&C08。預計六月分的市場將上升百分之十。這些與科研人員日夜的辛勞、計劃生產系統優良的管理、公司各部門的努力服務是分不開的。我代表市場部向他們表示深深的感謝。

……

幾年的時光一晃就過去了，華為從一個小公司逐漸變為一個有實力的公司，更有機會向市場提供良好的服務，售後服務的成本也在降低。在當前市場外患內亂、不正當的競爭幾乎把國內廠家逼到臨近破產的狀況下，我們一定要堅持提升技術的先進性，不惜代價提高產品質量的可靠性，建立及時良好的售後服務體系。在當前產品良莠不分的情況下，我們承受了較大的價格壓力，但我們真誠為用戶服務的心一定會感動上帝，一定會讓上帝理解物有所值，逐步緩解我們的困難。我們一定能生存下去，為中華民族的通信產業，發出光和熱。歷史給了我們巨大的壓力、危機，也給了我們難得的機遇。處在民族通信工業生死存亡的關頭，我們要竭盡全力，在公平競爭中生存發展，決不退步、低頭。

馬克思在一百多年前就告訴我們一條真理，我們要深刻地去理解

它。「從來就沒有什麼救世主，也沒有神仙皇帝，中國要富強，必須靠自己。」我們從事的事業，是為了祖國的利益、人民的利益、民族的利益。相信我們的事業一定會勝利，一定能勝利。

同年十一月，華為又將C&C08機搬進了北京展會。這次與上海展會不同的是，華為已經小有名氣，引起了一些媒體的極大關注。

四、華為基因

任正非帶領華為在短短的時間內取得如此重大的進展，其營銷團隊和研發中心功不可沒，華為由此成長為一家名副其實的由「營銷團隊＋研發中心」構成的高科技公司。在研發和打拚市場的過程中，一批素質較高、德才兼備、頑強拚搏、業績突出的年輕人進入了公司領導層。對於研發團隊，任正非認為：「對核心技術的掌握能力就是華為的生命。華為的目標是，把技術作為核心競爭力去贏得超過百分之十的製造業利潤率，逐漸取得技術的領先和利潤空間的擴大。」任正非還決定專門增設一個部門──中央研究部，這是從研發部獨立出來的。李一男擔任這個重要部門的副總經理。

在銷售隊伍中，孫亞芳的陞遷是最快的。一九九四年下半年，她擔任市場部總監，管理一支龐大的銷售隊伍，而張建國完成第一次「群狼突擊」後，又回到人事部門，擔任市場部考評辦公室主任。華為後來的人力資源部就是以考評辦公室為基礎設置的，自此，張建國

開始了與華為人力資源近十年的不解之緣。

一天，任正非召集孫亞芳、張建國、郭平（項目經理兼總辦主任）等人一起開了個小會，正式提出對全體員工的考評、定級、薪酬獎金及市場組織架構構建和管理問題，並要求對華為過去的方方面面進行一次總結。

這次開會只是徵求意見，並不形成決議，任正非讓大家盡量暢所欲言。張建國首先說道：「華為已有近千名員工，一一考評難度很大，不一定定得準，而且我們也不知道該從哪些方面進行評定。」

任正非說：「你不懂，我更加不懂。我們的游擊隊要轉變為正規軍，這一步是必走不可的。你們是不是組織幾個人去香港考察一下，借鑑一下大型公司的經驗？」

「華為過去完全採取軍營封閉式管理，我們幾個人都埋頭在技術和市場裡面，現在老闆讓我們去學習，是個好機會。」郭平說。

孫亞芳一向快人快語，但這一次卻遲遲沒有發言。任正非催促她說：「孫經理談談想法吧，銷售隊伍中的大隊人馬可都是你培訓的。」

其實，孫亞芳一直在思考更換系統的問題：如何將文化傳承與構建組織架構，以及考評、薪酬獎金等緊密連繫起來，形成華為獨特的市場組織體系。她見任正非催促她發表意見，便說：「在通信供應領域，研發技術與競爭對手相差無幾，很難憑藉技術而遙遙領先於競爭對手，嚴密的市場體系才是企業制勝的祕密法寶。所以，我們要先建

立完善的組織，然後向組織灌輸企業文化，這是對員工進行績效考核的基本前提。」

任正非聽了連連點頭：「說得很對。狼文化是華為基因，這個東西不能丟。之前我已經幾次講過狼的優點，最突出的三點我還得重複一下：第一個就是有非常敏銳的嗅覺，有危機感、遠見與設計感，並知道機會在哪裡；第二個就是有很強的進攻性，會撲上去抓住這個獵物，也就是進取精神；第三個就是團隊，因為往往不是一匹狼去捕獵的，而是一群狼去捕獵，這是華為文化最底層的東西。當然，華為文化還包括奮鬥精神、務實精神、敬業精神、樂觀精神以及謹慎、敬畏、精進、純粹、廣大、包容，等等，都是我們必須傳承下去的。」

會上，任正非把讓華為基因發酵的任務交給了孫亞芳，而他自己也時不時地向員工宣傳，給員工講故事，激發他們的鬥志。華為講求「集體奮鬥」，也講個人業績。員工要想得到提升，得拿實實在在的業績說話。華為從來不講逐級提拔規則，從來不講媳婦熬成婆。一個普通的銷售人員，只要績效突出，貢獻特別大，兩三年就可以升任市場總監；相反，碌碌無為，即使熬白了頭也不可能成為骨幹人物。

任正非建議把員工分為三類，一是普通勞動者，二是一般奮鬥者，三是有價值的奮鬥者。針對三類不同的群體，提出不同的管理要求，並給予不同的薪資待遇。任正非明確提出華為重視的是那些有價值的奮鬥者，認為他們是華為事業的推動力量。但是，他並不排斥前兩類人員在華為的存在。對於一個生產型企業來說，涉及人、財物、產供銷各個方面，需要方方面面的人員去完成不同的任務。有些崗位

需要高投入、高學歷、高智慧的人才，那就安排想奮鬥的人去做；而有些簡單的勤務崗位，普通的勞動者完全可以勝任。對於前兩類人員，任正非給予稍高於當地水平的薪資待遇；而對於第三類人，任正非不僅給予很高的薪資待遇，還提供華為的內部股權，共同分享企業發展帶來的利益。所有個人收益與貢獻大小幾乎嚴格對等。銷售人員更是如此，可以年薪達數十萬元，也可能年薪不到一萬。

對任正非的這套管理辦法，孫亞芳很是贊同，但有一點卻讓她感到有些不滿：任正非經常撇開部門主管，直接給基層員工派活。對此，她多次給過任正非一些暗示，但任正非已經習慣了與基層員工直接接觸。

某名畢業於名牌大學的員工個性十足，也很有創造力，經過市場部三個月的考察後，孫亞芳決定對他委以重任。有一天，任正非心血來潮，將其叫到自己的辦公室，想讓他一個月內在某省建立起十個重要的客戶關係。該員工擔心自己能力不夠，最後委婉地推脫了。

他自認為很謙虛坦誠，但是任正非並不這麼想。隨後，他將工作交給了與該員工同時進公司的另一名員工，這名員工不像前者那樣在同事面前風頭強勁，但他工作勤勤懇懇，對此，任正非都看在了眼裡。後者對任正非分派的任務，一開始也有些猶豫，但他表示自己一定會盡全部努力，雖然不一定能完成任務。

一個多月後，公司要派一個市場部員工到香港去學習，這意味著回來後會得到晉陞。市場部的人都認為第一名員工是最有希望贏得這次機會的。但是，過了幾天，公司裡傳出第二位員工要去香港進修的

消息，對此，那名員工感到不能理解，也不能接受，於是就在同事面前發了些牢騷。

他來到任正非的辦公室，問他去港進修為什麼派別人去。面對激動的員工，任正非認真地說：「當時我分配給你的任務確實有難度，我也沒指望你能全部完成，但你遇到一點困難，就退卻了，可見你不是一個敢於承擔壓力的人。而接受挑戰的那名員工在一個月內和七家著名企業建立了客戶關係，雖然沒有完成任務，但我看到了他的勇氣和進取心。原來預計以他的能力連繫到五家客戶就不錯了，結果出乎我的預料，我非常滿意。」聽到這裡，這名員工的臉一下子紅了。接著，任正非又說這名員工得知自己去不了香港的消息後忿忿不平，經常發牢騷，缺乏承受挫折的能力。這件事使他在同事面前失去了往日的光輝，不久，他便辭職離開了公司。

而孫亞芳也通過此事意識到任正非對自己信任不夠，公司要進行規範化管理，很多規矩草根老闆自己都受不了，何況任正非並不是一個沉默內斂、嚴肅無趣的人。他做事雷厲風行，言談直抒胸臆，實為性情中人。有時性子一上來什麼都不顧，該耍賴就耍賴，想罵人就罵人。整個公司只有兩個人能當面向他提意見，一個是總工程師鄭寶用，另一個就是孫亞芳。

一九九五年的一天，市場部的高層們討論市場策略以及人力資源的相關事宜，孫亞芳也在座。幾位副總正在討論之中，任正非突然從外面走進來，不管三七二十一，站著就開始發表意見：「你們市場部選拔幹部應該選那些有狼性的幹部，比如說某某（某地辦事處主

任），我認為這樣的幹部就不能晉陞。」任正非話音剛落，孫亞芳就不客氣地說：「任總，他並非你說的那樣，你對他不了解，不能以這種眼光來看他。」任正非一時語塞，好像是串門的外人不受歡迎一樣，轉身就往外走，口裡喃喃地說：「我只是隨口說說，你們接著討論吧。」

可以說，任正非時刻都在提醒下屬，一個不具備華為基因的員工是不可能成長的，也得不到晉陞。其實，他的擔心是多餘的，孫亞芳無時無刻不在思考理順管理層次和關係。華為並不是任正非一個人在戰鬥，而是一個注入了華為基因的強有力的團隊，都朝著一個明確的目標而奮鬥。孫亞芳在全力以赴地幫助華為打造一個能贏的團隊。

有人說，誕生於變革年代初期並從民企脫胎而來的華為，注定了一開始就打上了舊體制的邊緣者和「私生子」的烙印。它在夾縫中追隨體制演進的每一個動作、每一個腳印，都充滿了艱辛和磨難，以及無法預判的風險。孫亞芳知道，任正非用鍛造軍隊的方法打造華為的團隊，自然擁有超強的戰鬥力；他用毛澤東的軍事思想制定戰略，在商界中攻無不克，戰無不勝。商場如戰場，企業似軍隊，在某種意義上，任正非的理念是成功的。但軍隊要求的無條件服從、推崇的犧牲精神，與高科技公司、高素質人才的特性能吻合嗎？孫亞芳幾經思考，想到了一個方法：基因移植。一旦組建了團隊，就要創造一個確保大家走向成功的氛圍。相互尊重、對勝利的信念、互補的技術、不同個性的包容、健康而穩定的發展節奏、三百六十度的反饋和信任，所有這些都很重要。

在她的理解中，作為華為的核心基因，最先被傳承的應有以下幾點：

一是加班文化。任正非本人對加班情有獨鍾，他經常教育員工：世界上著名的IT企業都有加班的傳統——IT行業技術更新那麼快，市場變化那麼迅速，你不拚命幹就會落後，只會死路一條。於是，加班文化雷打不動地保留了下來。公司則儘可能地為加班者提供後勤服務，比如晚上九點提供免費夜餐。而且這種加班是無償的。如果有人一段時間沒有加班，就會引起別人的疑惑——這人工作怎麼這麼不投入，連班都不加？上級可能會認為他勞動態度不好，進而影響其獎金。華為實行的是單雙週工作制，但相當一部分員工連著四個星期只能休息一個星期天，還是在實驗室裡打一天地鋪。加班文化正是對「床墊文化」的傳承。

二是群狼文化。體現華為人的奮鬥進取精神，對市場的敏銳與攻擊性，體現群體（團隊）的力量，也強調工作效率，不論採取什麼方法，快速達到目的是關鍵。尤其是在創業階段，這種速度和激情都是必須的，而且，具備「狼性」的組織生存能力會更強，更有生命力。

三是核心價值觀。華為需要「簡單」的員工，這裡的簡單不是說好欺負、懦弱，而是踏實肯幹、始終朝著一個目標努力的人。華為的核心價值觀蘊含著華為的願景、使命和戰略。其中最重要的一點是：為客戶服務是華為存在的唯一理由，也是銷售人員存在的價值。華為一般不給銷售人員提成。孫亞芳認為，對銷售人員來說，銷售提成是一種「刺激」方式，可以提高他增加短期收益的積極性，但卻無助於

他與客戶建立長期穩定的關係。華為的銷售是沒有提成的，只有獎金。它有許多相應的制度與之相配套：工資高，目標管理體系完善，執行人員自我管理水平相對較高。在這種制度下，銷售人員的銷售壓力與收入水平，都不亞於以提成製作為激勵的企業。據中關村一家著名IT企業的市場人員說，我們根本「打」不過華為的營銷人員。任正非對營銷人員的刺激辦法令人懼怕：在桌上碼上像小山一樣的現金，如果想拿走，就走出門去，賣更多的產品。這位市場人員把華為的銷售稱作「用現金砸出來的」，但是，他卻不知道要讓普通人變成「土狼」，產生與「獅子」撕咬的勇氣，一定得有讓人捨生忘死的辦法。對此，孫亞芳想到的不是單純地砸錢，而是基因移植。

第五章

黃金年代

一群思想簡單的年輕人，滿懷著建功立業的熱情和期望，從內地南下特區闖蕩。而任正非則用自己的領導能力把這群年輕人打造成了一支目標簡單又充滿激情的鐵軍，所有人的智慧和創造力都空前爆發出來。所有人都從內心相信自己所從事的是前程遠大的事業，只要公司能生存下去，每個人都將擁有無限美好的未來。

一、阻擊？退避？合作？

就在任正非一心想把自己手下的游擊隊打造成正規軍、強調基因移植的時候，華為遭遇了本土的強大對手。

一九九五年下半年，由原電子工業部第五十四研究所和華中理工大學聯合研製開發的EIM-601大容量局用數字交換機（簡稱EIM-601機）通過了部級鑑定。憑藉EIM-601技術，廣州金鵬起家了。加上一九九三年十二月從郵電部郵電科學院分拆出來的電信科學技術研究院（大唐電信科技產業集團前身），國內電信設備廠商以「巨大金中華」為主力，漸漸與國外通信巨頭形成了對抗之勢。

一天，郭平前腳剛走進辦公室，任正非後腳便跟了進來。他一進門就大聲嚷道：「郭經理，我們終於遇上土狼對手了！」

郭平不明白任正非說的是什麼意思，愣愣地看著他：「您是說我們在市場上的對手嗎？那些對手早就存在啊。」

任正非遞給郭平一份刊物，解釋道：「實際上，過去我們是沒有對手的，國內的巨頭、霸主還不屑把華為當成對手，因為我們太弱

小。現在有媒體把華為與其他國內通信企業並列為『五朵金花』，它們不把華為當成對手都不行了。你看看吧！」任正非很善於學習，是個科技知識的信徒，而且嗅覺敏銳，時刻關注著市場上的風吹草動，一見到「巨大金中華」這幾個字，他便警覺起來，開始考慮應對之策。

郭平匆匆看完那篇報導，高興地說：「這是好事啊，終於有眼球關注我們華為了。我們在細分的狹小市場和夾縫中生存得夠久的了。」

任正非說：「你說得很對。但是，凡事皆有兩面性，過去我們主要對付的是『外敵』，是『八國聯軍』，技術自立是根本，我們重視技術，不惜血本搞開發，現在已經擁有了核心技術，但我們從來不以技術先導為目的，而是以在市場上迅速削弱、打擊、消滅競爭對手為目的。現在，遭遇到了本土的強大對手，我們應該怎麼做呢？」

郭平說：「過去我們在進入C4（電信市場細分為5級）傳輸市場時，針對不同的地區、不同的網絡占有情況，確定相應的銷售推廣策略，這是非常具有針對性而且十分有效的，所以國外廠商對我們構不成事實上的威脅。但現在國內廠商與我們開發的產品是一個層級的，是我們強有力的競爭對手，同時我們還面臨著C4級運營商投資、決策等方面的限制，我們『從下往上』的策略（由鄉鎮縣漸次進攻到市級、省級，直到國家級的骨幹網市場）必然遇到阻力，同室操戈是必然的了。」

「產品層級的提高，會促使我們將主力從『游擊戰』轉變為『巷

戰』。我們是不是開個專門會議一起討論一下呢？」任正非問道。

確實，調整戰略已成必然之勢。郭平按照任正非的吩咐，通知中層以上管理幹部開會。會議討論的核心問題是，對於規模實力、研發能力相當的「國內主要競爭對手」，在決定成功的關鍵技術和既定的營銷戰略上，該做怎樣的調整。

當時，華為研製的C&C08落後於主要競爭對手中興（即中興通訊股份有限公司）等，但是一九九四年下半年推出的大容量的萬門機C&C08C型機，卻領先於其他對手。因此，有人主張以技術超前來制勝。

任正非提醒道，在技術上，「不要做先烈，要做先驅」。他還給先烈和先驅作了一個註解：領先一步是先驅，領先三步是先烈。眼下要量力而行，一款產品做好，成功了，賺錢了，再多做幾款試試。

這時，宣傳部經理站起來說：「現在國內幾家大公司向電信局提出的是『通信網建設一步到位』的思路，也就是說，即使在廣大農村，也開始逐步採用光纜進行傳輸，要求交換機（數字化萬門機）與傳輸（光纜線路）的改造同步，避免重複投資，以趕上通信業迅猛發展的潮流。這些國際型大企業的超前建設觀極具煽動力和影響力，迎合了多數地區特別是發達省分的建設思路。『一步到位』的觀點逐步波及全國，各地家庭用電話的通信網設備選型的首要標準也是要滿足『一步到位』的建設思路，如果我們在技術上不能與之同步，將很難與國內對手進行『巷戰』。」

這種在技術上對競爭對手形成的攻防意識，完全屬於戰略上的考慮，但任正非依然強調說：「沒有什麼只有你會做，別人不能做的，關鍵是客戶給不給你做！華為決不在技術上對國內同行進行阻擊。技術是用來賣錢的，賣出去的技術才有價值。因此要先做市場後做技術，沒有市場就沒有研發，沒有穩固的客戶關係就沒有穩定的產品研發。而在具體戰術上，只有一個標準：客戶需求。」任正非這一戰略成為華為戰勝國內外電信設備供應商的一項「獨門絕技」，也成為華為爭占市場的一個基本原則。

　　會後，華為多次組織電信局相關人員（主要是農話的）來公司舉行技術討論會，並在自己的內部刊物《華為人報》上發表文章，宣傳電信網絡建設「一步到不了位」「綜合到位要量力而行」等思路。

　　當然，任正非並沒有放棄對產品技術的追求，到一九九六年，華為又推出了容量可達十萬門的C&C08B型機，在既定戰略（群攻市場）上拉開了與競爭對手的差距。

　　儘管如此，任正非認為華為的整體實力仍不能與國內幾大電信企業相抗衡。作為電信設備巨頭中唯一的民營企業，華為在資金、人員、政策扶持等關鍵資源上都處於劣勢，因此，應堅持運用毛澤東「集中優勢兵力打殲滅戰」的軍事思想，在「敵強我弱」的情況下，唯有在企業內部資源的配置和成本上做文章，才能由整體的「弱」變為局部的「強」，在某一個階段、某一個方面領先對手，占領市場，形成競爭力。華為的競爭優勢是低廉的研發費用——低成本的智力型人力資源，但是，華為沒有強大的資金實力，成本優勢再明顯，也難

以做大市場，這樣一來，規模經濟之下的成本優勢就體現不出來。所以，只有在自己占有的市場中，更新和推進技術，作為一種狙擊新進入者的手段。同時通過自我否定和自我淘汰，強迫產業進步，提高進入者的「門檻」。對電信系統而言，這是用自己的資金在自己的地盤做市場，讓自己獲利，自然全力以赴。

通過這種方式，華為與電信局客戶之間形成了資金和市場的緊密聯盟，就像硬幣的兩面，一面獲得資金另一面獲得市場。任正非的目的很明確，寧願與所有人利益均霑，也要讓合作夥伴、讓員工和自己一起把企業做大。

不久，任正非與國內多家省會城市電信系統聯合發起成立合資公司——莫貝克公司。華為的交換機通過莫貝克公司的渠道，迅速以低價衝擊全國市場，到一九九五年年底，迫使交換機行業的銷售價格從二百至三百美元／線下降至八十美元／線，電信系統也因全行業交換機採購價大幅降低而實現了將電信業務向全國迅速推廣的目標，最終實現了全社會、消費者、電信系統和華為的多贏。資金解決了，市場打開了，華為終於邁過了生死關頭。

在此之後，華為進一步以客戶需求為導向進行創新，這種創新更強調對成熟技術的繼承。華為於一九九六年引入國際商業機器公司（以下簡稱IBM）的研發管理流程，為公司產品開發注入新的動力。IBM的集成產品開發思路，給華為帶來了一種跨團隊的產品開發和運作模式：市場部、採購部、供應鏈、研發人員、財務部門、售後部門等在產品立項階段就開始參與，從而確保產品在最初立項到實現，全

過程都是依照客戶的需求而產生；與此同時，成本競爭力的考核也貫穿始終，系統地分析通過購買和自主開發兩種方式獲得的技術對產品競爭力的影響。

任正非的市場邏輯其實很清楚，那就是打造「利益共同體」，有錢大家賺。他認為，現代企業競爭已不是單個企業之間的競爭，而是供應鏈的競爭。企業的供應鏈就是一條生態鏈，客戶、合作者、供應商、製造商同在一條船上。只有加強合作，關注客戶、合作者的利益，追求多贏，企業才能活得長久。

經過幾年的努力，華為在國內建起了業界最為完善的客戶服務體系；在國內二十九個辦事處設立技術支援中心和備件中心，各分支機構通過各種數據專線互聯；同時，客戶問題管理系統、培訓認證系統、客戶信息系統、備件管理系統、經驗案例系統等技術支持管理系統也趨於完善，給客戶服務以有效的IT技術支撐。此外，為進一步加大對客戶網絡的支撐能力，華為已將服務體系延伸至本地網，在本地網設立服務經理，負責協調公司資源，及時響應客戶需求。

任正非全力推動建立以客戶需求為導向的相對穩定的國內市場組織結構和銷售網絡，同時開始與國際市場接軌。華為向香港和記電訊國際有限公司提供了C&C08機。華為專門設計了壁掛式的遠端模塊，以適應較小的機房；並且提供了號碼攜帶NP功能，以滿足號碼遷移需求。

這是華為成為一流國際化硬件供應商邁出的重要一步。

二、「再創業運動」

華為要「做一個世界級的、領先的電信設備提供商」，相應的公司的品牌、團隊、供應鏈、客戶關係等配套規程就顯得越來越重要。市場部總監孫亞芳認為，在通信供應領域，研發技術與競爭對手相差無幾，很難憑藉技術而遙遙領先於競爭對手，嚴密的市場體系才是企業制勝的祕密法寶。為此，她開始統籌規劃，醞釀著一個大動作。

一九九六年二月的一天，孫亞芳來到任正非的辦公室匯報工作，直截了當地說：「華為成長很快，產品的更新換代，客戶層次的提升，對營銷隊伍也提出了更高的要求，簡單地說就是從領導到員工，從制度到理念都要變革。」

任正非其實也正在思考這個問題，聽了孫亞芳的話，他又驚又喜，這個女人還真跟自己心有靈犀一點通，常常能跟他想到一塊去。「快說說，你想如何變革？」任正非認真地說。

「華為初期的主要產品是小型用戶交換機，每台三百多塊錢，型號陳舊、功能單一，採購決定權全掌握在縣級電信局科長、處長、局長一類的領導手上，決策部門的層次很低，我們採取群狼式圍攻，總有一個人能把他們搞定。但從去年開始，隨著一批高新產品的推出，銷量逐漸增大，經常出現一單合同高達幾千萬元，縣級主管部門已無決定權，逐漸向招標採購發展，決策權也掌握在更高一級的領導手裡。這對營銷隊伍提出了更高的要求，原來的以主任為首的各地辦事處的營銷隊伍大大限制了市場的開拓，市場要求華為必須提高各地辦

事處主任的領導水平，並建立更高素質的營銷隊伍，原來的辦事處主任和管理幹部大多不適應這一形勢的變化，必須退出！」孫亞芳滔滔不絕地說。

「你是說全部？」任正非深感意外，心想，這個女人還真有魄力，辦事處主任這一級差不多有三十人，加上各省市的客戶經理、產品經理、客服經理、銷售代表等，涉及面很廣。任正非經常掛在嘴邊的一個詞彙是「沉澱」。在他看來，一個組織尤其是銷售團隊，時間長了，老員工收益不錯、地位穩固，就會漸漸地沉澱下去，成為一團不再運動的固體，拿著高工資、不幹活。因此，使團隊保持鮮活狀態非常重要。不過，他原意是想將那些缺少技術知識、缺乏進取精神、業績不佳，已「沉澱」下來的臃員裁掉，沒想到孫亞芳提出的卻是市場部全體人員辭職！

「是的，包括我在內。」孫亞芳語氣堅定，沒有半點含糊。

任正非說：「那些高管過去幾個月業績好，一個月掙五萬多……現在不再有衝勁了！我的團隊猶如一潭死水，大家都在聊QQ、上網看八卦新聞……危險啊！可全部辭掉後該怎麼辦呢？」

孫亞芳答道：「讓人力資源部重新考評，然後根據公司的需要再返聘一部分人回來。」

任正非做事歷來雷厲風行，毫不拖泥帶水，在孫亞芳此番言辭的感染下，他當場拍板道：「那好，我明天一早開會就這樣宣布了。」因為他也很想「搞一次群眾運動」。

就這樣，任正非與孫亞芳兩人一拍即合，導演了一場驚人的戲碼——召開市場部員工集體辭職大會！

會上，孫亞芳代表市場部作了集體辭職演說。市場部代表鄭重宣讀了辭職書：「一九九六年是市場大決戰的一年，市場的發展勢不可擋……」大廳裡的空氣似乎凝固了，唯有那鏗鏘、洪亮的聲音迴蕩在每一個人的心田。半晌，大家似乎才清醒過來，爆發了熱烈的掌聲。任正非也發言表示：「為了明天，我們必須修正今天。他們（市場部管理幹部）的集體辭職、接受組織的評審，表現了他們大無畏的毫無自私自利之心的精神，他們將光照華為的歷史，是全公司員工學習的楷模。」

緊接著有人大喊：「前進，華為！」

隨後，又有幾個人自發走上主席台，抒發自己的感想。他們回顧過去，展望未來，豪情滿懷。這些常年奮鬥在市場第一線的市場人員，一個個像詩人般大抒情懷！

「為了公司的整體利益，犧牲個人，我毫無怨言！」

「華為的企業文化是團結、發展，作為一個華為人，我願意做一塊鋪路石。」

「身為華為人，我很自豪、自信，我無愧於華為，我等待著新的挑戰。」

一位已被降職的幹部慷慨陳詞：「我的羽毛被燒掉了，但它發出

的光芒能照亮後來的人！」

……

　　許多人眼裡含著淚花，說到動情處，聲音哽咽，眼淚禁不住掉落下來。

　　樸實的語言，感人肺腑的表白，讓人回想起華為多少市場人員放棄舒適的環境，放棄與家人在一起的機會，一批又一批地奔赴前線的情景。他們含辛茹苦，全身心地投入工作，始終以最大的熱誠和優良的服務感動客戶，為華為的發展開拓出一片生存空間。沒有一批又一批市場人員的嘔心瀝血，華為不可能會有今天的成績。如今，他們又以大無畏的精神，坦然接受公司的挑選。

　　其他部門的員工也紛紛發言，誠心表示要學習市場部的精神。

　　來自全國各地辦事處及市場部本部的幾百人參加了這場「運動」。在大會上，二十九個辦事處主任同時向公司遞交了兩份報告：一份辭職報告，一份述職報告。華為新成立的人力資源部門將決定接受哪一份報告。任正非在會上宣稱：「我只會在一份報告上簽字！」

　　面對這次殘酷的人員調整，新任人力資源部總監張建國受到了極大的震撼，所幸考評制度已經建立得比較完善，他才沒有手忙腳亂。整整一個月，他廢寢忘食，投入到緊張的考評工作之中。他在「前線」戰鬥過，知道營銷人員最重要的是要有活力，有不服輸的精神，有抱負去幹一番事業！市場開拓是很辛苦的一個過程，很容易令人迷茫！最後的投標更是充滿了風險和殘酷，沒有堅定的信念和渴望勝利

的激情，是很容易放棄的！他稱這次「運動」為「再創業運動」。這次「運動」後來也被一些人當作保持華為「狼性」的一個英雄壯舉。在這次「再創業運動」中，市場部有三分之一的幹部黯然離開了華為。

六月三十日，任正非在市場銷售業績慶功及科研成果表彰大會上，發表了題為「再論反驕破滿，在思想上艱苦奮鬥」的講話，他說：

今天我們慶祝市場部改組後，持續三月均創造了歷史最好成績，五月分達三點一五億（含莫貝克公司3500萬）的銷售額。同時慶祝，深圳商業網合同簽訂、廣東視聆通多媒體通信合同簽訂、天津HONET綜合接入系統備忘錄簽訂並開始實施、中國聯通深圳公司與深圳市郵電局使用08機作專用接口局合同簽訂、廣州市話二萬門局（新業務的試驗）合同簽訂；同時慶祝08機五月分一舉進入兩國和一個發達地區，出口實現零的突破。每一項目都意味著我們在新的領域、新市場的機會點上，取得了戰略性的突破。

……

為了爭取市場，八年來近千名「游擊隊員」們，在通信低層網上推廣著華為技術並不高的產品，嘔心瀝血地維護這些產品的品牌效應，給我們的新產品進入通信網提供了資格證。我們的產品產生了這麼大的覆蓋，是辦事處人員用他們的青春鋪築的。在轉軌的今天，他

們遠離公司機關的文明，受培訓的機會也少得多，因此各級幹部對辦事處人員的培養與幫助都負有責任，任何一個員工落伍，我們都問心有愧。市場部正在從游擊隊轉向正規軍，從人自為戰、村自為戰的麻雀戰轉向陣地戰，大量的員工正在轉訓的時期，大量的外來優秀人員加盟這個隊伍，許多受過外國公司正規訓練的骨幹，帶來了他們科學且有效的新思維、新方法，充實我們的隊伍。這些新的血液，正在與傳統進行融匯，相信兩年後市場部一定會起飛，市場部正職集體辭職帶來的深遠內涵，也會越來越顯示出來。為了這個目的，我們已艱苦奮戰了八年，同你們一樣，我也是興奮的。但能否永遠興奮下去，這是我們需要共同研究的課題。

任正非在講話中提到的「深遠內涵」是什麼呢？其實就是建立一支年輕的充滿活力的隊伍，反驕破滿，在思想上艱苦奮鬥，使那些具有敬業精神、高度責任心及理論水平高的員工，擁有更多的機會，逐漸從基層向中層、高層引入職務競投機制；同時提出，要引入外國工程人員到華為工作，為兩三年後進入世界市場做好準備。在管理上，建立多層、多級、多專業的責任中心，通過有限授權，將推動業務運行的權力與責任下放到對事情最明白的機構和人手中。

銷售業績的提升與產品研發密不可分。不過，任正非並沒有在產品研發隊伍中開展「再創業運動」，而是搞了一次「反幼稚運動」──糾正片面追求技術進步，變技術開發為玩技術，導致技術研發嚴重脫離市場的現象。他將所有因設計失誤造成的壞板材堆放在主席台上，

指出很多設計人員的幼稚病導致的危害後，將這些壞板材作為「獎金」全部發放給造成失誤的設計人員，要求他們將這些壞板材擺在家裡的客廳裡，不時看看，提醒自己。他對研發和生產人員提出了新的要求：「技術人員不要對技術宗教般地崇拜，而要做工程商人。」

一九九六年底，任正非在聽取生產計劃、銷售計劃工作匯報後，認為華為的研發團隊有閉門造車之嫌，便鼓勵技術人員繼續走與工農兵相結合的道路，走與生產實踐相結合的路線，並當即表示要送給主管生產計劃的葛才豐和主管銷售計劃的王智濱每人一雙新皮鞋，希望他們以及公司所有的幹部職工繼續深入實際，到生產第一線去，到群眾中去，仔細調查研究，盡心儘力做好本職工作。任正非告誡說，群眾路線、與工農兵相結合的道路，我們的革命前輩已經走了幾十年，甚至是穿著「小鞋」走過來的。今天，我們千萬不能忘記這條路線，我們工作在第一線的博士、碩士、工程師就是我們新時代的「工農兵」，我們要深入其中，身臨其境、調查研究、發現問題、總結規律。第二天，兩位老主管果真接到了總裁辦公室送來的皮鞋。

一九九七年初，華為召開了機關幹部下基層，走與生產實踐相結合道路歡送會，一批中高層管理幹部和工程師被派往基層工作。任正非在會上說，所有工程師都必須是「商業工程師」。工程師要去做市場，市場人員要回來搞研發。「華為沒有院士，只是院士（商業工程師）。要想當院士，就不要來華為。」

同年一月二十三日，在市場前線匯報會上，任正非發表了題為「不要忘記英雄」的講話，他說：

什麼是英雄？人們常常把文藝作品、影視作品中的人物作參照物。因此，他們在生活中沒有找到英雄，自己也沒有找到榜樣。英雄很普通，強渡過大渡河的英雄到達陝北後還在餵馬，因此，解放初期，曾有團級馬伕的稱謂。毛澤東在詩詞中說過「遍地英雄下夕煙」，他們是農民革命軍，那些手上還有牛糞、風起雲湧投入革命的農民。他還說過「數風流人物還看今朝」，在二十世紀五〇年代公開發表時，是指當時社會主義建設時期的積極分子。什麼是華為的英雄，是誰推動了華為的前進？不是一兩個企業家創造了歷史，而是百分之七十以上的優秀員工，互動著推動了華為的前進，他們就是真正的英雄。如果我們用完美的觀點去尋找英雄，是唯心主義。英雄就在我們的身邊，天天和我們相處，他身上就有一點值得你學習。我們每一個人的身上都有英雄的行為。當我們任勞任怨、盡心盡責地完成本職工作，我們就是英雄。當我們思想上艱苦奮鬥，不斷地否定過去，當我們不怕困難，愈挫愈勇，你就是你心中真正的英雄。我們要將這些良好的品德堅持下去，改正錯誤，摒棄舊習，做一個無名英雄。

歷時八年的市場游擊隊，鍛鍊了多少的英豪。沒有他們含辛茹苦的艱難奮戰，沒有他們的「一把炒麵，一把雪」，沒有他們在雲南的大山裡、在西北的荒漠裡、在大興安嶺風雪裡的艱苦奮鬥；沒有他們遠離家人在祖國各地，在歐洲、非洲的艱苦奮鬥；沒有他們在燈紅酒綠的大城市，面對花花世界而埋頭苦心鑽研，出污泥而不染，就不會有今天的華為。吃水不忘挖井人，我們永遠不要忘記他們。沒有他們「一線一線」的奮力推銷，沒有他們默默無聞地裝機與維護，哪有今天的大市場？隨著時代的發展，我們需要從游擊隊轉向正規軍，像參

謀作業一樣策劃市場、像織布一樣精密管理市場。去年他們為市場方法的大轉移而集體辭職，又讓出權力，開創了制度化的讓賢。他們能這樣做，十分難能可貴。他們的精神永遠記載在我們的發展史上。

......

可以說，華為內部運營機制的變革解決了短期利益分配的問題，又解決了企業長遠發展的目標問題。具有正向激勵政策的人才機制，解決了企業持續發展驅動力的問題。像華為這樣的高科技企業，如果沒有了人才，跟空倉庫一樣毫無區別。正是科學的「選、育、用、留」的人力資源體系，使華為在人才隊伍的建設上取得了相對於競爭對手的明顯優勢。華為的人力資源配置大致形成了一個啞鈴式結構，「兩頭重，中間輕」，很適應市場發展快、變化快的特徵。其中，研發占百分之四十，市場營銷占百分之三十五，生產占百分之十，管理占百分之十五。與外界接觸最多的是營銷人員，所以華為的營銷人員數量之多、素質之高、分布之廣、收入之高，在電信企業中是絕無僅有的。

在「再創業運動」和內部運營機制變革中，一部分人走上了公司領導崗位，孫亞芳、郭平、鄭寶用、李一男等人晉陞為副總裁，劉平、徐直軍、余厚林、孫洪軍、鄭樹生等人晉陞為重要部門的總監。其中權勢最顯赫的是女將孫亞芳，身兼副總裁、人力資源委員會主任、變革管理委員會主任多職。

常言道，女人能頂半邊天。此時的孫亞芳正一步步地撐起華為的半邊天。

任正非本人不喜歡與人打交道，大多數時間是在他自己的思想王國裡馳騁，但為了華為的生存，他不得不不停地出訪、接待客戶，哪怕是很小的客戶，因為他們是華為的衣食父母。而任正非不俗的談吐，也令一向倨傲的電信客戶們深為折服。不過，任正非比較討厭各種媒體的訪談，甚至不喜歡與非業務關係的政府官員接觸，很多公開場合的活動都是由孫亞芳代勞。孫亞芳留給人們的最深印象是舉止優雅、說話「和風細雨」。事實上，相當多的人認為，孫亞芳口才非凡、風度頗佳，不喜社交的任正非能夠保持一貫的低調，與孫亞芳的對外協調有很大關係，所以有人說非、芳二人一個主內，一個主外。這雖然是一種誤解，但在某種程度上也反映出孫亞芳在華為的地位正穩步上升。

三、《華為基本法》

從一九九四年到一九九六年，在孫亞芳、張建國、郭平等人的協助下，任正非對華為的各項管理制度進行了認真的總結和梳理，公司的戰略方向、治理架構已經確立和搭建完成。任正非公開表示：「華為公司要把朦朧的文化變成制度性的文化，文化的實質是制度性建設。」

隨著華為規模的不斷擴大，管理層級也越來越複雜，而任正非又是喜歡與基層員工打成一片、愛親躬小事的人，一貫主張讓聽得見炮

聲的人決策，因此，他覺得自己忙不過來了，企業高層包括自己在內，與中基層接觸的機會大幅度減少，無法及時了解下屬的工作狀況和想法，而員工也越來越難以領會他的意圖。他覺得需要解決管理層面和企業文化內涵相關的很多問題：組織、文化、管理怎麼建設？公司的長遠戰略、企業文化（制度、價值觀）如何與操作性很強的系列流程結合起來？各個部門和崗位的職責與權限如何定位？又以什麼為標準擬定薪酬制度？高管與基層員工通過怎樣的方式溝通、貫徹領導意圖？

任正非想把自己紛繁的思維片段有邏輯地串接起來，把零散的制度、政策、公司的成長（願景）、人力資源、權與利的分配、流程等，集中做一次梳理，提煉、彙集成華為公司的「精神綱領」。

哪些東西可以作為「精神綱領」呢？這要由變革管理委員會主任孫亞芳、幾位副總裁及各部門總監共同討論，具體編寫工作由總裁辦公室負責。任正非首先提出：這個綱領要提出企業處理內外矛盾關係的基本法則，確立企業共同的語言系統，即核心價值觀，以及指導華為未來成長發展的基本經營政策與管理規則，其最終目的，是要在總結過去得失的基礎上開創未來。

總裁辦公室多方徵求意見，並參照北京專家發來的提綱草案，用了兩個月時間進行修改完善，終於拿出了「精神綱領」的基本框架，其中包括華為公司價值觀體系和管理政策、制度系統。但任正非看了以後並不滿意，毫不客氣地說：「這不是我要的精神綱領！」總裁辦公室主任小心翼翼地問道：「那您要什麼精神綱領？」任正非生氣地

回答道：「我要是知道還用你來做嗎？我自己就幹了。」他認為，企業管理是一門哲學，代表著頂層的「形而上」設計，僅有方法論是不行的，它只體現企業制度的建設與架構（像人的軀殼），真正的上層管理者（或者說企業家）應該擁有進行哲學思維的頭腦。而這個綱領必須使企業領袖的哲學思考具體化、技術化以致於固化。簡單來說，就是在這個綱領的具體條款裡要體現他的哲學思想。

任正非的管理哲學思想可以用三個詞概括：開放、妥協、灰度。但是，因為這套理論還沒有對外宣傳，沒有幾個人能悟透，不可能在「精神綱領」中體現出來。

一九九七年五月，任正非帶著孫亞芳等人飛往北京，在北京新世紀飯店的咖啡廳裡與體制改革專家組座談。任正非指出，提綱只強調了約束，沒有解決動力問題。有規則無動力，企業就會是死水一潭；而有動力無規則，企業內部又會形成布朗運動。他想要達到的效果是讓員工領悟「精神綱領」後，就像經過煉獄的苦煉，靈魂得到昇華。

任正非的話不知道專家們聽懂了沒有，孫亞芳是懂了：任正非的管理哲學可以理解為「道」，其形成的過程，就是悟道、參道，而他現在要充當一個布道者。專家們提出的那些放之四海而皆準的條條框框，只是「術」的東西（企業的激勵機制、決策流程、規章制度等）。所以，「精神綱領」的擬定要尋求「道」與「術」的統一和平衡，要建起一個平台和一個框架，使技術、人才和資金發揮出最大的潛能。

總裁辦公室的一名員工後來回憶道：「在那次談話中，我第一次

聽到任總的許多重要觀點。」比如，任正非認為，馬克思的勞動價值論會再度復興。在高度發達的信息社會中，知識資產使金融資產顯得蒼白無力。按勞分配要看一個人勞動中的知識含量，按資分配正在轉向按知識分配。再如，他認為保守有時是個好東西，不能總是變革與創新，一個組織的成長一定要保持行之有效的東西不變，也許它的效率略低一些，但穩定的總成本也會低一些，總是折騰的企業隨時都會垮掉。華為自成立以來沒有出現大的轉型，就是因為任正非一直保持企業基本的東西不變，這包括方向、核心價值觀等。

經過溝通後，華為「精神綱領」起草小組重新開始草擬工作。通過高層訪談和閱讀文字資料，專家組才發現華為是一個與眾不同的企業，思想豐富、見解獨到是其領導層的共同特點。他們感到華為人對「精神綱領」的要求絕不是解決管理的技術層面問題，而是要提出中國企業管理的哲學性命題。縱觀中國自洋務運動以來，一百多年的工業化歷程，還沒有產生一個世界級的領先企業。這一百多年來，中國不知引進了多少西方企業的管理思想和方法，不知走了多少彎路，但至今仍沒有形成一套具有中國特色的先進管理體系。

一九九七年聖誕節前夕，任正非先後訪問了美國休斯公司、IBM、貝爾實驗室和惠普公司。

在IBM，任正非整整聽了一天的管理介紹，詳細了解了IBM項目從預研到壽命終結的投資評審、綜合管理、結構性項目開發、決策模型……他聽得津津有味，還認真地做筆記，如同一個謙虛的學生。他說：「我們只有認真地向這些大公司學習，才能少走彎路，少交學

費。IBM的經驗是付出數十億美元的直接代價總結出來的，他們經歷的痛苦是人類的寶貴財富。」

任正非對貝爾實驗室的歷史瞭如指掌，他在參觀時稱讚說：「貝爾實驗室對人類有著偉大貢獻，這裡產生過七位諾貝爾獎金獲得者。」一向低調的他一反常態地在那裡合影留念。

考察結束後，華為開始全面引進國際管理體系，包括「職位與薪酬體系」，以及英國國家職業資格管理體系（NVQ），IBM的集成產品開發體系（IPD）及集成供應鏈管理（ISC）體系等。任正非不惜重金聘請了二百多位美國IBM公司的資深諮詢專家，耗時一年多，根據IBM公司的運作經驗以及華為自身的行業特點，為華為量身定做了一系列流程（幾乎所有的部門和骨幹都參與了這項浩大的流程再造工程），建立與國際接軌的基於IT的管理體系。同時，任正非還聘請國內名牌大學教授到華為講管理課，彭劍鋒、包政等人講授的「企業二次創業」「市場營銷」和「人力資源管理」等課程引起了他的格外重視，他向彭教授請教說：「彭老師，你所講的中國民營企業二次創業的問題也是華為在發展中所面臨的問題，是我們現在正在思考的問題。你們可以為我們提供諮詢服務，可以把華為作為試驗田；你們天天講理論不行，講理論會脫離實際，因此必須把企業作為你們的試驗田。如果你們這輩子能長期跟蹤一個企業，在你們的諮詢幫助下，把一個小企業做成一個大企業，這將是一個巨大的學術與實踐成就，我們之間可以實現雙贏。」任正非把這個諮詢任務交給了張建國，又召集華為的高層幹部專題討論，認為二次創業問題正是華為公司在高速成長和發展的過程中亟需思考的問題，值得大家認真研究。

任正非想把這套理論灌輸給各級管理幹部，又倡導了修正企業管理哲學與實踐的一門「工具哲學」——自我批判。他指出，變化是永恆的，所以觀念也要隨之改變，思考一刻也不能停息。換個角度講，華為的成功在很大程度上也源於任正非多年來所倡導的自我批判文化，從上到下，無一例外，任正非本人即是自我批判的表率。

在任正非的敦促下，華為的幹部們將自我批判擴大化了，各部門主管在一九九七年底向下屬員工發放紅包的時候，還送給了員工一件「神祕的禮物」。新員工都十分好奇這個神祕禮物是什麼？老員工則抿嘴偷笑，心照不宣。部門主管手裡拿著紅包，笑眯眯地走過來。新員工心裡撲通撲通直跳，心思完全不在紅包有多大上面，只想儘快一睹「神祕禮物」的模樣。部門主管分別把員工叫到一個幽靜的地方，坐下來，然後心平氣和地送上「神祕的禮物」，並囑咐道：「好好珍惜送你的『神祕禮物』！」這個所謂的神祕禮物，其實就是告訴員工他的缺點及改進意見，也就是任正非提倡的自我批判。任正非本人在年底也送給所有員工一份禮物——陳惠湘寫的《聯想為什麼》。

「精神綱領」經過三次大的修改，直到一九九八年三月才討論通過。正式公布的時候，這個綱領被稱為「華為基本法」，內容包括基本宗旨（價值觀念、基本目標、公司的成長、價值的分配），經營政策（經營重心、研究與開發、市場營銷、生產方式），組織政策（基本原則、組織結構、高層管理組織），人力資源（管理準則、義務和權利），控制政策（控制方針、保證體系、預算控制、成本控制、業務流程、項目管理、審計制度、事業部控制、危機管理），修訂法規（修訂法、誕生背景、流行原因、作用意義）六個部分，共一〇三

條。每部分之間都有著緊密的內在連繫，都經過了嚴密的邏輯思考和字字句句的推敲。

第一章基本宗旨講的是核心價值觀，將「核心價值觀」「價值的分配」和「主要人事制度的規範」結合起來讀，使人比較容易理解「價值創造」（哪些因素創造了價值）、「價值評價」（這些因素創造了多少價值）、「價值分配」（創造的價值按什麼原則進行分配）等問題。這些內容容易理解，但為什麼要有「技術」這一條（第三條）呢？如果連繫到華為是一個高科技企業，技術是其立身之本，是其生命力，未來華為要依靠先進的技術發展，這一條放在這裡就順理成章了，這是華為的技術觀；接下來，「核心技術」一條（第十條）講的是公司的技術目標，也就是華為要成為一流的電信硬件供應商的制度保障；後面的「研究開發系統」（第二十七條）、「中間試驗」（第二十八條）講的是如何實現公司的技術目標，由此形成了「技術觀、技術目標、技術手段」這樣一條主線。

《華為基本法》總結、提升了公司成功的管理經驗，確定了華為二次創業的觀念、戰略、方針和基本政策，構築了公司未來發展的宏偉架構，後來被譽為華為成功的「葵花寶典」。

《華為基本法》公布後，全公司員工隨之展開了學習活動，但目的不是讓每個人都倒背如流、死記硬背，而是讓每個人去領會、感悟。《華為人報》的社論講得非常明確：「『基本法』真正誕生的那一天，也許是它完成了歷史使命之時，因為『基本法』已經融入了華為人的血液。」

四、擴充，擴張

在任正非確立華為「精神綱領」的同時，華為在業務上並沒有停下前進的步伐。

一九九七年，華為的產品開始多樣化，除了原有的電話交換機，還介入了傳輸線路（光纜）、數據業務、無線通信、GSM（全球移動通信系統）等領域的主導產品，國內外的業務擴張都很快。

伴隨著「寬帶城域網」的推出，華為開始大舉進軍數據通信市場，把自己定位為「寬帶城域網」的倡導者，在運營商心目中成功地樹立起更加高大的形象。而此時在這一領域，上海貝爾已沒有能力與華為相抗衡了，華為又將矛頭對準了北電。

北電是加拿大久負盛名的一家通信設備製造商。它生產的大型排隊機（尋呼台所用的大型呼叫設備）的市場占有率為世界第一，其產品技術成熟、性能穩定，多年來在中國市場上的地位可以說是穩如泰山。一九九七年，華為開始與北電正面交鋒。剛接觸，華為便發現了北電的軟肋：北電的技術研發全部設在國外，而從國外進口的設備一旦出現問題、客戶需要技術支持時，技術專家往往很難及時趕到。於是，華為決定專攻對手這一軟肋。任正非在公司建立起了為客戶服務的靈活快捷的反應機制，客戶有什麼緊急需求，華為的技術人員馬上在最短的時間內趕到現場，第一時間為客戶解決問題。

一九九七年三月末，華為開發的新產品第一次在北方某地架設，當地辦事處向華為總部求援，華為研究開發部的四名開發人員立即乘

飛機趕過去。他們剛進辦事處，就被告知有台設備出了點小故障，用戶很著急，辦事處的技術員已經去了別處。辦事處主任希望他們能夠先去現場把設備恢復了再說。但是，那台出問題的設備是舊產品，華為的技術人員不太熟悉，辦事處的秘書找來說明書，又撥通用戶的電話，經過一番詳細詢問，終於大致知道了故障所在。他們決定立即趕赴現場，因時間緊急，他們在辦事處旁的一個小飯館匆匆吃了份快餐，兩名技術員就乘坐辦事處的車出發了。天色逐漸暗了下來。兩人在顛簸的車上商量著維修方案。由於目的地是在一個偏僻的縣裡，司機只能看著地圖走，晚上九點多鐘，北方人都已經鑽進了被窩，冷冷清清的道路上只有這一輛車子在行駛。在一段崎嶇的小路上，司機迷路了，憑著感覺走了好長時間才發現有幾處稀疏人家的村子。三人輪番敲門，希望能找個人問路，但村民以為有人打劫，紛紛閉門關燈，他們好不容易找到一位老人，才問清楚了道路，在凌晨一點多鐘趕到縣裡。這時，早已等候在那裡的當地華為技術人員告訴他們故障設備在一個小鎮上，距離這裡還有六十多公里。大家顧不上休息，繼續趕路，出縣城不久，就下起了鵝毛大雪。凌晨二點多鐘，他們終於趕到了現場。這是一個沒有幾戶人家的小鎮。睡眼惺忪的郵電所所長把他們帶到設備室，經過仔細檢查，他們找到了問題所在，把帶去的備件換上，終於使設備恢復了正常。三人連夜返回，沒想到車子卻在路上爆胎了，趕到縣城已經是凌晨五點多鐘。等他們躺在一間小旅館的床上，已睡意全無。

　　華為就是這樣通過為客戶提供高效的售後服務，使自己的產品在國內市場的競爭力與競爭對手拉開距離。

在海外，一九九七年四月，華為與俄羅斯成立合營公司，加快進軍國際市場的步伐。這是華為的一次重要的海外合作。

事實上，這次合作的準備和談判在幾年前就已經開始了，華為組織了數十個代表團訪俄，前後數百人次。

一九九六年，副總裁徐直軍和幾名高管一起去了俄羅斯，希望能見到客戶，以便推廣產品。但他們在那裡待了兩週，連客戶的影子都找不到。當時，一位負責軟件業務的俄羅斯某大型企業負責人見到徐直軍，說的第一句話就是：「俄羅斯根本不會用任何新的交換機，所以不可能與華為合作。」

一九九六年六月，第八屆莫斯科國際通信展開幕。這一次，任正非親自出馬，不料正好趕上中國假冒偽劣商品充斥俄羅斯，莫斯科大街上幾乎所有商店門口都豎著一個牌子：本店概不出售中國貨。一聽說任正非他們是中國人，展台前的客戶便揚長而去。華為又一次無功而返。

多次碰壁之後，很多人對華為能否打開國際市場，信心不足。但任正非開拓海外市場的決心很大，他說，要拿出毛澤東時代中國科學家搞「兩彈一星」的氣魄和決心，響應黨中央「科教興國」的偉大號召，跟隨五中全會跨世紀的宏偉規劃，在改革開放的基礎上，獨立自主、自力更生地建立和發展華為產品體系，並要盡最大努力，以最短的時間實現國際市場的大突破。

一九九七年初，華為的一位員工奉命去俄羅斯，先花了半年的時

間熟悉環境，解決生存的問題，再慢慢地摸清客戶在哪裡，這一年他幾乎一無所獲。一九九八年，俄羅斯經濟陷入低谷，盧布大幅貶值，西門子、阿爾卡特、NEC等公司紛紛從俄羅斯撤資，俄電信市場投資也幾乎停滯。該員工找到了幾個客戶，但一單生意也沒法做。他只得繼續等待，「由一匹狼變成了一頭冬眠的北極熊」。俄羅斯的這個冬天在該員工心裡格外的寒冷，就在他快要撐不下去的時候，任正非去參加日內瓦世界電信大會，他找來該員工並告誡道：「你已蟄伏三年，現在是出擊的時候了。如果有一天俄羅斯市場復甦了，而華為卻被擋在門外，你就從這個樓上跳下去吧。」該員工有苦難言，硬著頭皮答應：「再苦再難也要完成任務！」

之後，他又花了幾個月時間，努力尋找去拜訪客戶的機會，但每當他向俄羅斯客戶介紹華為的時候，對方便疑惑地問道，有華為這樣一家公司嗎？從來沒聽說過。從技術到產品到公司，客戶對華為一無所知，他們只知道阿爾卡特、朗訊、西門子、愛立信、摩托羅拉等品牌，所以，即使他們有這方面的業務，也輪不到華為來做。面對這種情況，這名員工只得死纏爛打，軟磨硬泡。他拿出交換機上用的兩塊電路板和華為設計的芯片，擺在客戶面前。客戶見華為的水平大大超出了他們的預期，而且超過了俄羅斯本國的水平，都感到很震驚，這使他獲得了進一步介紹產品的機會。客戶漸漸對華為有了一些興趣。後來，他又想辦法與這家機構（俄羅斯國家電信局）取得連繫，經過數次溝通和談判，終於把華為的交換機賣給了第一個俄羅斯客戶，實現了零突破。

一九九八年，華為在國內的形勢比較好，先與鐵通（即中國鐵通

集團有限公司的前身鐵道通信信息有限責任公司）成立了北方華為，又與各地電信管理局、政府，以共負盈虧、共擔風險為原則，分別成立了瀋陽華為、河北華為、山東華為、四川華為、北京華為、天津華為、成都華為、安徽華為、上海華為等合資公司，共計二十七個合資公司，遍布全國。

由於業務成倍增長，各部門都向任正非反映「兵力」不足。任正非對主管們說：「我沒兵派給你，先封你一個團長，沒有兵可以招嘛！」這樣一來，招聘和培訓工作量大增，人力資源部的員工忙得團團轉。

過了一段時間，任正非到北京出差，抽空到李一男負責的北京研究所去視察。視察完後，他對新業務部總工程師說：「劉平，你這裡怎麼才這麼一點人呀，我不是叫你多招一些人嗎？」劉平小心翼翼地回答：「任總，數據通信下一步做什麼產品還沒確定下來，招那麼多人來沒事做呀。」任正非生氣地說：「我叫你招你就招。沒事做，招人來洗沙子也可以。」這以後，劉平在北京研究所的一個重要工作就是通過各種手段招人。連續幾年，所裡的研究人員都是成倍增加。後來，這裡成為研究各種通信協議和寬帶數據傳輸的重要基地。

過去，由於沒有人事代理權，華為主要是到人才市場去招聘員工，每次都要事先在報紙上打廣告，然後派人去現場面試。由於電信人才異常缺乏，往往面試了幾十上百人，最後只有五六個符合要求。

儘管人才緊缺，但華為對人才的招聘要求仍然很高。當時流傳著這麼一種說法：「去華為辦事千萬不要輕易提起你的學歷，因為門口

讓你登記的門衛很可能就是碩士，公司裡打掃衛生的可能就是一名本科生。」華為能把人才優勢提升到其他企業無法企及的高度，其令人生畏的「秘技」有兩個：壟斷和鍛造。

當時，我國改革高等教育制度，開始向學生收費，而配套的助學貸款又沒跟上，華為集團向教育部捐獻了二千五百萬元寒門學子基金。從這年開始，華為把招聘對象擴大到全國重點高校畢業生，定下日期，集中招聘。一九九八年，華為一次性從全國招聘了八百多名畢業生，這是華為第一次大規模招聘應屆畢業生。

人招來後，首先要培訓，面對這麼多的新員工，培訓人員顯得力不從心，工作出現了混亂。任正非急了，將培訓部主管大罵一頓，隨後又召開總監以上的幹部會議，討論新員工培訓與幹部提拔問題。為了活躍氣氛，他開玩笑說：「以前一直不知道自己在部隊裡為什麼很難得到晉陞，現在終於弄明白了。」他的話還沒說完，宣傳部總監朱建萍便接過話頭說：「怪不得你在部隊裡得不到提拔，像你這樣壞的脾氣肯定很難跟領導處好關係。華為人之所以能夠容忍你火暴的脾氣，只因為你是老闆而已。」任正非聽了哭笑不得，尷尬地說：「像朱建萍這樣耿直的人，就應該得到提拔。」

會後，任正非向培訓中心推薦了一本書──美國西點軍校退役上校賴瑞‧杜尼蒿所寫的《西點軍校領導魂》，書中主要介紹了美國西點軍校如何培養軍隊的領導者。軍隊的領導哲學與企業管理是息息相通的，這也是很多西點軍校的畢業生後來都成為美國商界領袖的原因。任正非還特別將麥克阿瑟將軍在演講中要求西點軍人始終堅持的

三大信念「責任、榮譽、國家」，修改為「責任、榮譽、事業、國家」，以此作為華為員工必須永遠銘記的誓言。而這也可以看作是任正非自己一直在堅守的一個價值觀。

而華為之所以能夠吸引一批批莘莘才子投到其麾下，並為之傾倒、為之奮鬥、為之奉獻，其中一個重要原因是，作為企業家的任正非在信念中加入了「事業」，這就是實現「成為世界級企業」的追求。軍人為了國家利益可以不惜生命，企業家為了這種「事業」的追求也可以捨棄其他任何東西，包括個人的財富和安逸的生活。而一批批大學生正是因為和任正非一樣抱著「事業」夢想，加入到華為。任正非在一次研發會上，以「希望寄託在你們身上」為題發表講話，用毛澤東在二十世紀五十年代訪問蘇聯對中國留學生所講的這句名言，鼓勵華為的年輕研發人員對未來充滿信心，相信華為經過努力一定能夠發展壯大，成為與國際巨頭比肩的企業。

《華為基本法》公布後不久，孫亞芳交給任正非一份報告，提出了三個觀點：

（1）知識經濟時代，社會財富的創造方式發生了變化，主要由知識、管理來創造，因此要建立知本經濟體制，「知識資本化」以突出知識技術的價值。

（2）讓有個人成就慾望者成為英雄，讓有社會責任感的人成為管理者。

（3）一個企業持續發展的基礎是接班人承認公司的核心價值

觀，並具有自我批判能力。

這是孫亞芳學習「基本法」後的體會，談的是企業接班人的問題，實際上也是幹部的選拔標準和激勵機制。任正非很贊同孫亞芳的看法，他表示：「基層不能沒有英雄，沒有英雄就沒有動力。」

在一次全體員工動員大會上，任正非提問道：「二千年後華為最大的問題將是什麼？」大家回答說：「不知道。」任正非說：「是錢多得不知道如何花，你們家買房子的時候，客廳可以小一點、臥室可以小一點，但是陽台一定要大一點，還要買一個大耙子，天氣好的時候，別忘了經常在陽台上曬錢，否則你的錢就全發霉了！」任正非鼓勵基層出英雄，甚至鼓勵員工消費，他說：「不會花錢的員工不是好員工！」華為要求所有辦事處都從民房搬到當地的星級酒店裡去。同樣是到北京出差，華為鼓勵銷售人員住北京飯店，而中興的銷售人員住的是核工業招待所。任正非一再強調：「我們要建立一個吸取國際營銷精髓的、符合中國國情的、具有國際水平的市場營銷系統。我們要在五年內達到與國際接軌。在跨越這個世紀的時候，我們要超大規模地跨出國門。」

員工和幹部隊伍的擴充是任正非意欲向內向外快速擴張的前奏，然而，事情並沒有他想像的那麼順利。華為不是孤立的單兵作戰，它後面尾隨的，將是一大批類似的中國高科技企業，一部分是老牌巨頭，一部分是後起之秀。一方面，它們將共同改變整個高科技產業的面貌，給全世界的繁榮和發展做出巨大貢獻；另一方面，它們又像一群在一塊草地上吃草的羊，處在同一食物鏈上，相互之間的矛盾和競

爭也會凸顯出來。

一九九八年華為大規模招聘人才時，就在清華園遭遇了中興，雙方展開了一場驚心動魄的人才爭奪戰。二十世紀九〇年代，在電信行業知名度最高的「五朵金花」中，中興有國企背景，對人才更有吸引力。中興先下手為強，首先在清華研究生院舉辦了一個「見面會」，並與研究生院的領導商議好十一月分舉行正式招聘會。華為也不甘示弱，十月二十七日就派招聘團「殺」進清華園，迅速做好了招聘準備。

一個民企要想與國企、外企爭奪人才，除了待遇好之外，更需要有強烈的感召力。為了給招聘人員打氣，任正非在華為內刊上發表了一首豪情四溢的詩。

這首詩是針對外企，尤其是日企的，但因它正好發表在這次招聘會之前，給了招聘人員很大的鼓舞，他們決心與中興一爭高下。他們以最快的速度布置好招聘會場，十月三十一日就開始與學生見面，然後對有意願的學生進行初試、複試。

當中興的招聘人員於十一月初來到清華園時，發現華為已捷足先登，立刻加派人馬，主動出擊，到學生宿舍進行宣傳，並緊急召開招聘會，宣布三日初試，四日複試，五日簽約，三天工夫就簽下四十多人。

然而，到了十一月七日，華為公布的錄用學生名單上，竟然有不少已經與中興簽約的學生。中興被激怒了，揚言要與華為打官司。華

為的招聘人員辯駁說，學生此前與中興所簽署的協議，因為沒有單位的公章，沒有法律效力，學生有權重新選擇。中興的代表則聲稱：「如果與我們簽署的協議沒有法律效力，我們明年就不再來招聘了。」

華為與中興的矛盾由此公開化。雙方圍繞這次招聘展開了一場口水大戰，但最終還是有八九個學生倒向華為。為什麼本無勝算的華為取勝了呢？一是「夢想」（華為是實現夢想的地方）加高薪的人才激勵機制，二是任正非的感召力，他在擴充技術隊伍上可謂下足了功夫。此後，華為與中興之間一直保持著「愛恨交織」「亦敵亦友」的關係。

第六章

冬天來了

口才卓越的任正非，每次開會言談中總是充滿了戰爭術語，充斥著激情、煽動和誘惑，口號、誓言、決心鼓舞了無數的華為人。進入二十一世紀，華為不可避免地遭遇了全球電信投資的大蕭條局面，但華為員工的身心始終處於亢奮、狂熱狀態，不知疲倦、不計條件地投入到隨之而來的廝殺中去，以致於有人說進入華為的人都被洗腦了。

一、左芳右非格局

從一九九三年到一九九九年，可以說是華為發展的黃金時期。在此期間，任正非完成了華為管理體制的變革、技術突圍和技術人才儲備、市場組織架構調整以及流程規範化、產品質量管理體系認證等基礎工作。

到一九九九年第二季度，華為的內部改革告一段落。孫亞芳這個變革管理委員會主任也將工作重心移到人力資源規劃管理上來。人力資源管理分為五個層級，委員會主任是公司副總裁級，二級委員會由業務部門主要決策層的經理們（總監）組成，如此往下，直到由事業部的主任、副主任、業務經理組成的五級委員會。委員會是決策和評價的機構，讓每一個人都可以發出聲音，通過集體決議來貫徹公正、公平的理念。

華為人力資源常規管理的最大特色是行政與業務關係分離。各級幹部的行政隸屬關係歸各自所屬的事業部或職能部門，個人的業績考核、工資與獎金尤其所在部門直接負責，而人力資源業務管理歸人力資源治理總部直接領導。簡單地說，就是職務和報酬並不是對等的，

當多大官屬行政管理，拿多少薪水則屬業務部門管理。在這種治理模式下，各級部門的人事專員和人力資源部的人是「一夥」的，而人力資源治理者也必須懂業務，必須「沉」到戰略決策過程中去。整個人力資源管理工作可以用四個字概括：選、育、用、留。這四個字緊密相連，不可分割，比如「選」字，貫穿了招聘、調配、任職資格標準、績效考核；而一個「留」字，則從新員工培訓到職業生涯設計、薪酬、榮譽激勵等，實施過程還包括「掠奪畢業生」的招聘策略……華為的人力資源治理體系形成了一個結構複雜的框架，當各級人力資源部門真正成為戰略夥伴後，這個機構便開始發揮自己這一級的功能。公司層面的人力資源部則包括招聘配置部、薪酬考核部、任職資格治理部、員工培訓部這四個支柱，此外還有榮譽部和人事處等。

有了這樣的人力資源治理結構，意味著華為的管理工作走向規範化，但新的矛盾也隨之而來：職業化與個人英雄主義起衝突。對於華為這樣一個處處充滿銳氣、以狼性起家的公司而言，最大的阻力還是來自於任正非與生俱來的江湖氣質，因為江湖講的是情和義，職場講的是秩序和理性。任正非強調說：「管理者應該明白，是幫助部下去做英雄，為他們做好英雄、實現公司的目標，提供良好服務。人家去做英雄，自己做什麼呢？自己就是做領袖。領袖就是服務。」孫亞芳不得不發出這樣的感慨：「在管理過程中，我們正逐步地拋棄單純的感性管理，逐步地轉入理性管理，市場部將會湧現出一大批『職業經理人』。」

職業化還直接影響到原幹部、員工的經濟收入。比如，原有研發技術核心人員的理念受到衝擊，過往研發策略和方向更依賴個人和資

金，而新IPD流程更強調決策的流程化和組織化，強調研發為市場所主導。個人英雄情結向流程和組織妥協，沒有英雄可當，不少當年的核心研發人員離開了華為。市場部也遇到了同樣的情況，考核不單單以銷售業績為標準，銷售業績只是對銷售人員考核的一個方面，而市場開拓難易度、客戶滿足度、人員努力程度、渠道建設等都成為考核的重要標準。原來業績好的人，按新標準進行評核就變差了。這樣一來，不僅市場部的「逃兵」增多，不少管理幹部也開始動搖，最為典型就是李玉琢三辭任正非。

一九九七年十一月一日，李玉琢以身體欠佳和顧全家庭為由，正式向任正非遞交了一份辭職報告。李玉琢知道任正非的脾氣，一般沒有耐心聽完下屬的解釋，為了避免見面的不快，他給任正非發了一份傳真說明辭職的緣由。他原以為事情很簡單，因為公司正在搞清理減退幹部，辭職應該會得到批准。出乎他意料的是，任正非並沒有理會他的辭呈。

李玉琢已經在北京利德華福（即北京利德華福電氣技術有限公司）找好了工作，十一月五日就要去報到，他正在猶豫怎麼辦的時候，郭平來電話問他是不是鬧情緒了，是不是對最近的任職有意見。李玉琢回答說不是。郭平說：「你不能走，你是華為唯一外來的副總裁，你走了影響不好。」

但李玉琢去意已決，在寫第二封辭職書被拒之後，十一月三日他又寫了第三封辭職書，內容和前兩封一樣，大致是說：身體有病，家在北京，需要有人照顧；在華為四年多時間，該做的事情都做完了，

想要葉落歸根；華為是一個高節奏的企業，自己老了，不願拖累公司。

十一月四日，李玉琢終於等到了任正非的回音，約他下午一點談話。

李玉琢猜不出與任正非面對面的談話會出現怎樣的尷尬場景，便請郭平和他一起到總裁辦公室去。他們進去時，任正非正在埋頭批閱文件，等他們在沙發上坐下來後，任正非開門見山地質問道：「李先生，你的辭職報告我看了，你對華為、對我個人有什麼意見？」

李玉琢解釋說：「我沒什麼意見，華為給了我很多機會，你也對我悉心培養，我感謝都來不及呢。只是我這樣的身體，病了都沒人給我一口水，突然死了都沒人知道。」

「假話，我不聽！」任正非生氣地大聲說道，然後又回到自己的辦公桌前去批閱文件了。李玉琢與郭平尷尬地坐在那裡，不知道該說些什麼，氣氛十分嚴肅。

李玉琢好不容易才忍住拍案而起、拂袖而去的衝動，他想，不管怎麼說，老闆畢竟是想留住自己，忍住氣好好說，也算是領了他的一番好意。

過了一會兒，另一位副總裁進來了，見他們三人都不吱聲地坐著，也識趣地坐下來不說話。又過了五六分鐘，任正非走到李玉琢對面，拉了一把椅子坐下來，口氣也緩和多了：「李先生，如果你覺得生產總部不合適，咱們可以再商量。」

接著，任正非又跟李玉琢談了一通華為的未來發展以及個人的想法，並對李玉琢的人品和工作評價道：「我們對你的人品和能力是肯定的，你在華為還有許多工作可以做。」

任正非講了大約半個小時，李玉琢忍不住打斷他說：「任總，非常感謝你談了這麼多，但是我不想拖累華為。另外，我愛人也不在身邊，我已經七年單獨在深圳了。」

任正非說：「那你可以叫你愛人來深圳工作嘛！」

李玉琢說：「她來深圳待過幾個月，不習慣，又回北京了。」

任正非立刻說：「這樣的老婆你要她幹什麼？」

李玉琢有些火了，質問道：「她跟了我二十多年，沒犯什麼錯誤，我有什麼藉口不要她？」

雙方沉默了幾分鐘時間，李玉琢看著高大威嚴時不時語出驚人的任正非，心裡頗生感慨：做個企業真的這麼難嗎，要拋家舍業，犧牲健康？他腦子裡突然冒出任正非說過的一句話：「為了這個公司，你看我這身體，什麼糖尿病、高血壓、頸椎病都有了，你們身體這麼好，還不好好幹？」言下之意，恨不得大家都累病了他才舒服。李玉琢當時就想：「任總，你終於如願了，我現在得了冠心病，莫非你還想讓我把家也丟了不成？」

任正非前前後後說了一個小時左右，見李玉琢毫無回心轉意的可能，便說：「好，李玉琢，那你先養病去吧！」也就是允許他辭職

了。

李玉琢走了，但幹部隊伍的激活與穩定問題一直困擾著任正非，他發表一篇名為「華為的紅旗到底能打多久」的文章，第一次也是最後一次在文章中闡釋狼性原則。他的一個信念是：「通過百分之五的落後分子促進全體員工努力前進。」跑得慢的會被吃掉。華為人並不是生來就是狼。「要把一群食草動物轉變成一個狼性組織，必須有狼的出現，也就是必須有被狼『吃掉』的個體！」他想再來一次大的運動，但沒有得到一直很支持他的孫亞芳的響應，於是，他便向張建國暗示，希望他能牽個頭。

一九九九年初，市場部召開常委會，其中一個重要議題是討論市場部的幹部問題。大家認為市場部的部分中層領導安於現狀，缺乏鬥志和狼性，關鍵原因是壓力不足，缺乏憂患意識，於是，常委們一致同意在市場部再來一次類似一九九六年的中層幹部競聘活動。現場的會議氣氛激昂不遜於上次。會議結束後，張建國拿著會議決議向孫亞芳匯報。孫亞芳聽後斬釘截鐵地說：「不同意！競聘是我們那幾年的特殊做法，是無法準確地判斷一個人的不得已行為，是小公司的做法。華為通過這幾年人力資源體系的建設，評價系統已經比較完備，我們應該通過體系的運作來考察幹部，壓力不足是因為我們沒有執行評價體系而不是因為沒有發起競聘。」

當時，華為在制度上有一個非常獨特的決策原則——民主決策，權威管理，從賢不從眾。所謂「從賢不從眾」，就是不遵循少數服從多數的原則，而是實行「民主決策、權威管理」。孫亞芳一票否決，

任正非感到有些鬱悶，把自己關在辦公室裡冥想了好久。他還沒理清思緒，財務部總監紀平敲門進來，說是有重要事情向他匯報。

紀平一向老成持重，處事四平八穩，現在卻一反常態的惶急，說：「我剛把幾個離職員工的股份問題處理完，中央調查組的人又來了。」

「什麼？前年他們不是查過了嗎，怎麼又來了呢？」任正非問道。

「據說我們又被人舉報了，私自集資，搞內部職工銀行是非法行為。老闆你得親自去見見那些領導。」紀平強調說。

「龜兒子，王八蛋，不幹正事，盡在背後捅刀子！」任正非罵道，但他想到當著紀平的面這樣罵人不好，便緩和了一下語氣，說，「我當然會去見上頭的那些領導，但這個問題怎麼解決還得由你們財務部和宣傳部想辦法。」

紀平說：「老闆，有個很現實的問題我不得不跟你反映。我們最早的員工持股快十年了，很多離職員工想將股權兌現，能不能兌和怎麼兌，公司要拿出具體政策出來。作為全員持股的股份制公司，持股人眾多，需要成立一個董事會來制定相關規則和進行管理，這涉及公司和員工的直接經濟利益。」

紀平這麼一說，讓任正非想起了三年前朱鎔基來視察時與自己的一次談話。朱鎔基視察華為時，隨行的有包括招商銀行在內的四大銀行的行長。華為剛剛躋身國內電信設備四巨頭行列，任正非在談話中

提到融資是最大的難題。朱鎔基當場要求政府各部門積極支持華為和像華為這樣的民營企業發展，並表態說，你們華為要什麼條件我支持你，「只要中國的程控交換機打入國際市場，一定提供買方信貸；在國內市場與外國公司競爭，一律給予支持，同樣給予買方信貸。」

任正非當著朱鎔基的面連連點頭，不過，事後他除了與招商銀行合作外，並沒有向其他銀行貸款。一九九七年華為按照《深圳市國有企業內部員工持股試點暫行規定》進行員工持股制度改制，完成了一次巨額增資。這一年華為在冊的二四三二名員工股份全部轉到深圳市華為技術有限公司工會的名下，占百分之六十一點八六；其餘的股東為華為新技術有限公司工會（33.09%）和華為新技術有限公司（5.05%），其中，華為新技術有限公司以現金出資。這立刻引了外界的質疑和抨擊，競爭對手也背地裡向中央告狀。

「是啊，這還真是一件大事。我們是不是先把幾個老元帥集中起來開個會，先議一議如何設立董事會，由哪些人加入？」任正非見紀平不吭聲，接著說道，「今天我們還是先去伺候領導吧。」

幾天後，調查組帶著華為的問題回京去了，任正非心裡一直忐忑不安，希望中央儘快給個結論。這個時候，國際金融技術與設備展在北京展覽館開幕，華為有部分產品參展，由華為北京研究所所長劉平負責展會工作。開展後的第二天早晨，劉平得到組委會的通知，說晚上要加開一場領導專場，有中央領導要來參觀。劉平聞訊立刻著手準備。當晚六點多，安檢人員仔細檢查完會場，不久，一群人走了進來。劉平眼尖，發現走在前面的是朱鎔基總理，他的心不禁砰砰直

跳。朱鎔基、溫家寶等中央領導緩緩走過前面幾個展位，沒有駐足，也沒有說話，不一會便來到華為的展位。朱鎔基總理站到華為展台前，對陪同人員說：「這家公司我去過。」劉平急忙走向前去，向幾位領導敬禮問好，朱鎔基向劉平伸出手。劉平激動不已，簡要地把展出產品的特點向總理作了匯報。聽完劉平的匯報後，朱鎔基說：「你回去轉告你們老闆，在技術上要創新，在經營上要穩健！」劉平大聲說：「謝謝總理的鼓勵！」朱鎔基一行走過去的時候，一個隨行人員拉住劉平說：「總理一般參觀展位都不說話，今天給你們說的話很重要。」

劉平從展會出來，馬上把這個消息告訴徐文偉，不一會兒，劉平接到副總裁費敏的電話，要他馬上給任正非打電話。任正非在電話中非常興奮，要求劉平馬上把朱總理的講話一字不漏地寫下來，因為朱總理的講話無疑透露了中央對華為的態度，說明華為沒有多大問題。華為立刻做了一些改進，包括取消內部職工銀行，工資發到員工的建設銀行卡上。這次風波過後，任正非終於可以安下心來考慮成立董事會的事情了。

一九九九年的最後一個月，華為在深圳麒麟山莊召開股東代表大會，選舉董事長和董事。說是股東代表大會，實際上只有幾位副總裁和幾個懂財務的專業人士與會。任正非在會議開始時作了一個簡短的發言，他說：「華為發展到今天的規模，早期創業時的『持股模式』功不可沒。近兩年華為每年的銷售額幾乎以翻番的速度增長，員工的股權回報率最高時達到百分之百。從一九九四年開始，員工每年固定分紅高達每股百分之○點七元，投資回報率達百分之七十。但凡事皆

有兩面性，持股人收益高，有人就眼紅了，鬧了不少事情出來。因此我們要加強股權管理，理順利益關係，今天這次會議的目的就是推舉一位董事長出來抓這項工作。我年紀比較大了，沒有精力去處理社會上的各種關係。孫亞芳同志年富力強，善於處理各種複雜的社會關係，我提議將她列為第一候選人。請大家不要把我作為候選對象，我將集中精力做好公司內部的管理工作。」

任正非的意思很明白，董事長是專門用於應付外界的麻煩事的。沒等大家提出其他候選人，他便開始介紹孫亞芳的簡歷和工作成績，最後補充道：「孫亞芳同志能否當選公司董事長，請大家投票表決。」

其他幾位高管沒想到任正非會剝奪他們的提議權，而且不少人對孫亞芳的領導管理才能還是有不少微詞的，因此都沉默不語，會議出現冷場。為了打破僵局，任正非突然問道：「大家是不是還沒想好？要不誰先來講個笑話？」大家被他問愣住了，一時不知道該怎樣回應，乾脆繼續沉默。任正非對著劉平說：「劉平，你先來一個。」劉平的口才和幽默感都不怎麼好，見老闆點到自己，慌忙說：「我不會說話，還是徐直軍來說吧。」任正非笑了笑說：「不叫的狗會咬人。」這一句倒是把大家逗笑了。任正非自己也笑了，然後開始講「狼狽組織」的故事。他強調說，「狼狽組織」是一種優化的組織結構，狼狽為一體，默契配合，高效率行動，才能讓公司成長更快。講完故事後，他沒有再要求大家投票表決，而是宣布休會，然後利用上午的剩餘時間，私下與幾位副總裁交談，徵求他們的意見，統一思想。

下午進行了無記名投票，最後全票通過孫亞芳擔任華為的董事長。這樣一來，孫亞芳就有了三個頭銜：董事長、高級（後來改稱常務）副總裁、人力資源管理委員會主任，也意味著華為開始形成了「左芳右非」的格局。

當天晚上，任正非非常開心，在宴會上頻頻向大家敬酒。一些常年在任正非身邊的文秘人員說：「任總今天很反常，平時他從來不敬酒，也從來沒見過他喝這麼多酒。」

顯然，華為設立董事會很大程度上是迫於內外界壓力。此後，人們在許多公開場合見到的都是孫亞芳，很少見到任正非的蹤影。孫亞芳的真正作用，也許並不像她所擔任的職務董事長那樣規劃企業或決策指揮，大多數場合是助手、參謀、政委，尤其對外，任正非不願出面或不便出面的場合，都由她充當特使角色。對內，任正非在文章和內部講話中，多次引述孫亞芳的話和觀點……孫亞芳對任正非思想的影響和理解，在華為恐怕無人能出其右。

二〇〇〇年一月，任正非在「集體大辭職」四週年紀念講話中，再次高度評價了這一運動。他說：「市場部集體大辭職，對構建公司今天和未來的影響是極其深刻和遠大的。任何一個民族、組織，要是沒有新陳代謝，生命就會停止。如果我們顧全每位功臣的歷史，那麼就會葬送公司的前途。如果沒有市場部集體大辭職所帶來的對華為公司文化的影響，任何先進的管理、先進的體系，在華為都無法生根。」這也是任正非個人英雄主義思想的初步轉變。

二、第一次寒冬警告

隨著外界對華為的種種質疑言論漸漸消弭，任正非的心情也開朗起來，他準備在千禧之年到來的時候，去昆明探望母親，開開心心地過幾天。

過去幾年，任正非每年都會回母親居住的城市，但每次回去沒多久就被公司辦事處的人接走了，說這個客戶很重要要拜見一下，那個客戶很重要要陪他們吃頓飯。他忙來忙去，忙到要返回深圳，快上飛機時才回家取行李，與父母匆匆一別。父母也總說工作重要，讓他先忙工作。

在創立華為的頭幾年，任正非根本無暇顧及父母的生活，以致母親糖尿病很嚴重的時候，他還不知道。華為規模發展後，管理轉換的壓力很大，任正非不僅照顧不了父母，連自己也照顧不了，他在那段時間也累垮了。後來，他的父母到昆明與任正非的妹妹一起生活。一九九五年，任正非的父親在昆明街頭的小攤上，買了一瓶塑料包裝的軟飲料，喝後拉肚子，一直到全身衰竭去世。

一九九九年十二月三十一日，任正非總算抽出時間，在公務結束之後，買了一張從北京去昆明的機票，去看望母親。然而，他剛在昆明落下腳就接到通知，讓他於二○○○年一月三日隨國家領導人訪問伊朗，因此，他在昆明只能待一天，然後就要趕回北京。他告訴母親：「首長說了這次我隨訪是他親自點的名，目的有三個：一是鼓勵和肯定華為，並讓隨行的各部部長也正面地認識和了解華為；二是了

解一下我們公司的運行與管理機制，看看對別的企業有無幫助；三是看看政府對華為開拓國際市場是否能給予一些幫助。」任母聽了十分高興地說：「政府信任就好，只要企業幹得好，其他都會隨時間的證實而過去的。」

回北京前，任正非與母親約好，春節他不工作，與幾個弟妹陪母親在海南過春節，痛痛快快地聊一聊，沒想到這個約定竟然成了他永遠也兌現不了的承諾。

二〇〇〇年一月八日，任正非結束對伊朗的訪問，在機場剛送走國家領導人就接到紀平的電話：任母出車禍了。事故發生在八日上午十點左右，任母提著菜從菜市場出來，被飛馳而過的汽車撞成重傷。孫亞芳已前往昆明組織搶救。

任正非聞訊，心急如焚。從伊朗乘飛機幾次中轉才趕到昆明，當他風塵僕僕地趕到昆明時已是深夜，任母處於彌留狀態。任正非再也沒有跟母親說話的機會了，沒有多久，任母溘然長逝。

母親就這樣離去了，任正非悲痛萬分又後悔不已。他在《我的父親母親》一文中說，當天沒有給母親打電話，如果打了，拖延她一兩分鐘時間再出門，也許母親就躲過了這場災難。這是他一生之中最大的憾事。事情過去很久以後，他回想起來，依然悲從中來：「我也因此理解了要奮鬥就會有犧牲，華為的成功，使我失去了孝敬父母的機會與責任，也銷蝕了自己的健康。」

剛剛進入二十一世紀，任正非就遭受了一次重大打擊，接踵而來

的還有很多磨難，最明顯的是優秀人才的結構性流失、公司人員臃腫、人工成本不堪重負、市場銷售停滯不前、管理高層出現重大決策失誤……這一切都需要他去面對，他沒有多少時間感傷、消沉。

此前二三年時間，C&C08機是華為打天下的主要產品，隨後華為又研發STP（信令網核心設備）產品搶占制高點。在窄帶電話網中有電話網、信令網、同步網和管理網四大塊，其中，信令網是最重要的，處於制高點。用戶撥號後，程控電話交換機有一個交換信令的過程。以前都是在電話網中搞一個時隙，用的是隨路信令。採用這種方式，信令容量很小，很容易忙音，因此在這樣的電話網中撥號過程很長，經常出現接不通的現象。後來，電話網中廣泛採用了信令網，即專門建立一個信令運行的網絡。

信令網關係到電話網絡的可靠性、接通率和接通速度，如果有一個端口出現故障，就可能影響成千上萬的電話用戶的正常使用。因此，各地電信局對信令網的穩定性要求很高。當時，中國大陸普遍使用的是北電網絡、上海貝爾（實際上是阿爾卡特的設備）的STP設備，國內骨幹網上指定用的是阿爾卡特公司的設備。由於STP用量很小，不一定能賺錢，而且技術難度相當高，華為本來不打算涉足。但是，考慮到STP是電話網中的制高點，可以極大地提昇華為公司的品牌，任正非最後還是決定做。

相關產品主要由華為北京研究所研製。他們借鑑了郵電部數據通信技術研究所的經驗，並接受其核心研究人員的技術輔導。研製成功後，華為首先找了兩個切入點進入市場：一個是在寧夏銀川試運行，

另一個是在海南。由於華為是國內唯一開發STP產品的廠家，所以得到了寧夏總局領導的支持，銀川局面一片大好。

但在海南，華為遇到了老對手上海貝爾，雙方第一次展開了公開較量。上海貝爾比較輕敵，在評標會上，該公司的一位博士評標人員說：「華為的設備和我們的根本就不在一個檔次上。」其實他根本沒有仔細研究分析過華為的設備，完全是憑主觀臆斷。而華為的技術人員對上海貝爾則非常重視，他們詳細比對了上海貝爾的設備，找出其優劣之處，在答標的時候專門針對貝爾設備的不足之處大作文章，通過揭敵之短，揚己之長，一下子就把上海貝爾比了下去，在海南一舉制勝。

接下來，幾家有實力的公司為將STP用在移動網中展開了角逐。中國移動（即中國移動通信集團公司）剛從中國電信（即中國電信集團公司）中分離出來，要建自己的信令網，華為、西門子、北電、上海貝爾等都瞄上了這塊大餡餅。

在這幾家公司中，華為既沒有技術優勢，更沒有資金優勢，但任正非志在必得。這個項目由公司副總裁楊漢超負責，在毫無勝算的情況下，項目組人員不得不全力以赴，拿出撒手鐧。他們先打出民族產業牌，初評會開了好幾輪，華為終於得以入圍。在競爭最激烈的時候，任正非親自出馬，帶著手下的幾員大將去拜見相關部門的幾位領導，向他們遞交了華為這個唯一由國內廠家開發出來的STP產品的資料，並做了積極宣傳。復評到第三輪後，華為使出了最後一招，在價格上占絕對優勢。最後，華為和西門子各中一半，而華為的價格只是

西門子的一半。

之後，華為推出了第一款路由器Quidway 2501，但市場反響並不是很好，數據通信產品線仍處在虧損的狀態，直到Quidway A8010投放市場，才真正顯示出華為的實力。

儘管腳步很沉重，但華為一直在前行。二〇〇〇年，華為的核心產品已經進入中國所有發達省分和主要城市。在傳統交換機市場，華為超越西門子和朗訊，與上海貝爾並列為國內最大的兩家供應商，市場份額達到百分之二十二。在接入網市場，華為在國內的市場份額超過百分之五十。智能網、接入服務器等產品在國內的市場份額超過百分之三十。以SDH（同步數據體系）為核心的光網絡產品的市場份額為百分之十。而且，華為全套GSM設備已通過信息產業部第二階段測試，開始向移動通信領域擴展。當年，華為年銷售額達一五二億元人民幣，以二十九億元利潤位居全國電子百強首位，初步具備面向未來轉型發展的先發優勢。這樣一份成績在業界人士眼裡可圈可點。

然而，此時任正非卻大談危機和失敗。「十年來我天天思考的都是失敗，對成功視而不見，也沒有什麼榮譽感、自豪感，而是危機感。」任正非說，也許正因為是這樣，華為才存活了十年。

正如任正非感受到的一樣，二〇〇〇年是科技股暴跌、互聯網泡沫破滅的一年，國內的「五朵金花」中，金鵬（廣州金鵬集團有限公司）已顯得十分「落魄」，巨龍集團也是奄奄一息，大唐電信科技股份有限公司在國家的支持下還活著，只有華為、中興雙雄並立。國際上，隨著北電、愛立信數以萬計地裁員，思科二十六億美元的巨額虧

損，朗訊差點被併購，網絡和電信設備供應商的冬天終於到來了。

前幾年大家都在喊「狼來了」，狼卻一直沒有來；現在狼真正來了，大家反倒不出聲了。為了引起華為人足夠的重視，任正非將自己的觀點和感受訴諸文字，這就是震驚了全國許多企業的《華為的冬天》。他在文中寫道：

公司所有員工是否考慮過，如果有一天，公司銷售額下滑、利潤下滑甚至破產，我們該怎麼辦？我們公司的太平時間太長了，在和平時期升的官太多了，這也許就是我們的災難。「泰坦尼克」號也是在一片歡呼聲中出的海。而且我相信，這一天一定會到來。面對這樣的未來，我們怎樣來處理，我們是不是思考過。我們好多員工盲目自豪，盲目樂觀，如果想過的人太少，也許就快來臨了。居安思危，不是危言聳聽。

任正非在文章中重點闡述了化解危機的十個措施，包括改進管理，要抓薄弱環節，找最短的木板，要堅持均衡發展，不斷地強化以流程型和時效型為主導的管理體系的建設，不斷優化工作，提高貢獻率。

另外，他要求：全公司通過已經建立起來的統一考評體系，促使幹部在內部流動，推行以自我批判為中心的組織改造和優化活動；幹部要有敬業精神、獻身精神、責任心和使命感，不要把創新炒得太

熱；不要隨便創新；要保持穩定的流程、規範化管理等。

據說聯想集團總裁楊元慶對任正非的觀點十分贊同，將這篇文章轉發給所有的副總裁，要求他們認真學習。東軟集團（即東軟集團股份有限公司）董事長劉積仁在公司成立十週年大慶之前，也向下屬推薦閱讀《華為的冬天》。

任正非的第一次冬天預警，本是他針對華為內部「沉澱」狀態而做出的訓導，但卻讓整個中國IT業界感到陣陣寒意。

三、怕冷的人如何過冬

在向IT業界發出嚴冬預警後，任正非並沒有收縮戰線，在家裡躲避風霜雨雪，而是逆勢而行，踏雪而歌。

當時，由於IT業泡沫破滅，給業界的融資造成了很大困難，加上華為過去的融資方式受到質疑，陰影剛剛散去，任正非對資金的籌措更加謹慎。面對全球電信投資幾乎停滯的大蕭條局面，任正非斥巨資在瑞典首都斯德哥爾摩設立研發中心，隨後又在美國硅谷和達拉斯設立研發中心。這是他加快跨出國門步伐的又一舉措。他告誡研發人員說：「我們沒有像朗訊等公司那樣有雄厚的基礎研究，即使我們的產品暫時保持領先，也是短暫的，我們必須趁著短暫的優勢，儘快搶占一些市場，加大投入來鞏固和延長我們的優勢，否則一點點領先的優勢就會稍縱即逝。不努力，就會徒傷悲。」

遺憾的是，在海外市場，華為連續幾年只見投標、不見中標，只

見投入、少有產出。

不過，任正非在發出冬天預警之前，已經開始著手做越冬的準備。從一九九八年開始，總工程師鄭寶用便不再兼任戰略規劃部主任一職，而將主要精力花在資本運作上，主導將華為子公司聖安電氣有限公司出售給艾默生電器公司的交易，以幫助華為度過眼前的危機。當然，其中還有一個原因就是避免他與負責中央研究部的副總裁李一男在某些方面的衝突。

但是，讓任正非備感失望的是，他最為倚重的「紅孩兒」李一男在華為內外交困的關鍵時刻突然離他而去，這是他在千禧之年承受的又一重大打擊，簡直令他痛心疾首。

李一男是鄭寶用名副其實的學弟，平日不修邊幅，經常會將襯衫紐扣繫錯位置，但他對待產品技術卻有著令人想像不到的嚴謹，而且對新技術的追求近乎狂熱。華為最初開發萬門機項目的時候，因為要將幾個千門機模塊並組，各模塊間需要採用光纖連接，但是項目組在實驗過程中發現，任何一種光纖傳輸或光纖網絡技術均無法滿足要求。李一男經仔細分析後提出了一個大膽的設想：採用准SDH技術（一種基於時分復用的同步數字傳輸技術）。他和研製組的其他工程師一起查閱了大量的相關資料，在沒有成熟的技術可供參考的情況下，不捨晝夜地反覆實驗，終於實現了該項技術突破，達到了高端水平。正是這次研發的產品，讓華為起死回生。

接下來，華為又開發STP和開源的TCP/IP協議軟件，在李一男的主持下，華為研發出光網絡、國產GSM商業化網絡設備、智能網、

接入服務器等幾十項具有世界先進水平的產品，在二十世紀末期相繼推向市場，大部分都獲得了成功，取得了巨大的經濟效益。因為對華為的貢獻突出，李一男成為公司最年輕的常務副總裁兼中央研究部的總經理（總監）。

有才之人往往個性強、脾氣大，李一男就是如此，他的性格與任正非十分相似，在管理風格上更是與任正非「一脈相承」。一九九五年，李一男從美國參加展會歸來，帶回了許多國外同行企業比較珍貴的產品技術資料，他的一位秘書在整理文件的時候，誤將這些資料當作垃圾給清理掉了，他聽說後，氣憤的程度如同原子彈爆炸，拍桌子摔板凳，恨不得將整棟房子都一把火燒掉，他的秘書嚇得幾天都不敢說一句話。還有一次，李一男參加公司內部的一個部門聚會。聚會期間，一位員工平常與李一男沒有過接觸，不了解他的脾氣。輪到這位員工給在座的領導敬酒時，其他領導都一一應付過去了，最後敬到李一男，而李一男以身體不適加以推脫。這位員工已略帶醉意，藉著酒勁說：「其他領導都喝了，李總給點面子，也請務必把這杯酒喝了。」李一男頓時脾氣就上來了：「該給你什麼面子？你有面子嗎？」當著大家的面大罵這位員工，然後拂袖而去。

所謂年輕氣盛，李一男少年得志，脾氣大一點下屬尚能忍受，但最讓下屬不能忍受的是他常為一些不值一提的小事而罵人，讓人下不了台。而且，他罵人的時候經常不看場合不分對象，公司的許多高管都挨過他的罵。李一男醉心於產品和技術，對於電信網絡技術的發展有著驚人的預測和感知能力，但是在人際關係的處理和把握方面則不太成熟。

也許正是因為這一弱點，李一男與鄭寶用的關係並不融洽。任正非把研發產品分成兩個部分，即產品戰略與產品研製，分別交給他們負責，顯然是希望通過這一新一老的組合以「中研總部」與「戰略規劃部」的配合來確保華為技術方向的正確性。李一男知識結構更前沿，在依靠知識創新的華為，負責研發合乎常理，而鄭寶用經驗豐富，跳出眼前產品的開發而考慮三十五年的產品戰略，也是其職業發展的必然結果。

　　願望是美好的，現實卻往往不盡如人意。如果說狼與狽可以很好組合的話，那麼兩匹狼、而且是兩匹狼王組合，還能達到完美效果嗎？鄭寶用在「二把手」的位置上待了六七年，早已習慣了決策者的角色，現在讓他從一直負責研發的「務實」到負責產品戰略的「務虛」，他本人也有一個心理調整的過程。他覺得自己的權力被虛化了，閒到有時間兼任「太子」任平的老師。而李一男並不需要像鄭寶用這樣跟他平起平坐且資歷比他老的高參和指導者，只需要令行禁止、絕對服從的下屬。在這種情況下，他們兩人的關係一直很微妙，有時還會因對新產品的看法不一致而產生衝突。以無線產品為例，李一男主張以GSM為重點，而鄭寶用卻認為未來CDMA更好；在微蜂窩無線設備方面，李一男看重歐洲制式的DECT（即數字增強無繩通信），而鄭寶用則傾向於日本制式的PHS（即個人手持式電話系統，後來中國電信的小靈通就基本採用PHS）。一九九七年初，中華人民共和國郵電部在北京舉辦了一次數字集群技術高級研討會，發函要求華為派人參加。中研部總體辦指定了三個人選，兩個來自中研部，一個名額給了規劃部，但李一男在審批的時候卻將規劃部的人選劃掉

了。規劃部對此意見很大，最終事情鬧到了任正非那裡，經任正非批示，規劃部的人員才得以參加會議。通過這件事可以看出，規劃部是一個空架子，有人還戲稱規劃部為「鬼話部」：只說空話，沒有實權。

鄭寶用和李一男的衝突大都因工作而起，這就直接影響到產品研發的決策，無法保證華為技術方向的正確性。在解決鄭寶用和李一男之間衝突的時候，任正非顯然偏袒了李一男，並承認自己在協調兩人關係方面的失誤，讓鄭寶用脫身出來搞資本運作。

李一男獨掌研發大權三年，成績斐然，就在他希望繼續向下一個目標衝鋒陷陣的時候，任正非卻將他調離研發部門，去市場部。任正非多次強調技術賣出去才有價值，開發人員只有經過市場體驗，才能開發出客戶真正需要的產品，才能在技術上更上一層樓。正是出於對李一男的信任和喜愛，甚至把他看作華為未來接班人的心理，任正非才會如此鞭策這個年輕人迅速成長。但李一男對任正非為他設計的這個上升通道並不理解，並且心生不滿。沒過多久，任正非又讓李一男去擔任安聖電氣總經理和華為美國研究所所長。

與此同時，任正非預感到華為的冬天即將來臨。為了應對電信業的冬天，他迅速做出決定，把華為的分銷、培訓、軟件開發、終端設備等業務外包給華為的創業元老。這樣一來，華為就可以把全部精力集中在核心競爭力的提升上，但結果卻事與願違。

李一男在安聖電氣總經理和華為美國研究所所長的位置上，屁股還沒有坐熱，就做出了一個讓所有人都震驚的決定——辭職創業。

任正非接到李一男的辭職信後，既驚訝又氣憤，還有幾分無奈，他苦口婆心地對李一男加以挽留。但說話極有誘惑力的任正非，經近半年的溝通、勸說，也沒能打動李一男的心，對方去意已決。任正非無奈地嘆道：「該走的沒走，不該走的如李一男這樣的技術尖子卻跑了。」

　　任正非這句無心之語使一個人極為不滿，他就是總工程師鄭寶用。他非常生氣地跑到郭平的辦公室，當著另外兩位高管的面說：「老闆是什麼意思？他倒是把話說清楚，誰該走，誰不該走？在很多事情上，我已經做了最大限度的讓步，難道他心裡不清楚嗎？我希望他給我一個解釋！」

　　郭平從未見過一向溫和的鄭寶用會發這麼大脾氣，連忙勸道：「鄭總你先消消氣，老闆雖然說過這樣的話，但肯定不是針對你。你知道，他早說過要再搞一次清理運動，清除那些『沉澱』下來的人，只因孫總反對才沒有搞下去。我認為他說的該走的人是那些人，像你這樣的領軍人物，老闆擔心你跑都來不及呢，怎麼會主動說讓你走呢？」

　　鄭寶用聽後火氣消了一些，但還是想讓任正非把話說清楚。這兩位高管擔心鄭寶用去逼問任正非，會讓任正非下不來台，忙一起勸阻。鄭寶用人緣好，即使不給任正非面子，也得給同事的面子，也就借坡下驢了。

　　二○○○年底，剛過三十歲生日的李一男帶著價值一千多萬元的華為設備和一批研發、銷售菁英來到北京，準備創辦港灣網絡公司。

李一男走的時候，正是任正非發出「華為的冬天」即將來臨的預言前幾天。任正非心裡五味雜陳，埋怨、氣憤、失望、傷心、憂慮，更多的是不捨。換作另一個人，他可能會罵上三天三夜，但他對李一男表現出了非凡的大度，在深圳五洲賓館給李一男開了一個盛大的歡送會。在歡送大會上，李一男深情地宣讀了內部創業的個人聲明，他說道：「任總和孫總充分地尊重我的個人選擇，尤其感激的是，任總以寬大的心襟對我並不成熟的內部創業想法給予了鼓勵，當時感到的是一股暖流湧進了心中。」

李一男的聲明說得很隱晦，僅從字面上看，似乎他出走華為是受任正非創業號召的鼓舞。但在宴席上，任正非卻拉著李一男的手說：「你是不該走的，什麼時候想回華為了就回來，華為的大門永遠為你敞開。」

李一男走後，華為內部許多人傚傚李一男出去「創業」，部分員工甚至偷盜華為的技術及商業祕密，推動華為公司分裂。

面對這一局面，任正非並沒有把責任完全推到李一男身上。他認為李一男並不是「反叛」，只是受了別人慫恿，「真正的始作俑者是西方的基金，這些基金在美國的IT泡沫破滅中慘敗後，轉向中國，以挖空華為，竊取華為積累的無形財富，來擺脫他們的困境」。

這時，華為的競爭對手也趁機利用那些出去創業的華為人創辦的公司來制約華為，一時間，眾多研發骨幹、市場骨幹心態浮躁，紛紛產生了出去搏一把的衝動。很難想像，一旦華為的骨幹力量陸續出走自立山頭，華為將會面對怎樣的困境？

在內外交困的背景下，非常害怕越冬、危機感極強的任正非一面發出「嚴冬來了」的警告，一面採取緊急的挽救措施。這些措施的核心是：要調整組織結構，均衡發展，抓好短的一塊木板，不能靠沒完沒了的加班，一定要改進管理（這個加班問題始終在華為存在）；要有責任感，每個員工在本職工作中應對事負責，而不是對人負責；要推進公司合理評價幹部的有序、有效的制度，保持幹部隊伍的純潔性；不要盲目創新，既要創新更要穩定。任正非採取積極措施，加強信息安全、交付件的管理，逐步使研發穩定下來；加強市場體系的幹部教育與管理，市場崩潰之風漸漸停住了。他還連續幾次主持召開幹部大會，穩定組織，鼓舞士氣，終於把華為從崩潰的邊緣拉了回來。

　　二○○一年三月，任正非抱著「學習度過冬天的經驗」的目的，踏上了日本的國土，對幾家著名的高科技企業進行考察。他在考察後撰文談到自己思考的問題：日本企業為什麼會經歷那麼長的冬天，從二十世紀九○年代初起，連續十年低增長、零增長、負增長……這個冬天太長了，日本企業是如何熬過來的，它們遇到了什麼困難，有些什麼經驗，能給我們什麼啟示？

　　任正非發現，日本作為一個地少人多、資源匱乏的國家，「二戰」失敗又被美國軍事託管，卻在戰後創造了一個經濟神話，到二十世紀八○年代，它在許多方面已超過一直以世界老大自居的美國。這首先歸功於日本人民有極其強烈的社會責任感和使命感。松下精神、索尼精神等都含有產業報國的內容，日本企業集體的使命感塑造了日本產品的形象。在戰後最嚴重的經濟衰退中掙扎的日本人民沒有被困難壓倒。

到了二十世紀九〇年代，日本企業又遭遇寒冬。幾度深處嚴冬之中，日本企業對冬天的體會尤為深刻，有很強的危機感，因而日本企業都會在危機感驅動下去轉型、去變革、去創新、去尋找新的機會。有人將企業比作一條船，松下（即松下電器產業公司，簡稱「松下」）就把企業比作是冰海裡的一條船。在松下總部，不論辦公室還是會議室，抑或通道的牆上，隨處都能看到一幅張貼畫，畫上是一條即將撞上冰山的巨輪，下面寫著：「能挽救這條船的，唯有你。」其危機意識可見一斑。

任正非認為，「日本目前雖然遇到了困難，但其國民的忍耐、樂觀、勤奮和奮鬥的精神未變，信念未變，對生活和工作的熱愛未變」。經歷十年經濟低迷後的日本，絕大多數企業已經連續八年沒有增加過工資，但社會依舊平靜、祥和、清潔、富裕與舒適，人們依舊兢兢業業地工作，任勞任怨地為日本振興做出自己的貢獻。任正非要求華為員工永遠保持一顆積極向上的心，尤其應該向日本人民學習，即使在經濟不景氣的時候，也不怨天尤人，而是信心百倍地以高度熱情投入到工作中去。

任正非總結說，日本企業的「度冬」之道，還有一點非常值得重視，那就是「順勢」而為，「冬天是客觀規律的表垷，一定要充分認識到客觀規律是不隨人的意志而轉移的」，「我們不能與規律抗衡，我們不能逆潮流而行，只有與潮流同步，才能極大地減少風險」。他認為，順應市場變化的大趨勢，順應社會發展的大趨勢，就能使企業避免大風險。

任正非強調，日本企業之所以能夠在漫漫長冬中有如此卓越的表現，還在於它們普遍擁有核心競爭力——精益管理，持之以恆地改善管理。同時，它們還在拓展新的競爭力。這也許是中國企業應對「冬天」最大的挑戰。

「成功是一件靠不住的事，依靠過去的成功可能就走向失敗了。」這是任正非經常掛在嘴邊的一句話。什麼叫成功？是像日本那些企業一樣，歷經九死一生還能好好地活著，這才是真正的成功。而華為的發展太順利了，還不能說是真正的成功。或者說，華為沒有成功，只是在成長。

任正非進一步闡釋，活下來才是真正的出路，普遍客戶關係是差異化的競爭優勢，要爭取更大的市場份額和合同金額，公司規模是未來運營商合作的基礎，但公司從上到下杜絕用五百強這個名詞，永遠不說進入五百強，華為公司垮了再起來，再垮再興起，才有可能。

經過這次考察，任正非認識到，公司是一條供應鏈，將來的競爭是供應鏈的競爭。華為供應鏈上要連著數百個廠家，有器件的、標準的、系統的、合同的製造商，分銷商，代理商，是個非常龐大的體系。這個體系要當成華為的同盟軍，一件件的小袷襖送來，冬秋的棉襖就夠了。

四、同城反目

面對華為內部的危機，任正非善於反思並採取了一些積極措施，

到二○○一年，華為內部基本穩定下來，但來自外部的威脅和煩惱並沒有完全消除，任正非經歷了數場小規模的「戰爭」，首先遭遇的是同城兄弟中興。

華為和中興的戰爭不是偶然的擦槍走火，而是全方位的，從人才到市場、研發，再到技術情報間諜戰。大約從一九九六年開始，中興老總侯為貴決定突破原有產品結構上的單一性，向交換、傳輸、接入、視訊、電源、移動、光通信等多元化領域擴展。湊巧的是，任正非也在同一年為華為制定了發展計劃，在產品結構上與中興幾乎如出一轍。同行是冤家，戰爭有其必然性，只不過當時還處於備戰狀態。

一九九八年清華園招聘會，同城兄弟頭一回有了針鋒相對的苗頭，接著又在湖南、河南兩省的交換機投標會上就電源產品打了一場價格戰和一場官司，雙方各有勝負。

進入二十一世紀後，人們談論中國企業界，在任正非所從事的這個行當，總喜歡把他與侯為貴相比，評價二人的做事風格時會說侯為貴是「以和為貴」，任正非是「是非不分」；華為壯大後，兩家公司在業界又有了「華為是狼，中興為牛」一說。

劉平在他的《華為往事》中有這樣一段描述：

有一次，我陪任總見一批郵電局的客人，談到興起的時候，任總脫下襪子，一邊摳腳丫子，一邊慷慨激昂地給客人演講。中興的掌門人侯為貴看上去像一個退休的老工程師，溫文爾雅，說話慢條斯理。

有一次參加中國移動的簽約儀式酒會，我和侯為貴及中國移動的領導坐在一桌。席間，侯為貴只是眯眯笑著，很少說話。他們兩人性格不同，但並不妨礙他們成為成功的企業家。

其實，任正非和侯為貴只是因為生活經歷和環境不同，才一個顯得比較粗獷，極具軍人氣質；一個則顯得比較細膩，更具知識分子和技術幹部風範。侯為貴的語言能力和演講才能就像他的性格那樣，溫和、穩健，雖然缺乏任正非的偏執、犀利、思辨的鋒芒，但卻以其中庸而深刻的哲理，影響著中興的「氣候」。他們兩人帶領的團隊和企業的性質也截然不同，一個由草根萌生，一個脫胎於國企，所以企業文化也必然有差異。對任正非而言，企業最重要的是活下來，他本人的決策、高管的輔助和員工的執行三者合起來就決定了企業的生死存亡，企業運作的高風險使得任正非需要所有華為人共同承擔風險，而唯有給予足夠的利益和灌輸艱苦奮鬥精神，才能促使員工承擔起風險。對侯為貴來說，正確理解政府意圖並讓員工領會，在關鍵時點上得到政府的幫助是最重要的，企業沒有生死存亡的問題，只有收益的問題。中興高級副總裁何士友這樣描述侯為貴和任正非的工作作風：「我初次接觸侯總的時候就感覺他像國有企業的廠長，一個老工程師的感覺，對人比較慈善和友好，他比較強調人性化的一面。而華為完全按照軍事化的方式管理人，賞罰比較清晰，他認為好的事情他就會很快去做，如果你做得不錯，他可以把你捧到天上去；如果做得不好，他可能一腳把你踩在腳下，這使華為員工之間的競爭很激烈，也很殘酷，每個人都承受著巨大的工作壓力，我的一位同事說晚上睡覺

都在做惡夢。」他對任正非的評價貶多於褒。

如果說任正非和侯為貴之間只有差異，也許就不會有戰爭。事實上，他們都有遠大的抱負，都有對科技的熱愛與追求。在他們所處的那個年代，一般人在四十多歲的年齡就已經開始考慮退休以後的事情，但他們卻來到深圳，開始艱苦的創業之路。正因為他們的戰略目標相似，且前進方向也一致，「搶道」的事情就無法避免，必要時只好不顧甚至違反交通規則。

既然要爭，就得做到知己知彼。從一九九八年到二〇〇一年，華為和中興互派「諜工」到對方公司臥底，主要是搞技術情報，搞不到技術情報就搞會議紀要，連市場動態、人事變動等都在蒐羅之列。華為的高層領導一般會看競爭對手每週或每月的動態。

一天，華為副總裁洪天峰來向任正非反映一個重要情況，並拿出一盒錄音帶。這是一個保安提供的電話監聽錄音，是從用服中心大廳裡的公用電話打出去的，受話方是中興一個部門的號碼，內容是關於向對方提供A8010接入服務器源代碼的交易。任正非聽完錄音後，表情凝重，馬上找來費敏、劉平等人開會，要求徹查「內奸」，並要各技術部門重點清查與中興有關聯及交往密切的人。A8010是華為中研部開發的拳頭產品，也是當時市場占有率最高的一款產品，國外的類似產品初期每線出貨價高達一千二百美元以上。華為推出A8010後，把接入服務器市場價做到每線僅數百元人民幣，產品市場占有率一度高達百分之七十以上，任正非對這個系列的產品特別重視。而中興在華為的A8010全面進入市場一年後，才開始開發接入服務器。

中研部能夠接觸A8010源代碼的人並不多，劉平很快就查出了「內奸」。這事剛完，《華為人》主編離開華為投奔中興又興起了一陣波瀾，歷時兩年才平息。經過這兩件事後，華為各部門主管、各辦事處主任都收到了總部下發的補充通知：招人的時候要注意應聘者的工作背景，防止間諜。之前華為就明文規定，夫妻不能同時都在華為工作。補充規定進一步明確華為員工的配偶或是男女朋友不得在中興工作。少數管理幹部和技術骨幹，配偶已在中興工作又不願調離的，華為對其本人要限制使用。

　　中興與華為的競爭在市場上表現得更激烈。進入二十一世紀後，雙方首先在國內小靈通市場上交鋒。任正非認為，中國聯通短期內很難上馬CDMA項目，即使幾年後再上這個項目，也不會選擇相對落後的CDMA95，而是直接選擇更為先進的CDMA2000。因此，任正非迅速撤掉原來的CDMA95小組，轉攻CDMA2000。同時，多年與中興交手的經驗告訴任正非，中興習慣於跟在華為的屁股後面轉，這一次也不會例外。

　　不過，這一次任正非卻判斷錯誤。他這個看似無可挑剔的決定為對手爭取到了反擊的時間，因為他忽略了一個很關鍵的東西──中興是受政策扶持的國有企業，有關政策導向肯定比華為占優。

　　當時，全球僅有二千萬左右CDMA用戶，不論技術優勢還是市場份額，所有廠商都處於同一起點。如果中興能順利拿下CDMA市場，不僅能彌補多年來在GSM領域落後華為的遺憾，還能給華為狠狠一擊。留給侯為貴的，是一個向左走或向右走的選擇題，選對了會

給中興帶來一次飛躍，選錯了則可能全盤皆輸。

侯為貴冷靜地分析了當時的CDMA市場：聯通肯定會上馬CDMA項目，而CDMA95標準不遜於GSM，從安全性能角度考慮，移動網絡不可能不經過CDMA95階段的檢驗就直接跳躍到CDMA2000，而且，即使轉向研發CDMA2000也需要CDMA95標準的積累。基於這一考慮，侯為貴決定將重心放在研發CDMA95項目上，同時投入了很小一部分資源研究CDMA2000標準。

當風靡日本的小靈通技術被UT斯達康引進國內後，迅速在全國掀起了一股熱潮。網絡運營商認為它建網速度快，投資小；用戶則覺得它經濟方便，與手機相比，只花百分之二十的錢就能享受百分之八十的服務。與此同時，業內展開了一場關於小靈通技術是否落後的大討論。任正非研究小靈通技術後認為，這項技術比較落伍，不出五年就會被淘汰，而且電信主管部門對待它的政策也不明朗，因此他選擇放棄。

巧合的是，就在華為宣布放棄小靈通業務幾天後，侯為貴宣布中興今後幾年的市場主攻產品就是小靈通。中興又一次拾起華為放棄的市場精耕細作。侯為貴做出這樣的決定並非意氣用事，他認為當時中國移動的移動業務發展迅速，而中國電信的固話業務增長緩慢，中國電信一直想建一個移動網，小靈通正好是一個不錯的選擇。

二〇〇〇年，當浙江餘杭電信局在中國第一個將無線市話技術轉化為小靈通網後，小靈通發展的勢頭一發不可收拾。中興得以跟UT斯達康一起分享市場，占據了近百分之四十的市場份額。二〇〇一

年，中興小靈通銷售額達到二十三點九六億元，利潤占到當年總利潤的百分之二十五點七四。任正非不由得追悔莫及。

二○○一年五月，中國聯通第一期CDMA再次正式招標，最終選用的標準正是CDMA95的加強版！在國內幾乎沒有競爭對手的中興，自然輕鬆中標，一舉獲得十個省共百分之七點五的份額。緊接著，憑藉一期優勢，在二○○二年十一月底中國聯通CDMA二期建設招標中，中興又獲得了十二個省分總額為十五點七億元的採購合同。

中興的強勢反擊，使得華為兩次投標都顆粒無收，這讓凡事都要爭先的任正非十分鬱悶。

事後，任正非總結失敗教訓說，思想家的作用就是假設，只有有正確的假設，才有正確的思想；只有有正確的思想，才有正確的方向；只有有正確的方向，才有正確的理論；只有有正確的理論，才有正確的戰略。「我們公司前段時間挺驕傲的，大家以為我們是處在行業領先位置。但是他們用了半年時間做了戰略沙盤，才發現我們在全世界市場的重大機會點上占不到百分之十，弟兄們的優越感就沒有了。知道如何努力了，這就是假設——假設未來的方向。」在任正非看來，自我批判不是為批判而批判，也不是為全面否定而批判，而是為優化和建設而批判，總的目標是要提升公司整體的核心競爭力。

任正非在自我批判之後，很快進行了產品研發調整，把以前由研發部門獨立完成的產品研發，變成研發、市場、用戶服務等全流程的團隊運作。在產品研發方案形成之前就考慮客戶現實和潛在的需求，

共同完成產品從研發到生產、銷售的全過程，從而真正實現產品研發與市場的同步，提高研發「一次做對的概率」。

不過，華為是很難在小靈通業務上追趕中興了。國內的CDMA市場很快便被中興和國外巨頭瓜分殆盡，而華為手裡還握著自己投入巨資打造的CDMA2000產品線，雞養大了，卻只能乾瞅著不下蛋。由於全世界廠家都寄希望於中國這塊當前世界最大、發展最快的市場，而拚死爭奪，形成了中外產品撞車、市場嚴重過剩的巨大危機。大家拚命削價，投入惡性競爭，外國廠家有著巨大的經濟實力，鞏固已占領陣地；中國廠家仍然維持現在的分散經營，相互拚下去將是兩敗俱傷。任正非決定戰略轉移，另想出路，為此，他再次瞄準了海外市場。

第七章

衝向世界

中國企業或產品在時常不被認可的國際市場上，起步「走出去」是艱難的，華為走向世界的道路曲折而漫長，但它靠著毅力、信念、決心和使命感，不懈前行，奮力衝出重圍，打下了一片天地。

一、重新打造「鐵軍」

任正非的海外夢已經做了六七年了，自從公司步入正軌後，他一直沒有停止過向海外進軍的腳步，只是這條路荊棘密布，漫長艱難。市場人員在俄羅斯奮戰五六年，才拿到一個不值一提的小單；在印度三四年，才讓印度人知道世界上還有一個「華為」；直到千禧之年，「正規軍」才替代「游擊隊」陸續進駐中東和非洲，但仍侷限於零敲碎打，離國際化的市場營銷還相去甚遠。

但在二〇〇一年初，隨著李一男、劉平兩撥人的先後離去，華為的技術幹部隊伍遭遇了嚴冬的一次雪崩，一批高級管理幹部和技術骨幹流失，老將鄭寶用不久也因病住進了醫院。

儘管如此，任正非仍迎著寒冬的風雪，堅定地跨出國門，將主戰場轉移到亞非發展中國家；同時，他又把目光投向經濟高度發達的歐洲，準備在英、法、德、荷等國打持久戰。

在這種情況下，為了配合即將上馬的海外戰略，華為開始大量招兵買馬。

任正非把孫亞芳、郭平、費敏、張建國、徐直軍、洪天峰、胡厚崑等幾員大將召集在一起，專門討論技術幹部儲備和市場骨幹培訓、

派遣問題。會上，任正非一臉嚴肅地說：「華為剛剛遭受了一場不小的災難，有些人變成了光桿司令，需要大量招兵買馬。大家今天議一議，對新兵的要求，如何培訓、派遣，拿一個具體方案出來。現在華為的體質太虛弱了，需要注入新的基因——引進丙種球蛋白。大家知道丙種球蛋白是什麼嗎？它是一種免疫球蛋白，這東西太有好處了，如果把這種特異性抗原物質接種到機體，人體將產生特異性免疫力。華為要提高免疫力，一條常規的路子就是通過引進外部人才使內部機制永遠處於鮮活。」

與會的都是高級知識分子，不用任正非多解釋，大家都明白了他的意思。不怕人員流失，流失了可以再招；就怕人員沉澱，沉澱了企業就沒有活力，就會死亡，因此需要注入丙種球蛋白。按照以往的慣例，像這樣的討論會一般任正非發言之後孫亞芳會作一個簡短說明，講明任正非的意圖或自己的看法，但這次她卻一聲不吭。去年任正非說要再搞一次內部人員清理運動，孫亞芳極力反對，運動沒有搞起來，但還是有一大批優秀員工流失了，華為眼下的危機主要是人心不穩，人才危機，尤其是專業技術和管理人才。

徐直軍見沒人發言，便說：「我個人認為，最需要注入活力的仍然是營銷部門。不僅國內的市場人員需要補充，而且海外各國各地區的人員也要大量補充。開拓海外市場更需要一批免疫力超強的人，不僅需要相關專業知識，還需要有極大的熱情和迅速適應複雜環境的能力。我有個提議，就是海外市場人員可以在當地招聘，徐文偉也曾提出過。這樣有一個好處，可以減少市場人員熟悉環境的時間。」

「徐副總講得不錯，的確可以節省見習時間和派遣成本。不過，這會給統一管理帶來麻煩。研發人員也罷，市場人員也好，還是保持相對穩定比較好。」副總裁胡厚崑說。

費敏接過話頭說：「研發部、中試部都是重災區，技術幹部比一般的市場人員更需要長時間穩定，這一點大家都清楚。我覺得，像我們華為這樣的高科技企業，技術骨幹是否穩定，會直接影響公司的發展方向，尤其在我們向海外大舉進軍的時候。」

他們的發言，將討論的話題引到專業技術人員和市場人員到底是穩定還是開放流動上來了。其實，他們對任正非的人才戰略都有些不滿，如果按任正非的戰略來，搞不好他們隨時都可能變成光桿司令。

孫亞芳知道，任正非喜歡有活力的年輕團隊（餓狼），而老隊員（飽狼）已無生存之憂，他們會時不時停下腳步喘口氣，放緩節奏（漸漸沉澱）。他希望以餓狼來替代飽狼，使公司保持快速成長，但這完全是他的一廂情願。幾年前她之所以要帶領市場部全員辭職，是因為當時市場人員良莠不齊，管理沒有章法，必須推倒重來；而制度建立起來後，一切都可以照章辦事，沒必要再大張旗鼓地搞「群眾運動」。但任正非的思想還沒有完全轉過彎來，或者說他仍不願意放棄這個行之有效的辦法。所以，孫亞芳的發言既不能直接反對任正非的本意，又不能與智力超人的高管們意見相左，說什麼和怎麼說，她得先理清思路。

孫亞芳思考良久才說：「各位都知道，華為真正吸引人才的地方只有兩點：一是有一張成就事業的藍圖——願景，也就是任總為華為

確立的目標；二是有將餓狼快速餵飽的食物──高薪。這可以說是招攬人才的兩大法寶，非常成功。可是大家有沒有想過，我們為什麼會遭遇這次可怕的雪崩呢？因為我們太倚重這兩大法寶了。在華為，兩三年就可以餵飽餓狼（如果他足夠優秀的話），這麼短的時間，剛好將他訓練出來，本可以發揮更大的作用，卻馬上被替掉了，非常可惜。而公司想留住的人才，他們的事業心或者說野心又太強，要自己做頭狼，所以他們會在自己的願望無法迅速在華為實現的時候，毫不猶豫地離去。我再打個比方，近幾年來，我們公司像淘金一樣招攬人才，先挖來了大量的金礦石，然後反覆在水裡淘洗，最後只剩下一小把金子，金子有了，本想讓它發揮作用，但它卻從我們的手指縫中漏掉了。從一九九六年到二○○○年，我們招聘大學本科以上的人才不下三萬人，相當於兩所重點大學五年的招生量，經過培訓、試用、業務指導，最終才留下一小部分人，這些人是來之不易的，如果讓他們像金子一樣從我們指縫裡漏掉，實在可惜。社會上傳言華為的人才流失率高，這一點也不假。華為不能成為人才集散地，我們必須想辦法留住華為想留住的人，讓『狼群』在矛盾和平衡中不斷奔跑。」

任正非掃了在座的人一眼，暗想，今天這個討論會好像變成了對自己的批判會，那些離開華為的人又不是被我趕跑的，但他不便發怒，也不好辯駁，問道：「孫總所說的『讓狼群在矛盾和平衡中不斷奔跑』應該怎樣解釋？」

孫亞芳沒有直接回答任正非的問題，而是拿出一份材料給大家看。其中有華為近五年的招聘和人才流動情況統計，每年向公司外的人才流動率都在百分之十五以上；還有華為人力資源管理體系簡概圖

表，包括任職資格系統、科學考核方法、分配激勵機制、業務管理、文化價值觀、遠景與戰略目標。業務管理又分為選（招聘調配）、育（培訓開發）、用（績效管理）、留（報酬認可）四個支撐板塊。當然也談到了流動問題，她主張開放內部人才市場，人才在各部門間流動；管理幹部上下流動（可上可下）。

任正非看後，對他的幾位幹將說：「你們看孫總的思維縝密而新穎，我總是一副老面孔，思想趕不上你們這些年輕人了，也不懂什麼管理，所以我得加強學習。未來公司需要什麼樣的幹部，我認為未來公司需要的管理幹部是對市場有深刻體驗和寬文化背景的人，寬文化背景怎麼理解，大雜燴，什麼都懂一點。要成為高級幹部，都要有寬文化背景；幹部要進行必要的循環，這是寬文化學習的好機會。」

任正非最終妥協了。這次會議探討了有關人力資源管理體系的一系列問題，重點對孫亞芳提出的選、育、用、留四個支撐板塊進行討論，並臨時議定將人才招聘權下放給各部和辦事處，總部主要負責培訓。會後，任正非決定在華為新園區（位於深圳龍崗阪田，正在修建中）設立華為大學，專門培訓內部員工。

隨後，華為開始了新一輪的「圈人」計劃。二〇〇一年度華為各部、辦事處招聘了七千多人。重慶郵電大學電信專業一個四十餘人的畢業班，三十九人被華為招走；東南大學無線電專業三十人的畢業班，二十五人進了華為。這種整班成建制的「掠奪性」招人頻頻在高校上演。華為的校園招聘不但很專業，而且口氣不小。華為人力資源部副總監到一所知名高校後，竟說出這樣的「狂語」：「工科碩士研

究生全要，本科的前十名也全要。」

　　話雖這麼說，但華為並不是那麼容易進入的。華為真正需要的是什麼人呢？下面還是引述一個女生的應聘故事吧。

　　面試在深圳大學大禮堂進行，好幾十個學生被分成四人一個小組，每個小組有一個面試官。面試過程很「殘酷」，只要不入面試官的法眼，或是答不上面試官的提問，面試官就會說「你可以走了」，也就是被當場淘汰。

　　那天和這位女生分到一組的有三個男生，她剛走到面試官面前還沒來得及坐下，面試官只瞄了她一眼就冷冷地說：「你可以走了，我覺得你不合適！」

　　她很震驚，也覺得很沒面子，可是她沒走，嘴上沒說，心裡卻很不服氣：你根本不認識我，憑什麼看一眼就認為我不合適，憑什麼就讓我走！不過，當時這位女生並沒有吭聲，因為她覺得當面「質問」面試官既沒有禮貌也顯得自己很沒風度。女生想，等面試結束後再與面試官理論也不遲。

　　這時另外三個男生都坐下了，女生可不管他們是怎麼想的，也坐下了。面試官並沒有趕她走，只是當她不存在，然後開始對其中的一個男生發問：「你最得意的一件事是什麼？」可能是因為緊張，那個男生竟不知如何作答，支支吾吾地說自己還沒有工作，也沒有做出什麼特別的成就，所以也沒什麼得意的事。女生心裡很著急，覺得他的

回答有點偏題，她可不願意他在第一道檻上就被淘汰，於是在邊上悄悄地提醒他：「你可以說一件在學校裡做過的你自己感到最滿意的事情……」

面試官看了女生一眼，她也不以為然：你不至於給我加上一條作弊的罪名吧，這個時候該幫人一把的，反正我已經是「不合適的人」了——這應該就叫「無欲則剛」吧。

不過，接下來的形勢不容樂觀，三個男生相繼被淘汰了，最後只剩下她一人。面試官還沒跟她對上話呢，不過，現在看上去面試官是有話要說了。女生仍然不動聲色。終於，面試官開口了：「那三個人應該是你的競爭者，可我剛剛看你一直在幫助他們，你為什麼要幫助他們？他們答不上來不是對你更好？如果他們都淘汰了，你的機會豈不是就來了？」女生說：「我不認為他們是我的競爭對手，如果都能通過面試，將來大家可能還是同事，有困難自然是要幫一下的。」

對於她的回答，面試官不置可否，又重提先前那個話題：「我剛剛已經對你說了，你不合適，你可以走了。你為什麼不走呢？」

女生覺得機會來了，該是自己說話的時候了。於是，她的「不滿」終於有機會宣洩了：「我覺得你並不了解我，所以我要留在這裡給你一個了解我的機會。第一，我非常仰慕華為，因為我被華為的企業文化和用人理念吸引，所以我很鄭重地投出了我的簡歷，也很高興能參加這次面試。可是，我完全沒有想到我會遭遇如此當頭一棒。第二，我還想對你說一句，我認為你的態度對一個面試者來說很不友善。因為今天我是面試者，明天我可能是你們的員工；我更可能是華

為的潛在客戶。可是，你今天這樣不友善的態度給我留下了深刻的印象，今天我可能成不了華為的員工，但明天我可能不再願意成為華為的客戶。第三，你今天的不友善影響了我對華為的看法，明天還有可能影響到我所有的朋友對華為的看法，你知道，你可能趕走了不少你們的潛在客戶！」

面試官笑了，對女生的表現非常滿意。因為從一開始，面試官就給她出了一道面試題：如何面對挫折。要知道，這次招的是銷售人員，在未來的工作中，面對的將是無窮無盡的拒絕和白眼，別人的態度可能比這位面試官壞好幾倍。如果連這樣還算禮貌的冷臉都無法面對，又如何去面對未來的困難呢？華為需要的是不怕挫折和失敗的人。

一年招聘七八千名應屆畢業生，恐怕只有任正非敢這樣做，在世界五百強中，恐怕也只有華為連續幾年都這樣做。大量的新兵來了，培訓的工作量很大，小小的「西鄉軍校」改為幾個特訓營。培訓既有老套路，又有新內容，相比前幾年更加系統化。對於新員工來說，華為的培訓過程就是一次再生經歷。

做市場進入培訓一營，不是教授銷售技巧，而是教授產品，即使文科生也要接受產品技術培訓，從通信原理開始，直到工廠參觀。僅僅讓新人知道技術還不成，還要知道客戶在想什麼。三個月後，華為會把新人派到「用戶服務」前線去，到地方和用戶服務工程師一起幹，再過三個月才能調回總部。進入二營，培訓內容轉為市場和客戶

服務，觀看膠片和VCD，一遍遍地聽老師介紹，私下彼此輔助交流，然後被安排到客戶服務展廳去，向客戶講解產品；後面還會根據不同的崗位接受不同的考驗。在整個培訓過程中，新人幾乎一年內「白吃白喝」，任務就是學習。

其中值得一提的是企業文化灌輸，又稱為「洗腦」或精神洗禮。首先是塑造「狼性」，這被作為華為企業文化的核心內容傳承下來。危機感、艱苦奮鬥精神、平等、壓強原則等都是華為開疆拓土的法寶，「狼文化」讓華為擁有了一批素質較高、吃苦耐勞的開發人才和銷售人才，從而更好地推進低成本的競爭策略。

其次，植入核心價值觀，對勞動潛力進行最大挖掘。通過基層管理者角色認知、團隊管理、績效管理、有效激勵和公司人力資源管理政策，轉換員工思想，植入管理意識和觀念。員工接受並融入華為的價值觀，完全拋棄自己原有的概念與模式，而注入華為的理念。華為人的心理契約，從進入公司的第一天就開始逐漸形成。華為培養出來的營銷人員，會本能地相信自己的產品是最好的，而且願意去最困難、最偏遠的地區開發市場。

如果新人經過培訓達不到這樣的自覺性，還有一種辦法，那就是逼著員工更優秀。

華為為員工設計好了職業成長之路，即「五級雙通道」模式。雙通道就是「（行政）管理」與「專業」兩個通道，其中，專業通道可以細分為技術、營銷、服務與支持、採購、生產、財務、人力資源等子通道，向上晉陞分為五級，由助理工程師、工程師、高級工程師、

技術專家、資深技術專家五大台階構成。管理通道大致分為：普工（初級）、班長（二級，不在管理幹部之列）、監督者（三級，基層管理者，小部門經理）、中層管理者（四級，部門總監，辦事處主任、大區經理）、領導者（五級）。有趣的是，華為把中層管理者也稱為總裁，因此，華為的總裁特別多。為了加以區別，總裁又分為五檔：總裁、常務副總裁、高級副總裁、執行副總裁、助理總裁。同時，級別與負責的部門往往是不對等的。華為從一九九八年開始採取矩陣式管理模式，要求企業內部的各個職能部門相互配合，通過互助網絡，任何問題都能做出迅速的反應。為了便於上下級溝通合作，華為內部還設立了各級管理委員會，這又體現了集體決策原則。華為對客戶的服務是一個系統，幾乎所有部門都會參與進來，可想而知，假如沒有團隊精神，一個完整的客戶服務流程根本無法順利完成。

在這種通道模型中，每個員工都可以根據自身特長和意願，選擇向管理方向或專業方向發展。儘管兩條通道的資格認證都比較嚴格，但每個崗位都有幾個達到任職資格的人等著，競爭上崗比較激烈，這就迫使每個人都得做出很大努力，否則就上不了崗，或是所在崗位被別人替代。任正非在《致新員工書》中寫道：「實踐改造了人，也造就了一代華為人。您想做專家嗎？一律從工人做起，已經在公司深入人心。進入公司一週以後，博士、碩士、學士以及在原工作單位取得的地位均消失，一切憑實際才幹定位，對您個人的評價以及應得到的回報，主要取決於您的貢獻度。」

對員工的貢獻，則可以通過嚴格公正的考核來認定。對市場營銷人員來說，主要考核勞動態度、工作績效和任職資格。其中，勞動態

度是工作精神及對規範的遵守，主要涉及責任心、敬業精神、奉獻精神、團隊精神和基本行為規範；工作績效是工作的最終成果，主要包括銷售、利潤、市場和公關；最後，任職資格是為了取得工作成果所表現出來的行為，其主要標準是指完成某一範圍工作活動的成功行為，反映了工作人員職位的勝任能力，同時也要參考工作人員的知識、素質和經驗。根據考核結果來決定考核對象的工資、獎金、股金的發放數量，並且決定考核對象的晉陞機會。

華為的激勵機制也是在考核的基礎上建立起的。幹部、員工的招聘、選拔、培訓教育和考核評價、薪酬獎金和股份分紅等，已有一套比較完善的制度和規則。任正非說：「華為企業文化建立的一個前提是要建立一個公平、合理的價值評價體系與分配體系。」人力資源管理部門制定了以下原則：

（1）建立以自由僱用為基礎的人力資源管理體系，不搞終身僱用制。

（2）建立內部勞動市場，允許和鼓勵員工更換工作崗位，實現內部競爭與選擇，促進人才的有效配置，激活員工，最大限度地發現和開發員工潛能。

（3）高工資。華為稱為「三高」企業，指的是高效率、高壓力和高工資，並以經濟利益作為最明顯的激勵方式。薪酬制度的設計基於企業的發展戰略，並保證「對內具有公平性，對外具有競爭性」，這樣便能為企業吸引人才，留住人才並充分發揮人才的才能，為企業求得最大發展。任正非堅信高工資是第一推動力，因而華為提供的是

外企般的待遇，除了高工資，還有獎金與股票分紅。

與此同時，華為開始進行股票期權改革。華為的職工持股從過去的分散無序逐漸轉入職工持股工會，建立了一套複雜的持股與激勵計劃。公司不再向新員工售股，同時老員工的股票也逐漸轉化為期股。員工從期權中獲得收益的大頭不再是分紅，而是期股所對應的公司淨資產的增值部分，行使期限為四百一十年。另外，華為回購公司外部持股者的股票。

（4）提供持續的開發培訓。

（5）公平競爭，不唯學歷，注重實際才幹。

（6）管理幹部實行「能上能下」的輪崗制度。

建立一支穩定的隊伍是企業必須考慮的一個長遠戰略問題。華為這種制度的最大好處在於，組織的整體性得到了最大程度的保障，構建起了員工與企業共同成長的心理契約，將東方管理文化理念與西方的管理流程構架完美結合，使員工有多種機會和廣闊的空間去發展自己的職業生涯，實現個人的職業理想。

有人評價說，華為的這種矩陣式管理模式，就像每個人都是這台龐大機器上的一枚螺絲釘，任何一個人的離去都不會對這台機器的運轉帶來太大影響，隨時會有合適的人補位。這在某種程度上保證了華為在動盪的外部環境中高速前進，而不會受到內部的干擾。將低成本、高密度並能研發高附加值產品的知識型員工，打造成一支打不垮的鐵軍，使華為得以站在產業鏈的強勢位置。

二、倔強地走出去

二〇〇一年春節剛結束,急於為華為找到過冬「棉衣」的任正非,決定把經過培訓的大部分新兵派往海外。隊伍出發前,他在蛇口光華電影院發表了《雄糾糾氣昂昂跨過太平洋》誓師講話,他說:

是英雄兒女,要挺身而出,奔赴市場最需要的地方。哪怕那兒十分艱苦,工作十分困難,生活寂寞,遠離親人。為了祖國的繁榮昌盛,為了中華民族的振興,也為了華為的發展與自己的幸福,要努力奮鬥。要奮鬥總會有犧牲,犧牲青春年華,親情與溫柔……不奮鬥就什麼都沒有,先苦才能後甜。

……

號角在響,戰鼓在擂。前方沒有鮮花,沒有清泉……一切困難正等著我們去克服。

隨著中國即將加入WTO,中國經濟融入全球化的進程將加快,我們不僅允許外國投資者進入中國,中國企業也要走向世界,肩負起民族振興的希望。

在這樣的時代,一個企業需要有全球性的戰略眼光才能奮發圖強;一個民族需要汲取全球性的精髓才能繁榮昌盛;一個公司需要建立全球性的商業生態系統才能生生不息;一個員工需要具備四海為家的胸懷和本領才能收穫出類拔萃的職業生涯。

他的講話，讓台下的年輕人熱血沸騰，義無反顧地踏上征程。

大會結束後，任正非從影院走出來，只見外面電閃雷鳴，下起了傾盆大雨，而不遠處卻陽光燦爛。這種陰陽天氣在深圳很常見，但初春時節則比較少見。任正非眼睛眯成一條線，目光從陰霾處略過，望向遠處明亮的天空，略有所思。副總裁徐文偉剛好站在他的旁邊，他對徐文偉說道：「新兵隊伍要出發了，文偉同志，你在國外待的時間較長，能否預測一下他們的勝率有多少？」

任正非問得很籠統，計算勝率有各種各樣的方法，方法不一樣，結果自然也不一樣。徐文偉知道任正非並非想要一個準確的概率，只是表達他對大規模出征海外的擔憂。徐文偉沒有細想，答道：「在您所說的業界冬天到來之際，百戰一勝就不錯了。不過，東方不亮西方亮，何況我們這支隊伍是精挑細選出來的，又經過嚴格的培訓，一定能打幾個漂亮的勝仗。」

「是啊，這些孩子絕大多數上過大學，懂英語或日語、法語，進入公司後又經過強化訓練，但是，將軍是從上甘嶺上打出來的，不是培養出來的。他們中間有幾人去過南斯拉夫、俄羅斯？去過南非、埃塞俄比亞？除了知道剛果是一個國家的名字外，又對它了解多少？別說是去開拓市場，就是去旅遊也有不少困難吧。那裡完全是陌生的戰場啊。」任正非說。

徐文偉心想，老闆剛才在會上的講話慷慨激昂，怎麼突然一下子又變得憂心忡忡了呢，是不是在試探自己的決心啊？想到這裡，他語氣堅定地說：「任總您放心，不出兩年，他們就會變成一支鐵軍，別

說是打上甘嶺，就是登陸諾曼底也是極有可能的。您不必太過擔憂。」

任正非看了徐文偉一眼，說：「兩年？時間太長了，時不我待啊。」

任正非是個急性子，又患了「憂鬱症」，增派海外營銷人員還不到一個月，他就匆匆踏上環球巡視之路，第一站是俄羅斯。三月的莫斯科還是冰天雪地，馬路兩旁的樹林裡還有皚皚白雪，任正非和三個隨員走在滑溜溜的莫斯科廣場上，突然停下來，從行李箱裡掏出一包花生，然後一隻手拖著行李箱，一隻手冷不丁地往嘴裡塞顆花生。剛入華為不久的一名工程師覺得有些奇怪，戶外零下二十幾度，老闆卻一邊走一邊吃東西。再細看老闆面色稍顯灰暗，額頭上有細小的汗珠沁出來。他悄聲向總裁辦公室副主任打聽，才知道老闆有糖尿病，不能餓，餓了會出冷汗，進而將全身的某種細胞殺死一次。所以，出差時他的箱子裡經常塞滿了小零食和快餐面之類的東西。

他想接過老闆的行李箱，但任正非卻若無其事地說：「我沒事，不用你幫。別看我年紀大，腳力可比你們好。」

等到住進酒店，任正非搶著給大家泡方便麵，他邊倒水邊說：「泡方便麵雖然簡單，但也是有技巧的，就算是你這樣的博士都沒有我泡的好吃。」不過，大家吃他泡的方便麵似乎也品不出有什麼特別的味道，只覺得心裡暖呼呼的。等大家吃完，他還不忘炫耀一句：「怎麼樣？還是我泡的好吃吧。」

任正非這次俄羅斯之行是為了督促公司與俄羅斯國家電信部門（移動運營商MCT）的GSM設備供應合同儘快簽訂。這筆六千六百萬美元的訂單其實已經塵埃落定，也不需要他親自在合同上簽字，但他還是特意趕過來，慶祝這場持久戰的勝利。另外，他還想了解一下有關鋪設從聖彼得堡到莫斯科三七九七公里的超長距離320G國家光傳輸幹線（DWDM系統）的合同談判情況。

　　俄羅斯是華為入駐最早的國家，銷售人員開展業務雖然挫折不斷、困難重重，但任正非始終沒有放棄。除了他以外，華為至少有三個副總裁在俄羅斯做過鋪墊工作。駐俄羅斯業務代表向任正非作了詳細匯報，任正非聽了，眼中不由得有淚光閃動。幾天後，他專門為俄羅斯營銷團隊開了一個小小的慶祝會，誇讚他們「真的很猛」。簡單的言辭掩飾不住他的興奮之情。

　　慶祝會當天，總部總裁辦公室轉來南非的電報，請任正非去開普敦會見一個關鍵客戶。華為進入南非不久，業務尚處於鋪墊階段，但它是攻占非洲市場的重要陣地。任正非當即決定改簽證，飛往這個「彩虹之國」。

　　開普敦位於南非的南端，也是非洲大陸的最南端。從氣溫零下二十攝氏度的莫斯科謝列梅捷沃國際機場飛往氣溫二十幾攝氏度的開普敦，任正非擔心自己的身體一下難以適應，中途轉機的時候，特意買了三袋開心果和兩袋花生。他平時並不怎麼吃開心果，只是為了讓部下旅途開心，不會覺得時間難熬。為了讓自己忘記病痛，中途他還低聲給他們講故事。飛機快到開普敦時，他突然提問道：「很多人都

說開普敦有三個『W』，你們知道指什麼嗎？」他的問題把隨行員工都難住了，他們平時都沒有怎麼注意這個非洲國家，只在中學地理課裡學到南非盛產黃金、鑽石，比較富有，知道開普敦是非洲南端的一個港口城市，對其他東西幾乎是一無所知。任正非並不是故意為難他們，完全是因為他心情好，對華為在南非的市場前景感到比較樂觀罷了。他本人對南非的關注也是從一九九八年才開始的。現在見他們幾個人都答不上來，他便自己回答說：「women，wine and wind（美女、美酒和海風）。常年勁吹的海風把污染物、霧霾都吹走了，這裡空氣濕潤，氣候溫和，環境非常好。城市和鄉村都十分乾淨，城市是現代與整潔的結合體，鄉村則是清爽和原生態的結合體，各有特色。特別是周圍的酒莊，建築風格和酒莊環境都讓人流連忘返。如果開車去西開普敦，簡直是人生享受。更別說清澈的海水了，只是靠近大西洋一側由於有本格拉寒流所以水溫比較低，東海岸的厄加勒斯暖流就相當怡人了，若在德班下水嬉戲，那才叫愜意呢。南非不愧是非洲富有的國家啊，在那裡我們肯定是大有作為的。」

任正非的情緒感染了幾個年輕人，使他們相信此行必有收穫。

華為在南非的業務負責人，早已在阿爾芬酒店為任正非一行訂下房間。一到酒店，任正非來不及喝口水便讓負責人匯報情況。原來，華為投了南非開普敦電信的一個標，為進入第二輪，對客戶做了超前承諾，這在中國是很正常的事情。但現在測試的時間已經到了，設備卻還沒有開發出來。由於參與測試的廠商比較多，這位負責人想到了一個緩兵之計：提出能不能先測其他廠家的設備，最後再測華為的設備，以便爭取一些開發時間。

但南非電信的人斬釘截鐵地拒絕了這一提議，表示所有廠家的設備必須同時到位，並且由南非電信決定測試的順序。當然，如果華為老總親自來談，並提出充分而合理的理由，測試可以推遲，但同時也得推遲其他廠家的測試。

　　任正非針對這件事，徵求隨行工程師的意見。但兩位員工分別來自研發部和市場部，意見不一致。一個說要力爭，因為華為在非洲還沒有做過達千萬美元的單，如果這次能夠成功，勢必會帶動其他非洲國家的業務。一個則表示要慎重，即使產品已經研發出來，也需要一段時間測試完善，保證技術參數穩定後才能投入市場，操之過急會給客戶帶來損失，也會給華為打造國際品牌帶來不利的影響。

　　任正非考慮良久，最後說：「放棄吧，勝利不在於一城一地的得失。」

　　見老闆說要放棄，負責人十分訝異和失望，這可是她花了一年多時間才得來的一次機會，付出了多少艱辛努力只有她自己知道，老闆怎麼能輕言放棄呢？「任總，這可是過千萬美元的大單啊，放棄實在可惜了。」雖然知道老闆是從不輕言放棄的人，既然他決定放棄，肯定有其道理，她希望老闆的理由能讓自己心服。

　　任正非看著大家說：「我們匆匆從北半球飛到南半球，足見對南非戰場的重視。但華為的國際化是一個漫長的過程，需要長時間堅持不懈的耐心和投入。天道酬勤，付出總會有回報。以誠心獲得客戶認可，用一流的工程交付讓客戶信服，這樣才能樹立起華為的品牌。」

任正非雖然已經決定放棄，但他也要求該負責人儘快約見南非電信的客戶，打算親口對客戶說對不起。

在等待客戶見面的空閒時間，任正非與派駐另一國家的業務代表通了電話，了解當地的情況。

任正非最為關注的是華為人能不能在非洲立足。

對於到海外發展的中國企業來說，面臨的第一個直接困難是員工的人身安全和衣食住行問題。非洲許多國家的基礎設施薄弱，很多地方沒有公路。由於項目交付往往是在野外安裝、調測基站，華為的工程人員經常連續駕車三四天趕往野外站點施工。周圍荒無人煙，只有沒膝的淤泥、四五米高的荒草、猛烈的暴雨、險惡的裂谷，蚊蟲肆虐，稍不留神就會染上瘧疾、肝炎、霍亂，甚至愛滋病。他們只能自己帶上幾桶水和一些乾糧充飢解渴，很多時候吃住都在車上。

為了拜訪一個客戶，華為的員工常常連續數天，每天幾個小時在三十幾度的高溫下，西裝革履地站在客戶的辦公室門前等待，汗水將襯衣一次次由白染黃。而晚上氣溫降下來後他們根本不能單獨出門，因為謀財害命的事情時有發生。

從員工匯報中，任正非感到在非洲開拓業務面臨著難以想像的困難，華為的業務代表在巨大的生存壓力下，有時還要冒著生命的危險，以自己的才智、勇敢、熱血和健康為華為產品走向國際市場鋪基墊路。任正非一時心血來潮，說要在處理完南非公務後親自去剛果那邊調研，但立刻遭到了在座所有人的反對，總裁辦公室副主任的態度

最為堅決，她要對任正非的人身安全負責。任正非無奈，只好打消這個冒險念頭，擬定回程計劃直接飛印度。

三、強攻歐洲，無法任性

華為在非洲市場上步履維艱，在歐洲市場上也面臨著重重障礙。二〇〇〇年以前，華為派往歐洲市場的只有幾名銷售人員，他們經常往返於德國、法國、西班牙等國家之間，一般來說他們走到哪裡，華為的歐洲總部就設在哪裡。從二〇〇一年開始，任正非向歐洲增派了一大批市場人員，開始爭奪國際電信巨頭盤踞百年的歐洲市場，這一年華為加入了國際電信聯盟（ITU），其光纖系列產品穩居亞太地區市場份額的第一名。隨後，華為又以10G SDH光網絡產品進入德國為起點，通過與當地著名代理商合作，將產品先後打入德國、法國、西班牙、英國等發達國家。

歐洲大陸是一個真正的主流市場，是一個無比富饒的「產糧區」，也是華為走向世界級企業必須通過的一道關隘。

對於歐洲主戰場，頭幾年任正非基本照搬了「以農村包圍城市」的戰略，但成效並不理想。發達國家都不缺錢，缺的是對中國企業、對華為的了解和信任。

中國企業或產品在國際市場上時常得不到認可，但任正非始終對歐洲市場充滿信心。進軍歐洲時，他首先瞄準了法國電信運營商NEUF公司（原LDCOM）。這家公司的總部設在風景宜人的巴黎郊

區，CEO（首席執行官）是米歇爾・保蘭。

二〇〇一年，NEUF公司準備在法國全境建設一個骨幹光傳輸網絡。它制定的產品計劃是：用戶每個月只需支付三十歐元，就可以享受一百六十個數字頻道的電視節目、互聯網接入服務和傳統的電話語音服務「三位一體」的超值享受。為了建設這個全新的傳輸網絡，NEUF公司研究圈定了一份供應商名單（類似於英國人的「短名單」），其中根本沒有華為。但一家與NEUF公司頗有淵源的法國本地代理商打電話給米歇爾・保蘭，希望能夠讓華為參與競爭。

「就是這個電話改變了這一切，」米歇爾・保蘭解釋道，「一開始我們對華為並沒有把握，只是由於這家代理商的竭力推薦，我們才同意讓從來沒有聽說過的這家中國公司試一試。」當然，華為開出的條件也頗具誘惑——華為將以非常優惠的價格為NEUF公司建設最初的里昂等兩個城市的網絡併負責運營三個月，然後再交給NEUF公司進行評估。

能夠在最短的時間內響應客戶的需求，這是華為必須做到的。在總部各平台的支持下，華為人不到三個月就建成了兩個城市的網絡，這樣的速度很對NEUF公司的胃口，而評估的結果也非常令人滿意。相對於歐洲老牌電信設備提供商來說，華為的快速反應是優勢之一。

而在主項目骨幹光傳輸網絡上，華為也有自己的殺手鐧——質優價廉。而且，NEUF公司不需要BT那樣的二十一世紀網絡，因為它本來就是一家新型的運營商，所有的設備和系統都是基於IP的。所以，它們對華為的產品認證也不需要那麼繁瑣，一般ADSL接入設備的認

證只需要四至五個月的時間，數據通信產品兩三個月就行了。這是雙方一拍即合，沒費什麼周折就走到一起的主要原因。「這為我們節約了至少百分之十的投資，」米歇爾・保蘭評論道，「而且我們獲得了想要的速度。要知道，幾年前所有市場都是法國電信的，而現在我們已經成了它最大的競爭對手。為什麼？無非是我們動作更快一些，更冒險一些，當然，我們的價格也比法國電信便宜一些。」

這是華為在西歐市場首次做大單。

二〇〇四年初，華為開始與荷蘭Telfort公司洽談WCDMA網絡承建合同。

這個項目由駐荷蘭業務代表首先與荷蘭郵政電信部門的熟人接觸，然後再通過這位熟人引薦給Telfort公司高管。該業務代表在與郵政電信部門的熟人交談時，發現二〇〇〇年七月就已經拿到3G（第三代移動通信）牌照的Telfort公司遲遲沒有開展3G服務，不禁大喜過望，立刻向總部請求技術援助，又花了一個月時間想辦法讓華為的技術人員與Telfort公司進行了一次3G業務的交流。

與此同時，有五家移動運營商關注這個項目，除了愛立信公司（以下簡稱「愛立信」）外，還有沃達豐集團有限責任公司（以下簡稱「沃達豐」）、Orange（法國橙）、T-Mobile（德國電信下屬公司）、KPN（荷蘭第一大電信公司）四家已經展開競爭。這些公司都是世界級的大公司，都有自己的研發中心以及從技術和商業的各個角度的支持平台。而且，沃達豐和KPN已經開通了基於R99版本的3G服務。說到人脈，Telfort公司的首席執行官、首席財務官等高管不少是從是愛

立信出來的。相比而言，華為沒有任何優勢，勝算最小。

在敵強我弱的情況下，任正非決定打一場「大會戰」。通過與Telfort公司高層的多次交流，華為很快找到了Telfort遲遲不上3G的癥結所在。原來，Telfort公司擔心自己沒有雄厚的研發支持，無法開展有針對性的3G應用。另一個原因是，荷蘭是歐洲人口密度最大的國家之一，而且非常注重環保。要安裝新的基站和射頻設備，必須經過所在建築物業主的同意，需要支付的費用甚至比設備本身的價格還要高得多。

如何滿足客戶這樣的特殊需求？這個難題立刻引起了任正非的重視，經過研究，華為團隊開始對症下藥，制定解決方案。首先，華為和Telfort公司合作成立了一個移動創新中心，專門研究在荷蘭市場適合推出哪些移動服務項目。其次，華為在原來就有的小基站解決方案的基礎上，提出了分布式基站的解決辦法。華為將基站分為BBU（基帶處理單元）和RRU（遠端射頻單元）兩個分離的部分，讓兩個部分可以直接安裝到運營商原來的機櫃當中或者靠近天線的抱桿及牆面上。這樣一來，Telefort公司有百分之九十以上的站點都可以利用原有的站點，總體擁有成本比常規的方案節省了三分之一。華為的競爭優勢盡顯，Telfort公司的首席執行官托恩‧安‧德‧施蒂格對華為的解決方案非常滿意，他說：「我們就是看中了華為的這兩點。」在接受華為的方案之前，他還親自到華為深圳總部以及華為在阿聯酋的3G項目考察過，留下了很好的印象。

十二月八日，任正非飛到荷蘭，在海牙親自與托恩‧安‧德‧施

蒂格共同簽署了這單超過二千五百萬歐元的WCDMA網絡承建合同。簽字儀式結束後，任正非十分高興地宴請了所有在荷蘭的華為員工。這也是華為的老規矩──敗則拚死相救，勝則舉杯相慶。這一次，任正非破例給每一位員工敬酒，他自己也喝了不少。

宴會散後，任正非來到華為荷蘭公司的辦公樓，任正非站在樓道上，望著阿姆斯特丹・阿雷納球場，又發了一番感慨：「過去很多人說我們的營銷就是『拉攏客戶，打價格戰』，要是真那麼簡單就好了。實際上，哪一次作戰不是周密策劃的結果。市場人員採取直銷模式深入最底層，注重研究現有和潛在客戶的背景資料，包括個人性格、技術背景等，以便更好地溝通和貼近客戶，計劃制定後實現資源共享，再迅速調度和組織大量資源，形成局部優勢，這才是華為的營銷力。」

華為的業務就這樣在荷蘭鋪展開來，更多的機會正在向華為招手。二○○五年六月七日，華為與荷蘭電信運營商的老大KPN簽訂合同，成為KPN荷蘭全國骨幹傳輸網絡的唯一供應商，這個項目包括骨幹網和接入網，範圍覆蓋荷蘭全國各大城市。六月二十九日，KPN宣布支付十一點二億歐元收購Telfort公司，這引起了KPN的主要供應商愛立信的憂慮。因為此前KPN的3G網絡是由愛立信負責建設的，整個技術架構是基於已經顯得過時的R99版本。有人認為，如果此次收購成功，將使華為有機會向KPN推銷自己的全線產品。

這個時候，華為良好的供應鏈管理水平和「快速調集資源進行會戰」的能力起了作用。當KPN同時給三家供應商發出要求，讓它們

把設備運到KPN的實驗室進行測試之後，華為的設備從中國運到荷蘭海牙，竟然比歐洲大陸的阿爾卡特的設備還先到達。最後，華為如願以償地獨享了這份大餐。

在歐洲戰場，費時最久、耗資最大的是英國。

二〇〇一年，任正非在英國設立華為辦事處，配置了主任、產品經理、客服經理、技術支持總監、培訓中心總監等一整套班子。但是，很長一段時間，華為人接觸英國電信（BT）時都遭到冷遇，高傲的英國人不相信中國企業能製造出高質量的交換機，所以根本不給華為任何機會，華為連參與招標的機會都沒有。

人海戰術不起作用了，任正非不得不改變戰略，想別的辦法。二〇〇三年，他從美伊戰爭中受到啟發：後台必須專業化，前端則要個性化，針對不同國家客戶的需求，提供不同的產品組合和服務。美國打伊拉克時，見不到美軍與薩達姆的軍隊大規模作戰，美國打仗猶如玩電子遊戲，只有偵查專家、地形測量專家、軍事專家組成的三個小組深入敵後，看到薩達姆的軍隊後，馬上制定作戰計劃，直接呼叫導彈飛機去打，把薩達姆的軍隊挨個幹掉了。同樣，華為在市場一線的人離不開總部各方面的專業支持（華為已組建十大支持平台，包括技術研發平台、中間試驗平台、產品製造平台、全球採購平台、市場營銷平台、人力資源平台、財務融資平台、行政服務平台、知識管理平台、公共數據平台）。一線人員只需搞清準確的情報，與客戶接上關係，制定出相應的計劃就行了。在每一個國家，市場人員最興奮的就是能夠見到客戶，能夠拿到標書，再把辛苦做出來的標書送過去或者

寄過去。他們心裡也清楚，這些標書送過去不可能中標，因為從來沒有見過面，是不可能中標的。但是，他們希望標書發過去以後，客戶會讀它，通過標書多少了解一點華為，了解華為的產品，這樣再和客戶接觸的時候，至少已在文字上打過一個照面，就不會顯得那麼陌生了。

在外圍經歷多番打探和了解之後，華為市場人員終於獲知與英國電信開展業務的規則：必須通過他們的各種認證，然後才能被列入他們自己掌握的短名單中。那麼，如何得到認證呢？

二〇〇三年，華為總部喬遷新居，從深圳西邊的南頭遷至東面龍崗阪田；坐落於高新科技園區的華為總部從外表看就像大學校園一樣，到處是龐大高聳的樓體，色彩斑斕的鮮花裝點著成片的綠地；無論從哪個角度，都能讓人感受到它的恢宏和氣魄。細心的人還會發現，華為總部有一個客戶服務中心，在會議廳，酒吧的一側，有鋪滿厚地毯的小開間，是專為阿拉伯客戶特設的伊斯蘭祈禱室。由此可見，華為對國際客戶的服務是十分細心周到的。

隨後，華為把各國客戶請到總部來參觀，對華為的產品進行認證。令人奇怪的是，英國人到華為考察時，重點不是產品質量認證，而是華為的管理體系、質量控制體系、環境體系等認證，產品要求反而簡單，即能保障華為對客戶交付的產品的可預測性和可複製性。

在國際一流水準的專家面前，華為的很多漏洞還是暴露了出來。當英國電信的專家問道：「在座的哪位能告訴我，從端到端全流程的角度看，影響華為高質量地將產品和服務交付給客戶的排在最前面的

五個需要解決的問題是什麼？」華為在場的所有專家竟然沒有一個能夠答得上來！而英國電信的專家在考察華為時，又提出了一個問題：「華為如何保證產品的及時交付？」得到的回答卻是：「我們有非常嚴格的產品出貨率指標進行考核。」專家很不客氣地指出，對客戶來說，我們並不關心你的及時出貨率，而更關心你的及時到貨率。在英國專家考察的過程中，還有一些小插曲更是讓任正非感到尷尬。就在英國電信專家的眼皮子底下，華為一位「勇敢」的開發人員在生產現場沒有採用任何靜電防護措施，就從正在調試的機架上硬生生地撥出一塊電路板，攝在腋下揚長而去；華為武裝到牙齒、高度自動化的廠房中偏偏有一攤不知道從哪裡來的水漬……

　　經過四天的考察，英國電信的專家分十幾個單元給華為打了分，每一個單元的滿分是七分。除了在基礎設施上得到了六分的高分之外，華為的其他硬件指標也得到了較高的分數，但是在業務的整體交付能力等軟性指標上分數卻較低。離開華為之前，英國電信的專家留下了一句意味深長的話：「希望華為能成為進步最快的公司。」

　　客戶不滿意，就得積極改進，絕不拖延。任正非帶領華為大軍發揮日夜奮戰的精神，在英國電信指出的問題上進行了幾個月的「急行軍」，把「讓硬件的國際化變成整體能力的國際化」作為主要的努力方向。同時，任正非開始進行組織結構的調整，為了滿足國際大客戶的要求，專門組建了大客戶服務部，成立專門的團隊為每位大客戶提供端到端的服務。

　　二○○四年，華為針對整個歐洲市場實施了一個名為「東方快

車」的品牌計劃，強調「要讓客戶看，要進行實驗，為客戶提供解決方案」，效果更進了一步。同時華為將相關產品送到英國檢測，爭取通過英國電信的供應商認證。這一認證耗時最長、耗力最巨，並且覆蓋多達十二個方面的內容，為此華為成立了以孫亞芳為總指揮、常務副總裁費敏為總負責人的認證工作小組，成員涵蓋銷售、市場、供應鏈、人力資源、財務等諸多部門。

花了兩年多的時間和數以億計的資金，華為最終得到了這張「豪門俱樂部」的入場券（進入英國電信的「短名單」）。

二〇〇四年六月，英國電信的「二十一世紀網絡」第一次發標。競標者可謂盛況空前，大大小小數百家供應商參加了投標，而在這些競標者中，華為是最遲被列入「短名單」的一個。顯然，這是一次突圍戰，華為要從國際大牌中脫穎而出。

華為歐洲投標部主管多次召開討論會，研究制定方案。但他們幾次討論都是談失敗的教訓，互相鼓勁。他後來說：「我們當時的實力還不行，公司的品牌、團隊、供應鏈、客戶關係還沒有建立起來，僅僅上過幾次門、交過幾次材料、做過幾次演示，還遠遠不夠。大的運營商會看你的綜合能力。」

品牌戰的要素有很多，包括品牌戰略、產品定位、價值價格、渠道和營銷治理、菁英團隊、完善的管理體系（打造規範）等，任正非已經為打造華為品牌做了許多奠基性的工作。早在一九九八年，華為就已經引進了IBM的IPD項目，又在二〇〇〇年引入了IBM的ISC項目，公司從上到下已經經歷了IBM諮詢顧問挑剔的眼光，又將IP技術

引入接入網，提出了具有劃時代意義的IPDSLAM理念，因此，任正非對滿足英國電信的要求還是很有信心的。

英國電信在全球電信運營商中排名第九位，即使是全球頂級的設備商，也會由於達不到其要求而被罰得很慘。任正非認為，要想成為一流的硬件商，就要拿下一流的運營商。正因為它是一塊硬骨頭，所以更要拿下它。他收到下屬的報告後，推遲住院治療的時間，帶病飛往英國，董事長孫亞芳、常務副總裁費敏等十幾人隨行，這種陣勢在以前還從來沒有過。

英國電信的這張入場券來之不易，任正非怎能不讓它發揮最大效用呢，可是，任正非過去的「群狼圍攻」戰術和價格戰對付不了不差錢的英國人，怎麼辦？

任正非認為，首先要弄明白英國到底需要什麼，再想辦法滿足這個挑剔客戶的需求。因此，他將公司幾位決策者都帶到英國來，現場辦公，共同商討競投方案。最後明確兩點：其一，針對英國電信的個性需求制定明確的商業計劃；其二，設立專門服務機構，提供優質服務。客戶最關心的不是產品價格，而是工程交付後運行的穩定性及技術支持與服務。無論多麼先進的產品，都沒有人能保證它在運行中不出問題，所以，提供及時、全面的售後服務就顯得格外重要。任正非決定在英國設立歐洲地區總部和一個服務中心。至於英國電信的「二十一世紀網絡」全線產品，則可以和其他的供應商合作，擇優而用。

對於這樣的方案，英國人是很滿意的。二〇〇五年，華為的產品

（網絡接入部件和傳輸設備）在最保守的老牌西方國家英國獲得認可，與另外幾家國際品牌產品一起用到英國電信的「二十一世紀網絡」中。這意味著華為品牌已與國際大品牌並肩而行。

英國《泰晤士報》的權威評稱，華為在英國的作為是中國企業走向國際化的一個重要標誌。這一年，華為的海外合同銷售額首次超過國內合同銷售額。

四、客戶至上

在努力拓展海外業務的同時，任正非根據國際市場的不同需求，不斷調整華為的經營戰略。

一直以來，在華為人眼中，有三個部門對公司貢獻最大：市場部、研發部和人力資源部。任正非雖然只抓大戰略的確定，但公司三個大部門中的研發部仍是由他主抓的重中之重。與其他國際通信巨頭相比，華為沒有長期的技術積累，但任正非還是在技術研發方面找到了適合華為的路子。

任正非選擇了非核心專用芯片開發和板級開發兩個應用技術發展方向。專用芯片的開發由華為基礎研發部負責。專用芯片技術難度小，數量大，而且對公司降低成本很有作用。其主要開發模式是，由華為自己設計幾款芯片，然後找國內外專業芯片廠商加工。加工後的芯片可以用來替代直接購買現成芯片，節約了大量成本。二〇〇四年，華為專用芯片設計部門從華為獨立出來，成立了一家名叫「海思

半導體」的新公司。

市場方面，二〇〇五年第三季度，任正非對公司的業務部門進行了一次梳理，日常最高決策層和業務高級管理層重組為EMT（Execute Management Team，即執行管理團隊），包括市場和服務、戰略和市場、產品和解決方案、運作和交付等部門，主要職能分別是銷售、市場營銷、研發和供應鏈，這幾大業務部門再根據自己的實際情況調整內部的組織結構。加上財務、策略和合作、人力資源三大部門，整個華為被重組成七大部門，由孫亞芳、徐直軍等7位副總裁分管，同時取消了總裁的幾個等級。這主要是為了與國際市場運作接軌，各個EMT部門之間的日常協作完全通過流程來完成。重組後，任正非頻繁地調兵遣將，試圖吸取海外市場的經驗，進一步提升市場營銷的地位，並通過多種方式宣傳華為。由於早期銷售手法過於靈活和富於攻擊性，華為在一些國外媒體眼裡的形象是「攫取、獨裁、不包容」，因此任正非要重新打造「負責任的、有技術的」硬漢（一流硬件商）形象，樹立華為品牌。

二〇〇五年冬，在一次電信展會上，有位記者偶然遇見了任正非，問及華為未來的發展重點。任正非表示：「我也說不清重點是什麼，未來怎麼發展，我們都是糊裡糊塗的。」記者追問華為未來發展的重點是國內還是海外，他說：「不知道，我真的不知道我們將來朝哪個方向發展，但我可以告訴你，客戶指哪兒，我們就打到哪兒。」

確實，對華為員工來說，接到一通電話就飛到利比亞、阿爾及利亞、委內瑞拉等世界各個角落是常有的事，而且經常一去就是三個月

到半年，在條件落後的環境中做最艱苦的事。員工當然也可以選擇不去，但「去，就是給你一個舞台，讓你有機會學習、成長；年底績效好，還可以多認股，多分紅，為什麼不去呢」。所以，華為員工都是召之即去。

在中國人民解放軍的隊伍中，上下級之間不搞什麼特殊化，軍官首先要做到的就是身先士卒，任正非也保持了軍隊的這一優良傳統，既是指揮千軍萬馬的統帥，又是一個時常奔跑在一線的戰士，能命令他的人就是客戶。他和普通市場人員一樣，頻繁地在歐非亞及南美洲各國間飛來飛去，在「聽得見炮聲」的地方指揮戰鬥。

有一次，飛機起飛十二分鐘後，開始劇烈顛簸，幾乎是直線式向下俯衝，崇山峻嶺閃電般從窗外掠過，任正非全身肌肉在發緊，空乘發出緊急通知：飛機遇到強氣流……幾分鐘後，飛機迫降在北京首都國際機場，停機坪上，十多輛警車、消防車燈光閃爍，如臨大敵。

這次遇險後不到十天，任正非又聽到前線的呼叫，要從開羅飛往多哈。結果，同樣的空中驚魂又重演了一次。飛機忽上忽下，恐怖地來回顛簸。驚恐的任正非在飛機迫降後原本打算取消航班，但一位同行者說：「生命很脆弱，只求活在當下，活好每一天。」於是，兩個小時後，任正非換乘另一班機，繼續多哈之旅。

二〇〇五年任正非第二次手術是從西班牙回來的飛機上就安排好的，一下飛機直接進手術室。為了減少影響，他沒有讓任何人知道，病房冷冷清清的，不像一個普通員工生病，還有三四人去看望，收到一兩支鮮花。

任正非作為總指揮尚且不斷遭遇險情，他手下的士兵就更不用說了，他們經常冒著生命危險奮戰在異國他鄉。以下是某名華為駐乍得的業務代表記載的親身經歷：

　　今天中午吃飯的時候，看見院子裡幾朵紫色的牽牛花開了，突然驚醒：現在是三月分，家鄉正是萬物復甦、姹紫嫣紅的春天。身在乍得，我把青春留在了這裡，這個貧窮、少水卻又炎熱的國家。

　　自從來到項目組，就多次聽大家說起阿貝歇，它是乍得的第二大城市，也是一個戰火不斷的城市，由於距離蘇丹很近，叛軍得到某國的支持與乍得政府對峙了相當一段時間。二〇〇六年五月，叛軍一直攻打到了首都恩賈梅納跟前，我們可以想像反動武裝的力量多麼強大。雖然不久後，戰火平息了下去，但是危險仍然處處存在，形勢和伊拉克很類似。

　　雖然我也聽說客戶準備在阿貝歇建站點，但由於安全問題一直拖沿著，客戶承諾將來施工的時候會給予軍隊保護，所以我們也就沒有把這件事放在心上。

　　尚感覺戰火只有在電影裡經歷，現實中離我們像冰河世紀一樣遙遠。突然得到動身去阿貝歇的消息，沒有心理準備的我才明白現實離自己的想像竟然那麼近。

　　客戶催得很急，阿貝歇地區的兩個站點已經具備安裝條件。我要帶隊即刻動身，可是之前客戶答應的軍隊保護至今也沒有動靜，估計

是沒戲了。沒有軍隊保護，沒有通信設備，沒有防護措施，一切都來不及準備。我們一輛皮卡，客戶一輛皮卡，滿載食物、工具，加上我和阿超、阿建、老項以及四個黑人本地隊員，大清早就出發了。路上阿建抱怨沒有人為我們送行，我逗他是不是有什麼「後事」需要交代。雖然大家都知道是開玩笑，但對於這個靠近蘇丹邊境的城市，大家心裡都沒有底。

天氣真熱，剛過上午九點，就感覺熱浪一陣陣向車窗撲來。我們的皮卡駕駛室算上司機也只能擠得下三個人，剩下的人都坐在後車廂裡，和貨物一起在太陽底下暴曬。我把自己的襯衫給阿建等人包在頭上，以抵擋沙塵和烈日。我雖然坐在司機旁邊，但身上的衣服也很快被汗濕透了，連牛仔褲都濕了。駕駛室裡沒有空調，窗外灼熱的風把汗都烤乾在臉上。中途停下來休息，看到坐在後面的五個人的尊容，讓我想笑卻笑不出來：阿建和阿超的頭上都包著衣服，遠看像個大姑娘，但臉上卻有紅有黃，連眉毛都黃了，全是路上揚起的黃沙塵。Yousef的黑臉像塗了白灰一樣，我開玩笑說：你的臉白了許多。大家都又渴又餓，但沒人想吃東西，水喝了肚子很撐更難受。正午的那段時間，地面的溫度高達五十多攝氏度，真不敢想像車後面的五個人是怎麼挺過來的。寫到這裡，我還是要對阿建等人表示由衷的感謝，感謝他們對這裡工作的支持，這種敬業精神（雖然後來我也到後廂裡體驗了300公里，但不是正午時分，即使這樣，我的臉也被風沙吹得麻木了，當車停在鎮子上的時候，摸著自己的臉一點感覺也沒有，幸運的是還能說話）。

從恩賈梅納到阿貝歇共計一千公里，只有開始的三百公里是柏油

路，接下來的全是黃沙瀰漫的土路，被我們稱為「乍得國道」。路面上的每粒沙子都在灼燙著汽車輪胎，車子好不容易開到了離阿貝歇還有五百公里的蒙戈，一個相對較大的鎮子。已經是下午四點鐘，前方的路況很差，初來乍到的我們看著地圖上到目的地中間的一片黃色，知道前方再也沒有一個像樣的鎮子可以歇腳了，於是決定晚上住宿蒙戈，等天亮再趕路。給車加了油，人也需要加油了。好不容易找到一個烤羊肉的地方，我們坐下來要了份東西，是羊肉塊煮土豆湯，加上地爐烤出來的麵餅。坐下來把湯裡的小樹枝挑出來，已經餓了一天的我們抓起麵包，不在乎裡面有多少沙子，拌著羊肉湯吃了下去。四個中國人中，阿建吃得最多，結果還沒有到睡覺的時間他就叫著肚子疼。後來直到回來，阿建在路上只喝水，吃餅乾，羊肉再也不看一眼。

我們在蒙戈找到了一個聯合國糧油組織的倉庫，和主管商量了一下，決定在這裡住宿——這裡畢竟安全一些，而且還有一台發電機，可以在夜裡供電四個小時。值得一提的是，這裡有個黑人漢語講得非常流利，讓我們挺驚訝的。他告訴我們他在北京待了十年，我問他為什麼不留在條件更好的中國，他說乍得才是他的家！我很感慨，我也有很多機會可以留在海外，掙比現在多兩倍甚至四五倍的工資，但是我卻放過了，畢竟中國才是我的家！

越往前走，天氣就越熱，因為離沙漠更近了，而且有山阻擋了空氣流動，我感覺嗓子都要噴出火來了，鼻子也開始流血。走到離阿貝歇還有一百公里左右，路更加難走了，簡直和在沙堆裡行走沒什麼兩樣，司機甚至打開了雨刷來刷前擋風玻璃上的灰塵。

經過將近兩天的顛簸，我們總算在下午三點多鐘到達了這個據說是乍得第二大的城市，遠遠望去不由得失望透頂：這個城市除了清真寺那兩座高高的建築之外，就看不到別的建築了，好像所有的房子都埋進了沙裡。連一條像樣的馬路都沒有，完全沒有我們想像的那種規模。本來一路舟車勞頓，想找個旅館整頓一下的打算也泡湯了。現在能否找個地方洗澡都成了問題！走在大街上，親身感受著這個才被戰火洗禮過的城市殘留的那些硝煙氣息，我們都格外小心，生怕惹上麻煩，但還是被警察攔住了。我對這裡的黑人警察沒有好感，他們大都是想要錢的。司機去和警察交涉，我們遠遠地等了將近二十分鐘，警察才允許我們通行。我們找遍全城，只找到兩處「旅館」。打引號是因為我不確定是否應該叫它旅館，因為其中一處只有兩間大房子，有幾個地鋪，連窗戶都沒有，門外還有鐵柵欄；白天屋子裡很暗，到了晚上只能和蚊子嬉戲了。這個地方使我想起了重慶的渣滓洞。另一家好歹在門口看到了「酒店」字樣，一排草房子就是客房，每個房間每天大概六十美金，簡直是天價！而且很小的屋子裡面只能睡一個人。當時我們一共八個人（不包括客戶），預算要超支了。我真想睡到基站上去算了，但是隨行的客戶告訴我們那裡很不安全，沒有辦法，只得安排我們的黑人兄弟住進了「渣滓洞」，我們四個則住進了這家價格相當於國內四星級的「豪華旅館」。老闆拍著胸脯向我們保證這裡的安全，並特別給我們每個房間放了一桶水以供洗澡。

　　自我到乍得以來，經歷過在基站上沒水沒電的日子，出差到這個硝煙猶存的城市，與它零距離接觸，和隨時可能出現的危險擦肩而過，看著街道上隨處可見的碉堡和電線杆上密密麻麻的彈孔，我對大

家說：最好爭取早點將兩個站點完工，早點離開這個危險的地方。當時心中的感受，可能我會記憶一輩子吧！在工地幹活的時候，偵察機從頭頂飛過；距離這個城市一百公里的地方還有交火，夜裡睡覺的時候似乎能聽到遠處的炮火聲。真的感覺自己就像在演一場電影，不應該是真實的。直到現在回想當時的情景，時而清晰時而模糊，難道阿貝歇的危險只是發生在自己的想像中嗎？我們用了三天時間完成這兩個站點的安裝，萬幸的是，在我們幹活的這段時間沒有出什麼大的亂子。我們在這個城市待了四個晚上，第五天早上五點便動身準備回恩賈梅納。回去的經歷大致和來時差不多，值得一提的是，從阿貝歇到恩賈梅納，我們這輛皮卡報廢了兩個輪胎。

任正非後來讀到這篇紀實文章時也很感慨：「華為不能沒有英雄啊！」就是這個組，在艱苦而危險的環境裡，用五天時間完成了其他供應商要用一個月才能完成的任務，任正非稱讚他們有「上甘嶺精神」，並要《華為人報》開闢專欄，專題報導奮戰在一線的英雄。

於是，後來在《華為人報》的專欄中，就有了這樣一個專題：他們奮鬥在世界另一端。

做好品牌國際化和管理國際化的兩手準備之後，華為的國際化擴張道路才算真正進入跑道，而這一起跑，就是加速度的。到二〇〇五年底，華為完成了亞太、歐洲、中東、北非、獨聯體、南美、南非、北美八大區的布點，在東歐、獨聯體、中東、亞太等地形成「規模銷售」。西伯利亞的居民要想收到信號，非洲乞力馬扎羅火山的登山客

緊急找人求救，就連到巴黎、倫敦、悉尼等地，一下飛機接通的信號，背後都是華為的基站在提供服務。從八千米以上喜馬拉雅山的珠峰，零下四十攝氏度的北極、南極，以及窮苦的非洲大地，都見得到華為人的足跡。對此，任正非總結說：「中華民族是一種忍耐的文化，而不是擴張的文化。我們就是要在利益均霑的原則上強力推行擴張文化。華為要用五百一十年的時間將內部關係合理地理順，使之充滿擴張的力量！」

第八章

是非橫生

一邊是輿論公開的道德譴責，一邊是任正非的「自行其是」，他堅持保留華為文化中的核心部分——持續的艱苦奮鬥、默契的團隊合作的傳統，又在新形勢下追求規範、精準的職業化行為，使各種矛盾體結成利益共同體，在矛盾與平衡中大步前進。

一、對手與抑鬱症

　　華為走上國際化擴張道路後，實力不斷壯大，而它面臨的競爭對手也不再僅限於國內，開始與全球網絡設備市場的霸主思科（即思科系統公司，下簡稱思科）短兵相接。

　　從一九九八年開始，任正非就開始嘗試「針尖戰略」，這一戰略是指在電信業中衝到最前面，不與別人產生利益衝突。但他很快就透過IT泡沫看到了這個行業供給無限性與需求有限性之間的永恆矛盾。「取得產品技術突破後，不僅不能打遍全世界，而且在家門口也未必有優勢。」他意識到，在這一行業，技術實力不相伯仲，即使做到領先半步也是困難的，華為在研發方面每年的投入為其銷售額的百分之十，但也無法保證永久處於「針尖」位置，電信業內同質化的產品投放到同一市場，同行間的戰爭就無法避免。

　　在小靈通業務上的失誤，使任正非一度患上抑鬱症，精神壓力極大，有時甚至半夜哭醒，「有些疲憊、崩潰，身體患有多項疾病，動過兩次癌症手術」。任正非後來說：「我當年精神抑鬱，就是為了一個小靈通，為了一個TD，我痛苦了八百一十年。我並不害怕來自外部的壓力，而是害怕來自內部的壓力。我不讓做，會不會使公司就此

走向錯誤，崩潰了？做了，是否會損失我爭奪戰略高地的資源？內心是恐懼的。」

患了抑鬱症的任正非認識到，通信行業是一個投資類市場，僅靠短期的機會主義行為是不可能被客戶接納的，唯有品牌與服務才能拿下和留住客戶。他進一步強調「以客戶為中心」這一商業價值觀，要求華為人「眼睛盯著客戶，屁股對著老闆」。

二○○一年七月，華為內刊《華為人報》上，準備登載一篇題目為「為客戶服務是華為存在的理由」的文章，任正非在審稿時將題目改為「為客戶服務是華為存在的唯一理由」，因為他認為：華為命中注定是為客戶而存在的，除了客戶，華為沒有存在的任何理由，所以是唯一理由。基於這一理念，任正非決定減少「內戰」，以土地換和平，寧願放棄一些市場和利益，也要與友商合作，共同創造良好的生存空間，共享價值鏈的利益；同時，開闢國際主流戰場，與主流大公司正面交鋒。

但是，在華為大舉進軍海外時，中興緊隨其後。雙方在印度、中東、非洲國形影不離，市場嚴重重疊，雙方經常相互拆台，以價格戰定勝負。

二○○三年，在印度MTNL公司的一次競標中，華為和中興分別通過印度本地合作夥伴參與了項目競爭。華為的競標價格為三十四點五億盧比，中興的價格略高一點。幾天的角逐下來，在所有參與競標的公司中，中興排在第二位，華為殿後，中興奪標幾乎毫無懸念。出人意料的是，最後MTNL棄掉中興，選擇了華為。

對於這個結果，侯為貴心裡很不服氣，並很快找到了反擊點。當時MTNL的標書中有這樣一行字：參與本次工程競標的企業必須具有在世界任一地方至少二十萬線CDMA設備供應紀錄，方能參與競標。

這讓侯為貴欣喜若狂，因為華為此前在亞非拉市場拿下的項目都比較小，根本沒有二十萬線CDMA設備供應紀錄，憑什麼和中興搶？侯為貴馬上派人準備了一份中國聯通CDMA網絡建設工程中標公司的統計資料，並明確標註華為不具備相關條件，意欲把華為到手的訂單再搶回來。

侯為貴的如意算盤雖然最終落空了，但MTNL接到中興的材料後，特意派出調查小組奔赴華為提出質疑，搞得任正非大為光火。此番交戰，雙方算是打了一個平手，但都沒有要停下來的意思。

二〇〇四年，中興決心進攻尼泊爾市場。尼泊爾是華為進入較早、費時較多、防衛最嚴的市場，如果中興能在這裡打開缺口，戰略意義非凡。

長期以來，侯為貴奉行技術至上的理念，銷售並非中興的強項。侯為貴自問，中興的強項是什麼？他得到的答案是技術、產品。如果具備技術優勢的產品，價格也很低，市場會有怎樣的反應呢？侯為貴決心破釜沉舟拚死一戰，他的底牌除了低價還是低價，在投標會上，他不僅不允許中興的競標價格高於華為，還要低上至少一倍。搶到訂單和市場才是勝者，虧錢也無所謂。

這種極具賭性的市場動作，令華為連栽了好幾個跟頭，任正非怒

不可遏，甚至向中國駐尼泊爾大使館遞交起訴書，狀告中興屢次採取不正當競爭手段，但這依然難以改變中興奪走市場的事實。

任正非不得不調整華為的海外策略：在國際市場上，參加同一個競標時，兩家公司通常是先想辦法讓招標方給中國廠商機會，這樣兩家企業都有機會，但如果第一輪通過了，兩家都在裡面，就只能競爭了。兩家公司在國外爭同一個標，雖然都有壓力，但畢竟利大於弊。「如果只有一家公司，反而可能因為缺乏強有力的競爭而發展不起來。現在兩家公司都處於一個關鍵時期，因為它們面對的是全球的跨國公司，中興和華為與它們之間的差距還非常大，所以在相當長一段時間內，兩家公司將是自發的合作、自覺的競爭關係。」

這一期間，與華為近身相搏還有一個老冤家——思科。雙方的嫌隙最早發生在一九九五年。當時華為正式推出A8010接入服務器，打響數據通信產品第一炮，開發人員需要研究與之匹配路由器的各種數據通信協議。他們從網絡上搜索所有能搜到的開源的TCP/IP協議軟件，進行分析修改，然後自行開發一些協議軟件模塊，最終形成了華為數據通信產品的平台VRP（虛擬路由平台）。

思科已經嗅到了一支新血統正在崛起的氣味，開始從TCP/IP協議軟件中挑毛病，說華為的路由器產品剽竊思科的軟件。不過，因為華為當時還比較弱小，思科並未深究。思科很自信，認為中國企業無法動搖它在中國市場的地位，何況華為只是一家小小的民營企業。

然而，思科萬萬沒有想到，二○○二年華為在中國路由器、交換機市場的占有率便直逼思科，成為它最大的競爭對手。同年上半年，

華為還完成了對光通信廠商OptiMight的收購，大大加強了它在光傳輸方面的技術實力。同年六月，華為美國公司Future Wei正式成立，並開始與思科在企業商用市場的老對手3Com正式接觸，商談成立合資公司。同樣是這一年，華為全系列數據通信產品首次亮相在美國亞特蘭大舉行的電信設備展。華為展示的數據通信產品，性能與思科的產品相當，價格卻比思科低20%50%。華為甚至還在美國主流財經和專業媒體上刊登極具挑戰性的廣告：「它們唯一的不同就是價格。」廣告的背景圖案就是舊金山的金門大橋，而思科公司的標誌也是金門大橋。這令思科首席執行官錢伯斯火冒三丈，他悄悄來到華為展台前停留了十多分鐘，詳細詢問高、中、低端全系列路由器的技術情況。華為銷售人員以為遇到了潛在客戶，介紹得格外賣力，直到錢伯斯匆匆離開，在場的一位華為主管才想起對方是思科首席執行官。錢伯斯回到公司後，馬上成立了「打擊華為」工作小組。

外界並不知道思科已經對華為採取阻擊行動。許多媒體報導了Future Wei的盛大亮相，認為這是業界的一個亮點。展覽結束後，華為的數據通信產品在美國市場的銷售迅速打開局面，當年在美國市場銷售額比上年度增長了將近百分之七十。二○○二年秋，華為的數據通信產品在巴西舉行的招標中脫穎而出，拿到了四百萬美元的訂單，導致思科負責這次招標的經理第二天便被公司解職。不過，思科在全球網絡設備市場的霸主地位仍未動搖。

利用收購和合作進軍美國市場，是任正非的一個不錯選擇，這也使得思科這家在全球互聯網設備行業雄踞霸主地位的美國公司，迎來了一個極具市場攻擊性的中國挑戰者。幾個月後，錢伯斯發現「打擊

華為」計劃收效甚微，這家來自中國的公司正在自己眼皮子底下搶奪客戶。華為的產品直接與思科競爭，而且價格低百分之三十左右。由於美國的大本營受到了威脅，思科終於坐不住了。二〇〇二年十二月中旬，思科全球副總裁從美國來到中國深圳，在深圳香格里拉酒店約見華為高層，正式提出華為侵犯思科知識產權的問題。任正非、郭平、宋柳平等出席了約談會。

此前，由於重金投入的3G研發陷入苦苦等待，在聯通CDMA招標中意外失手，對手中興借小靈通業務進逼華為，UT斯達康等老對手縮短與華為的距離，數字通信產品也遭到港灣的嚴重挑戰，任正非很自責，在一次會議上坦陳：「不要太看重面子。在華為犯錯最多的是我……不過大家是為維護領導人的威信，給點面子罷了，我自己心知肚明。」現在莫名其妙地惹上與思科的官司，任正非情緒低落，更加抑鬱。他甚至說，二〇〇二年至二〇〇三年華為處在內外交困、瀕於崩潰的邊緣。在與思科高管就IP知識產權問題初步交涉時，他的態度比較冷淡，回應說華為一貫尊重他人知識產權，並注重保護自己的知識產權，但也表示「華為願意根據事實，解決雙方所存在的爭議。歡迎思科檢查我們的產品」。而思科提出的談判條件是華為公司在十日內從市場上撤出產品並刪除產品中核查方認定已經侵犯思科知識產權的任何代碼，並要通知客戶在三十天內停止使用侵權產品。

任正非沒有立即表態。之後雙方又經過兩次電話接觸，華為試圖對思科提出的條款做一些變通處理，但思科不允許修改條款任何內容，並要求任正非立刻簽字。這實際上沒有留下任何談判的餘地，任正非怎能接受？

思科沒有得到自己想要的結果，於是在二〇〇三年一月二十三日，農曆臘月二十一，距離中國傳統的春節只有九天時間，在美國得克薩斯州東區聯邦法庭提起訴訟，指控華為及其美國子公司Future Wei盜用部分思科的IOS（互聯網操作系統）源代碼，應用在其Quidway路由器和交換機的操作系統中，對思科專利形成至少五項侵權。長達七十七頁的起訴書中，華為涉及專利、版權、不正當競爭、商業祕密等八大類指控，二十一項罪名，幾乎涵蓋了知識產權訴訟的所有領域。

任正非心裡明白，思科的指控雖然是它試圖阻止華為在美國生根的一種手段，但再不採取相應措施已經不行了。這是華為成立十七年來，首次遭遇跨國知識產權訴訟，而且是「突如其來」，任正非心裡沒底。他把常務副總裁郭平、徐文偉找來，對他們說：「美國佬無事生非地找麻煩，不依不饒，只能辛苦你們跑一趟美國，恐怕你們要在美國過一個春節了。」

郭平、徐文偉放下手頭的工作，第一時間趕到美國，他們的年夜飯也是在美國的賓館裡吃的。

郭平是華為法務部首席法務官（主任），負責華為在法律、媒體、學界合作等方面的總體策劃，也是此次華為應對思科訴訟的總指揮。他在美國要做兩手準備：一是應對訴訟，二是爭取與思科和解談判。

華為法務部負責國際事務的首席律師陳樹實、負責華為國際市場宣傳的員工以及華為的另一位律師，也先後趕到美國。郭平把這些人

分為兩組，一組為訴訟官司行動小組，另一組為和解談判小組。兩組分頭開展工作，白天在美國與各方面合作、廣泛建立「統一戰線」，晚上與深圳公司高層交流匯報，目標是：不辱使命。

在一位美國律師的特別引見下，郭平非常有誠意地拜訪了錢伯斯，力爭和談，但未能如願。

思科是早有預謀的，形勢對華為來說相當嚴峻。此時，業界不斷傳出消息說，思科此次訴訟的最低目標是將華為的產品趕出美國市場，並阻止華為與3Com正在進行的合資談判；最高目標是把華為拖入訴訟泥潭，獲得侵權賠償，最終讓這家中國高科技公司破產。

由於思科沒有和解的意思，郭平便把工作重點放在應訴上，他想，最壞的結果也壞不過完全答應思科提出的條款。於是，他將兩個小組合二為一，一方面接觸美國當地的媒體，讓美國人了解華為是一家怎樣的公司。郭平對公司的產品很有信心，只是需要權威部門來告訴美國人。另一方面，他在當地聘請了兩家著名律師事務所的律師來應對訴訟，做好最壞的打算。

在深圳，任正非也在做緊急清理工作，首先要求所有員工必須講真話，理解高層的意圖，若有任何問題隱瞞，都會讓官司陷入被動。同時組織工作組全面清理研發文檔，文檔不清時，則要說明軟件是如何編出來的，避免個別員工的取巧行為，導致公司的法律責任，並組織人員對有爭議的地方進行修改。

二〇〇三年三月，華為對美國企業設備巨頭、網絡處理器廠商

Cognigine的收購正式開始。三月二十日,華為與3Com宣布成立合資公司。任正非之所以在整合尚未完成就對外宣布,顯然與應對思科訴訟有很大關係。3Com是思科的死對頭,熟讀「毛選」的任正非自然知道,「敵人的敵人就是我們的朋友」。有美國老牌企業出來為華為說話,形勢勢必會有所改觀。

五天以後,3Com公司首席執行官布魯斯・格萊夫林出場了,他在位於得克薩斯州的聯邦法院馬歇爾分院為華為出庭作證,向法庭出示了一份報告,並親口告訴人們,他去過總部位於中國深圳的華為公司,並且與華為一起做了為期八個月的雙向認證。以他幾十年的職業生涯來判斷,華為是擁有自己技術的公司,是值得信賴的。如果華為有侵犯知識產權的事實,3Com不會冒巨大的風險選擇與華為成立合資公司。

不過,他的作證只能說明華為擁有自己的技術,有開發能力,並不能說明華為的產品沒有侵權。

二○○三年四月十四日,華為稱早已從美國市場撤回了可能包含思科代碼的產品。

二○○三年六月七日,美國德州法院馬歇爾分院發布初步禁止令,判決華為停止使用思科提出的有爭議的一些路由器軟件源代碼、操作界面以及在線幫助文件,同時駁回了思科的其他訴求。

二○○三年六月十一日,3Com要求判決與華為合資生產的產品沒有侵權。

思科不服，再次起訴，聲稱華為在雙方二〇〇三年的版權糾紛案中做出虛假陳述，也沒有撤下侵權產品，並公開了一份之前處於密封狀態的文件的部分內容。在公開的報告片段中，思科表示：「依據精確的評論和字符分隔形式，不僅表明華為接觸了思科的代碼，更意味著這些電子代碼被複製，並插入到華為的代碼中。」

　　思科的這個指控，與美國眾議院常設特別情報委員會調查報告的相關表述相互印證。在針對華為列出的十二條指控中，其中有一條認為，華為漠視美國公司和實體的知識產權。

　　華為再次表示將從美國市場撤下遭思科起訴的涉嫌侵權的所有產品。美國聯邦調查局開始暗中調查華為的軍方背景，認為任正非是中國軍方派駐華為的代表，華為的產品有可能對美國國家安全構成威脅。但是，思科拒絕聯邦調查局插手對華為公司的調查，要求法院重新裁定。

　　郭平等人代表華為邀請斯坦福大學資深教授、數據通信與互聯網專家埃迪聖，向馬歇爾分院為他們出示了技術報告。該報告指出，華為的VRP平台總共有二百萬行源代碼，而思科的IOS則用了二千萬行源代碼，要去抄襲一個比自己數量大十倍的軟件本身是不可想像的。另外，華為的VRP平台只有百分之一點七與思科的EIGRP（即增強網關路由線路協議）私有協議有關，但私有協議本身在知識產權上屬於某些大公司為了壟斷市場而不願公開的部分。

　　由於法庭在兩次聽證會後分別支持和駁回了思科的一些訴訟請求，二〇〇三年十月二日，思科與華為達成初步協議，同意在雙方邀

請的獨立第三方專家審核的過程中中止訴訟，官司暫停六個月。

不久，華為把涉及爭議的VRP技術平台的全部源代碼帶到美國去接受檢驗。在沒有任何一個中國人參與的第三方審核團嚴格認證後，結果是，在思科指出的「八大類二十一項指控」相關的二千多條源代碼中，未發現華為對思科的侵權。以知識產權訴訟的形式，華為在技術研發上完成了一次嚴格的「體檢」。檢查結果表明，華為是「健康」的。

二〇〇三年十一月，華為與3Com正式成立合資公司——華為3Com（H3C，華三通信技術有限公司，以下簡稱華三）分公司，大大加強了華為在交換機和路由器核心處理器方面的能力，從此開始聯合拓展之路。美國的幾家合資公司在「悍將」鄭樹生的領導下，幹得有聲有色。

由於華為迅速和3Com結盟，思科的凶猛攻勢逐漸被化解了。一位業內人士稱讚說：「這招以夷制夷的太極推手，是老任的神來之筆。」可謂一舉數得。思科重新提出的證據，沒有一樣能在美國法院起訴華為，反倒讓華為一夕之間在全球聲名大噪。

美國時間二〇〇四年四月六日，思科將訴訟延期。同年七月二十八日上午，雙方達成最終和解協議，終止各自提出的訴訟及反訴訟請求。法院據此簽發法令，終止思科對華為的訴訟，思科今後不得再就此案提起訴訟或者以相同事由提起訴訟，並且各方的律師費用、訴訟費用及相關其他費用都由各方自行承擔。

任正非終於鬆了一口氣，於同年八月初再次飛往南非分公司視察。在巡視期間，有人問任正非對思科有何看法，他回答說：「思科是很值得華為尊敬與學習的公司，錢伯斯是一代偉大的巨人，思科在數據通信領域為人類做出了巨大的貢獻，思科在管理、市場、知識產權方面是很成功的。思科利用私有協議來取得競爭優勢，作為一個企業，它這樣做是可以理解的。但各國政府為了維護公平競爭，不應給以保護，應迫使它開放。」

　　華為、思科和解十八個月後，二○○五年十二月某一天，在深圳阪田的華為總部辦公室裡，任正非對著鏡子整理了一下自己的領帶。這位平常在「華為老家」裡著裝總是不太在意的總裁，今天的穿著卻非常規整。因為今天他將迎來一位華為的稀貴客人，既是多年的敵人，也可以說是未來夥伴的錢伯斯。

　　對於這位競爭對手，任正非給予了最高規格的接待。在深圳阪田的華為總部會議室裡，兩個人縱聲大笑著，第一次把手緊緊握在了一起。或許，我們可以把那場知識產權訴訟看作一次電信製造業中的「戰爭」。儘管從結果來看雙方似乎打了個平手，但是華為證明了自己的能力，讓思科看到了自己的「大國氣質」，並且不得不接受華為這股力量的存在。這顯然是華為與思科平等交流、對話甚至開展合作的基礎。錢伯斯的來訪，體現的就是這種象徵意義。

　　在這次破冰之旅中，雙方就IT產業的發展前景進行了深度探討。

　　在錢伯斯之後，任正非與西門子通信集團（以下簡稱西門子）總裁托馬斯·甘斯文特曾經一起暢想兩家在中國的TD-SCDMA合資公

司的發展前景，也曾經就西門子準備收購「華為叛將」李一男的港灣網絡，開誠布公地交換了意見。而在會見錢伯斯之前，任正非與阿爾卡特總裁兼COO（首席運營官）詹邁廷在法國的一個葡萄園中也進行了一次私人聚會。他們一邊品著紅酒，一邊縱論電信製造業的公司運營，甚至就兩個企業是否應該拓展房地產業務等話題各抒己見。

這一年，華為與3Com的合資公司華三，已經對思科產生了切實的衝擊，這也是華為第一次大規模進入企業網。

與運營商市場的高度集中不同，企業市場用戶多而分散，華為開始嘗試與著名企業合作的方式來迅速獲得分銷優勢。根據協議，在中國和日本市場上將以合資企業的品牌銷售產品，而在中國和日本之外的市場則以3Com的品牌銷售合資企業的產品。合資企業既可以銷售華為以前開發並且已經轉入合資企業的網絡產品，也可以依據合資企業與3Com達成的代工協議銷售3Com現行產品線中的產品。合資公司華三，在總裁鄭樹生、全球營銷總裁吳敬傳等「老華為人」的率領下，成為思科在中國市場上的勁敵。二〇〇五年，華三在國內數據通信新建市場上的占有率躍居第一，到二〇〇六年在整體市場上的份額也開始逼近思科，直接導致業績不佳的思科中國區總裁杜家濱「下課」，這也使得思科無法集中精力與華為爭奪電信運營商市場。

在思科的眼裡，華為不再是過去那個只知道依靠「土狼」式「游擊戰」，在中國市場上給自己「攪局」的狼群了。華為無可爭辯的崛起，使任正非的影響力越來越被世界認識。二〇〇五年，美國《時代》週刊發表了一年一度的「世界最具影響力的一百人」名單。IT界

任正非成為唯一入選的中國人，而其他入選的IT界名人包括微軟主席比爾‧蓋茨、蘋果公司首席執行官史蒂夫‧喬布斯、谷歌聯合創始人拉里‧佩奇和謝爾蓋‧布林等，都是世界頂級人物。

任正非在一次內部會議上謙遜地說：「華為依靠自己的不懈努力，在路由器和以太網領域占有了一定的份額，贏得了客戶、合作夥伴和業界的認同。與思科這樣的世界級企業同台競技，也是華為的一種榮幸。」而錢伯斯則稱任正非是「令人尊敬的對手」。

二、港灣回歸

任正非一路披荊斬棘，漸漸成為IT業界的帶頭大哥，而華為的不斷壯大，必然會孵化出一批業界領袖級人才，他們有著自己的發展方向和成就一番事業的雄心，如同蟬大了要蛻皮，小雞孵成則破殼，出走華為也是自然之事，這本值得任正非自豪，分分合合並非一定要有什麼怨海深仇，但他在收編中也花費了不少心血。

張建國、李一男、劉平、胡紅衛、陳碩、聶國良、黃耀旭等人都曾經是任正非手下的得力幹將，他們離開華為，自己創業，其中，胡紅衛成立深圳市思捷達企業管理諮詢有限公司，聶國良組建漢華企業管理諮詢有限公司，劉平攜華為同事黃燦、俞躍舒創辦深圳市新格林耐特通信技術責任有限公司，陳碩、毛森江（原華為網絡產品部總經理）成立尚陽科技股份有限公司，黃耀旭創辦深圳市鈞天科技有限公司，張建國創辦益華時代人力資源管理諮詢公司。

當然，從華為出來獨闖世界的遠不止這幾位，其中最引人注目的要算華為曾經的少將李一男。李一男離開華為後，北上京城創辦了港灣網絡公司（以下簡稱港灣網絡）。在他的公司創立之前，北京曾有一家做網絡的公司馳騁數據通信業務市場，名噪一時，它的名字是譯成中文即「港灣」，它於一九九八年被華為的對手北電公司收購。二〇〇〇年，該公司在中國市場餘音裊裊，李一男為自己的公司起名「港灣」也許有借勢的味道。

　　港灣最初定位於數據通信業務領域，代理華為的路由器及數據通信產品，相對於電信市場這片紅海，即使不是藍海，至少也算是黃海，競爭還沒有白熱化。而有技術、有經驗、有闖勁、有概念的李一男，可謂風險投資尋覓的最理想創業人物，「港灣是難得的好項目」。二〇〇一年五月，美國華平投資公司和上海實業旗下的龍科創投，分別向港灣注資一千六百萬美元和三百萬美元。港灣當年收入為一點四億元。二〇〇二年五月，這兩家公司又分別向港灣投資三千七百萬美元和五百萬美元，同時還提供了三千五百萬美元的銀行貸款擔保。從這一發展勢頭來看，港灣前景一片光明。事實上，港灣是一家最為成功地應用了華為的戰略、戰術和企業經營理念的公司，業界一度驚呼港灣為「小華為」。

　　而華為雖然從一九九四年就進入數據通信領域，但由於數據通信產品，尤其是企業網產品的渠道銷售模式，與華為擅長的直銷有很大區別，數據通信部門在華為體系一度屬於「另類」，處在非核心位置。港灣繼續在這一領域發展，任正非是支持的。有人甚至認為港灣是華為的分部，這讓李一男覺得自己還是沒有真正獨立，仍活在任正

非的陰影下，而且他的志向也不僅僅是做一名代銷商。於是，他與另一華為前員工合資組建了丹羽公司，開發低端路由器；接下來又收購了開發高端路由器的創業公司歐巴德科技有限公司。

之後，李一男開始推廣自己品牌的產品，在市場上連續拿下了電信領域的幾筆大單。這使任正非多一個新的競爭對手，為此他正式收回了港灣的代理權，二○○三年又讓合資公司華三進軍中低端數據市場，試圖以此壓制港灣的瘋長勢頭。

二○○四年三月，港灣再次吸引到包括TVG投資、淡馬錫控股公司以及原有股東的三千七百萬美元注資。不過，對於一家高科技高成長的公司來說，港灣仍然缺錢。港灣逼迫自己必須連續幾年的銷售保持成倍增長：一方面是為了使公司迅速成長，有實力與競爭對手相抗衡；另一方面則是為了完成投資方的銷售指標。因為只有實現這個銷售指標才能儘快滿足海外上市的要求，投資方才能夠儘快套現。港灣網絡在接受注資時就簽下了嚴格的協議，一旦港灣網絡無法實現持續增長的銷售額，投資方將得到更多的股權。李一男很自信，對未來充滿了熱切的憧憬。在他的預期中，港灣網絡上市的話，如果達到一美元／股，他的收入就會翻一百倍。

為此，他一刻也不敢怠慢，每天帶領技術人員一直工作到凌晨，而且幾乎每個員工都是主動加班，創業的奮發精神激盪在公司大樓裡。李一男本人也保持著研發人員的本色，身著襯衫、牛仔褲，經常和普通員工一起到食堂吃飯，起初甚至堅持騎自行車上下班。在營銷方面，港灣網絡效仿華為不計成本為客戶提供服務的模式，一旦遇到

設備問題，公司的服務團隊就坐飛機迅速趕往現場。

在上市目標的驅動下，港灣網絡進入快速（甚至盲目）擴張期，但資金支撐卻很不給力。港灣網絡的員工曾經這樣描述：「也就是從那時開始，港灣網絡的產品線快速擴大，速度快得讓人心慌。有的產品根本不賺錢，卻占用了大量的研發力量和資金。」在這一背景下，港灣網絡的產品質量開始出現問題，隨後遭到了NEC的退貨。

更讓李一男不堪承受的是，任正非想讓李一男知道薑還是老的辣，讓他在市場上得到一點教訓，於是組織了一個小班子專門對付港灣網絡（外界稱「打港辦」）。任正非一貫不主張公司上市，但這並不影響他對其他企業的收購和資產重組合作，他知道，港灣網絡如果成功上市，華為對它就一點制約力也沒有了，所以一定要在市場上讓它敗退。一場場無聊的遊戲就這樣開始了。在山東一家國際中學的局域網項目上，港灣網絡報價六十萬元，結果華三聽到消息，立馬插進來，報出二十萬元的超低價。港灣網絡只好降到四十萬元，承包方念及往日的交情，準備以這個價格接受港灣網絡的設備。可是，華三代表向承包方老總哭訴：「只要讓我們接，這個單子白送也可以，如果我連白送都送不出去，回去恐怕主任要被撤職了！」結果可想而知。如果華為和思科共同競標，只要港灣網絡加入，思科就會當即退出，因為港灣網絡和華為都可以拼到三折價。與港灣網絡競標，華為即使一分錢不賺也要拿下，思科若再摻和進來，無異於自尋死路。

在市場上遭受華為打擊的同時，李一男在資本運作上也惡夢連連。二〇〇四年下半年，港灣網絡曾經有機會在香港上市，承銷商確

定為高盛銀行和瑞士信貸第一波士頓銀行，每股價格大約五港幣。但李一男可能認為這個價格不能體現港灣網絡的真正價值，放棄了這個機會。後來，摩托羅拉公司曾經希望收購港灣網絡，但後來同樣也是因為價格問題沒有成功。接著，港灣網絡計劃到納斯達克上市，進展一度如火如荼。但不久，一封內容詳細的舉報信就被送到了納斯達克上市審核委員會，舉報信稱港灣網絡的財務報告有做假的嫌疑。隨後，港灣網絡不斷接受監管機構的調查，上市一再延誤。

沒有一個創業者不希望獲得風險投資的垂青，但也有很多上市公司對穿上迷人的紅舞鞋後將無從掌控舞向何方。風險投資的高風險、高回報特性，決定了其對IPO（首次公開募股）的鍾愛，而IPO失敗則基本注定了分手在即。李一男在給員工的內部郵件中十分自責，並指出：「公司面臨著尤其大的壓力和挑戰，必須根據情況適時進行調整，以最大限度地履行對公司客戶、員工和股東等各方的責任。」其中的無奈不言自明。這段時間，任正非極為關注港灣網絡的動向，要求凡是有關港灣網絡的報導一定要送到他的辦公桌上。

登陸納斯達克失敗後，港灣網絡成了被人收購的對象，二〇〇五年相繼曝出摩托羅拉、西門子等潛在買家。九月，港灣網絡醞釀與西門子合作，此舉一是為了增強自身的實力，二是為成功上市添加砝碼。華為立刻做出反應，一封題為《做人要厚道》，內容涵蓋上市敏感環節的檢舉信現身互聯網。同時，華為向港灣網絡決策層、重要客戶及合作夥伴發出律師函，稱其涉嫌侵犯華為的知識產權。港灣網絡認為：「華為起訴港灣網絡的目的並不僅限於知識產權糾紛。由於港灣網絡正準備上市，公司處於不能對外宣布任何財務和有知識產權糾

紛的靜默期。華為選在這個時候打擊港灣網絡，是非常狡猾的行為。」華為新聞發言人辯解說：「華為只是選擇認為恰當的時間發出律師函。華為是個單純的公司，沒有那麼複雜的理由。」

在所有的路徑都被封堵之後，將業務賣給急於發展數據業務的西門子，成為李一男最後的辦法。任正非得知西門子欲收購港灣網絡後，先下手為強，瞄準了最賺錢的語音IP（VOIP）業務。二〇〇五年五月發生了「滬科案」（李一男在華為的三個同事因侵犯華為的知識產權均被法院終審判刑），這使李一男的自信心遭到了很大打擊。同年九月，就在港灣網絡發起第二次上市衝鋒的時刻，港灣網絡法務部收到了一封來自華為公司的律師函，華為表示將就港灣網絡侵犯其知識產權提起訴訟。同年十月，華為以一千萬元的代價挖走了港灣網絡深圳研究所的一個語音研發小組，以致李一男不得不趕緊南下安撫軍心。

此時，港灣網絡的國內市場業務基本陷入停滯，資金鏈瀕臨斷裂，而風險投資資金也不可能永遠提供下去了。李一男萬般無奈，於同年十二月二十三日與西門子正式簽訂收購協議，以一點一億美元的價格賣出港灣三個系列寬帶高端產品的全部技術、專利以及一百餘名技術人員在內的核心資產。之後，港灣網絡將轉型為企業網服務商，以擺脫與華為的競爭。

這時，任正非繼續窮追猛打，不失時機地給西門子總裁發了一封郵件，明確表示，如果西門子收購港灣網絡的話，華為將在全球市場與西門子開打價格戰。西門子與華為還有廣泛的合作和利益，而且西

門子此時正在與諾基亞洽談合併業務，不想因為華為與港灣網絡的官司而節外生枝。權衡之後，西門子決定放棄收購港灣網絡的計劃。任正非的策略再一次奏效。

二〇〇六年的一個週末，李一男照常來到位於港灣大廈二樓的辦公室。今天不再有緊急的工作需要處理（早在2005年五月，公司就停止了大部分業務），他的神情顯得很輕鬆。更重要的是，他不用再面對員工們或憤怒或失望或傷感的臉龐了。他已經做出最後決定，將港灣網絡的部分資產和業務（路由器、以太網交換機、光網絡、綜合接入的資產、人員、業務及與業務有關的所有知識產權）轉讓給華為，這是一個明智的也是痛苦的決定。他雖然心有不甘，但總算擺脫了種種糾纏，卸下了沉重的包袱，從肉體到心靈都變得輕盈了。

二〇〇六年五月十日，任正非和常務副總裁費敏親赴春暖花開的杭州，與港灣網絡高層「三巨頭」李一男、彭松、黃耀旭會晤。一見面，任正非就誠懇地說：「我代表華為與你們是第二次握手了，首先這次我是受董事長委託而來，是真誠地歡迎你們回來，如果我們都是真誠地對待這次握手，未來是能合作起來做大一點的事的。不要看眼前，不要背負太多沉重的過去，要看未來、看發展。在歷史的長河中有點矛盾、有點分歧，是可以理解的，分分合合也是歷史的規律，如果把這個規律變成沉重的包袱，是不能做成大事的。患難夫妻也會有生生死死、恩恩怨怨，豈能白頭呢？只要大家是真誠的，所有問題都可以解決。」

任正非在會談時講了很長一段話，這段話包括了很多層意思。他

將雙方的矛盾歸咎於風險投資，「當然，真正的始作俑者是西方的基金，這些基金在美國的IT泡沫破滅慘敗後，轉向中國，以挖空華為，竊取華為積累的無形財富，來擺脫他們的困境」。任正非甚至表示了歉意，「這兩年我們對你們的競爭力度是大了一些，對你們的打擊是重了一些，但為了我們自己活下去，不競爭也無路可走，這就對不起你們了，為此表達歉意，希望你們諒解。」他還勸慰道：「我們沒有什麼彎彎繞繞，我們也不糾纏歷史。大家對歷史會有不同的看法，交流會造成矛盾。我們面向未來，加強溝通，達到相互信任。公司處在全球歷史性大發展時期，如果你們想通了，雙方的工作小組也能達成一致，你們的回歸將是對中國科技史的一項貢獻。不一定會說你們輸了，我們贏了，應該說我們是雙方都贏了。」

二〇〇六年六月六日，港灣網絡與華為聯合宣布，就港灣網絡轉讓部分資產、業務及部分人員給華為達成意向協議書並簽署諒解備忘錄。港灣網絡部分員工兌現股權後離職，還有八十多人的售後服務團隊在繼續工作。在隨後的整合中，華為支付了近五千萬美元的現金，並調撥了大量資產。

在華為與港灣網絡簽約之後，李一男向港灣網絡內部員工發了一封郵件。他寫道：「由於管理層，尤其是我本人在知識和能力方面的欠缺，導致在公司戰略的制定和內部的管理上存在很多不足，錯失了企業發展的機遇，辜負了大家對我的期望，對此我感到深深的自責。……華為技術有限公司是中國首屈一指的企業。華為表示，整合之後，願意真誠地給大家提供充分的職業發展空間和激勵計劃。」

文中李一男以戰敗者的口吻坦陳了自己的過失與責任，轉達了華為對港灣網絡原職工的待遇承諾。作為被收購企業的總裁，他能說的也只有這些了，他未來的位置也將由華為來決定。

任正非則向港灣網絡員工承諾：「我代表EMT團隊保證，會真誠地處理這個問題，不要擔心會算計你們，也會合理地給你們安排職位，不光是幾個，而是全部。」

二〇〇六年九月十一日，李一男重新回到深圳阪田華為公司總部，這距離他出走華為已經六年。重返華為後，他出任華為副總裁兼首席電信科學家，掌管華為戰略與市場部。

儘管任正非在談話中一再表示不會算舊賬，將接收全部人員，但港灣網絡的員工對公司遭到「賤賣」多少有些抵制，在北京上地軟件園，港灣大樓顯現出一片沉悶散夥的氣氛。港灣網絡在重組後雖然仍以獨立公司存在，但在出售了幾個主要業務後，港灣網絡只剩下下一代網絡（NGN）產品、DSL寬帶接入以及網絡安全和網管軟件四項業務，而這些在港灣網絡業務中無足輕重，再作為獨立的公司其實意義不大。

在遭遇收編之後，李一男面對老東家能夠打出的牌已經越來越少，實質上已經陷入「囚徒困境」的博弈迷局。二〇〇七年十二月末，華為公司發出內部公告，改任李一男為華為終端公司副總裁，這樣李一男就跟港灣網絡一點關係都沒有了。而以「慘勝如敗」來表明自己心跡的任正非，在面對自己昔日愛將的時候，又何嘗不是面臨兩難境地呢？

三、被質疑的企業文化

不管是海外擴張還是面對競爭對手，任正非奉行的都是「狼性」，這也使華為得以一路高歌猛進。但也正是這一「狼性文化」，給「狼王」任正非帶來了諸多爭議。

二〇〇六年五月二十八日晚，華為公司年僅二十五歲的員工胡新宇，在廣州中山大學附屬第三醫院因病毒性腦炎被診斷死亡。這一突如其來的噩耗，在華為員工中引起了軒然大波。

胡新宇畢業於四川大學一九九七級無線電系二班，二〇〇二年考上電子科技大學繼續攻讀碩士，二〇〇五年畢業後直接到深圳華為公司從事研發工作。

胡新宇在二〇〇六年四月底住進醫院以前，有著自己的作息習慣：晚上坐上公司十點左右的班車，從阪田基地回到關內的家中，到家時間已超過晚上十一點，然後早上七點起床去趕公司的班車上班。從四月初開始，他所在的接入網產品線（原為固網產品線）接入網硬件集成開發部進行一個封閉研發的項目，項目內容嚴格保密。這個項目開始後的半個多月時間裡，胡新宇經常在公司過夜，甚至長時間在實驗室的地上依靠一個睡墊打地鋪，加班時間最長到次日凌晨二點左右。早上，他依舊早起，八點吃早飯，九點打卡上班。同年四月二十八日，他身體極度不適，於是請假去醫院就診，次日便住進了醫院。幾天後，由於病情過於嚴重，他被轉到中山大學附屬第三醫院住院治療。但他全身多個器官在過去一個月中不斷衰竭，深度昏迷十多天後再也沒有醒過來。

「如果不是長期過度勞累，小胡不會變成這樣。」

「太累了，壓力太大。」

「公司是家嗎？為了公司這樣不要命地加班，圖什麼呀？」

「我們所做的一切，只是為了提高生活質量，像他這種以健康換來的所謂考評A有什麼意義？」

員工們議論紛紛，並將胡新宇之死歸結為「過勞死」，將大部分責任推到公司和任正非頭上。接著，一篇名為《用生命加班，哀悼華為員工胡新宇》的帖子被置於天涯雜談的頭條，僅僅一天，點擊率就已過萬，上千網民廣發英雄帖，聲討華為和任正非。為了平息民怨，華為宣傳部的傅軍想請任正非親自出面對公眾發表講話，澄清是非曲直。任正非說：「對蜚言進行辯解，只能越辯越黑。是非曲直，自在人心。對胡新宇的死，我也很悲痛。」

傅軍知道，任正非不喜歡在公開場合露面，哪怕是涉及對他個人名聲的毀譽。傅軍無奈，只得代替任正非作了一個簡短的發言，說「公司十分痛心」。

雖然過度勞累與胡新宇的死亡並不構成直接的因果關係，但確實也有相關性，參與會診胡新宇病情的北京301醫院神經外科主任於教授認為，勞累只是誘因，病原體才是致命因素。人在疲勞、精神壓力過大的情況下，機體的抵抗力和免疫力會下降，容易患病。具體到胡新宇的個案上，工作上的壓力以及加班的疲勞可能會影響他的身體狀況，但趁虛而入的疾病才是奪去他年輕生命的罪魁禍首。華為高層高

度重視對此事的處理，「對這一事件從來都是公開、透明化處理的，並沒有遮遮掩掩」。華為的一位高級副總裁解釋說，「即使是在媒體沒有介入炒作之前，公司為了挽救胡新宇的生命，付出了極大的努力，包括從北京301醫院聘請專家、轉移到醫療條件較佳的廣州醫院。應該說，華為是以一個負責任的角色來處理這一事件的。」華為墊付了大部分的醫療費用，包括從北京聘請專家診治、轉院等費用，並坦誠地與胡新宇的父母討論撫卹金的問題。隨後，華為重申了加班政策，晚上十點以後加班要經過批准，不准在公司打地鋪過夜。

但是，華為說明情況以後，風波並未平息，反而傳播得更快了。這是怎麼回事呢？

原來，一位華為員工仿照魯迅的《紀念劉和珍君》寫了一篇《紀念胡新宇君》，在該文的推波助瀾下，一篇篇檄文撲面而來。《天堂裡不再有加班》《華為員工的命只值一台交換機的錢》《胡新宇父母與華為達成了「屈辱」協議》……把胡新宇的死直接歸因於華為文化，對華為的績效考評和制度進行指控。胡新宇事件使華為一時置於輿論的漩渦中。昔日籠罩著層層光環的「狼文化」「床墊文化」和艱苦奮鬥精神，在媒體輿論的聲討、拷問下，全都失去了光澤。

過去，狼性文化強調鬥爭，對外以「消滅」對手為目的，對內則以消除權力為目的。華為的公司文化中處處體現出強烈的攻擊性。華為內部刊物《管理優化報》上的標題，幾乎全是攻擊性的：「我們能夠丟什麼？」「核武器的按鈕能隨便按嗎？」等。在外人眼裡，華為是一座看不透的高牆大院；而在華為內部，院內充滿「決鬥」的氣

氛。超強的勞動強度，嚴厲的管理制度本身，使得華為員工的精神始終處於高度緊張狀態。同時，任正非還通過「狼性」機制網羅大量人才，以餓狼替代飽狼的方式進行內部競爭，「在你旁邊蹲著一隻狼」，隨時準備替換表現不佳的員工。他最擔心的是員工忽略績效，缺乏鬥志和進取心，寧可多保留一點野性，也不願讓他們「沉澱」下來。狼的智慧、狼的韜略以及狼的團結協作精神，對於指導企業的運營和發展起到了極大的推動作用。

自一九九八年《華為基本法》出台後，任正非就不再提「狼性」，而是代之以流程化管理和管理幹部職業化。但多年的「土狼文化」，無疑在任正非和華為身上打下了深深的烙印，包括他本人在內的華為員工都始終保持著艱苦奮鬥的傳統。與軍隊的作風相似，任正非做事顯現了軍人雷厲風行的性格，要求做的事就必須馬上做到，有時簡直是逼著人做出業績來。每年他都會為華為制定下一個目標，很多人都不相信能夠實現，但是這麼多年來，他每年提出的目標大都實現了。在依靠「土狼文化」取得了空前的成功後，任正非和他的華為正在痛苦、艱難地消化著「土狼文化」留下的後遺症，逐步從狼性文化過渡到企業信仰。

華為對狼性文化的弱化，標誌著更本質的真正的進步正在到來，那就是企業經營根本方式的轉變，即建立起中國企業的強大之本——從「人治」轉變為「法治」、從企業家（個人英雄）的一枝獨秀到依靠組織與制度打造強大的競爭力！所以，任正非說：「我們的文化就只有那麼一點，以客戶為中心，以奮鬥者為本。」他要求華為員工把艱苦奮鬥、默契的團隊合作這一傳統傳承下去。

由於外界對華為文化的了解片面，在胡新宇去世一個多月後，責難及對華為加班文化的質疑聲仍不絕於耳，關於華為「床墊文化」的各種版本在網上層出不窮，使任正非承擔著極大的壓力。為此，他在內部會議上發表了《天道酬勤》的長篇講話，二〇〇六年七月二十一日，華為內刊《華為人報》（第178期）頭版頭條刊發了這篇講話，第二天即被國內諸多媒體轉載。這是任正非首次正面非正式地回應外界的輿論。他在文章中寫道：

　　華為正處在一個關鍵的發展時期，我們已經連續數年大量招收新員工，壯大隊伍。新員工進入華為，第一眼看到的、處處感受到的就是華為的艱苦奮鬥。一些人對此感到不理解。他們會提出這樣的問題：華為為什麼要艱苦奮鬥？回答這個問題涉及另一個根本的問題，那就是：華為為什麼能活到今天？華為將來靠什麼活下去？我們今天就來討論一下這個問題。

　　他在文章中闡明了自己的觀點：

　　（1）不奮鬥，華為就沒有出路。他說，創業初期，我們的研發部從五六個開發人員開始，在沒有資源、沒有條件的情況下，秉承二十世紀六〇年代「兩彈一星」艱苦奮鬥的精神，以忘我工作、拚搏奉獻的老一輩科技工作者為榜樣，大家以勤補拙，刻苦攻關，夜以繼日地鑽研技術方案，開發、驗證、測試產品設備……沒有假日，沒有週末，更沒有白天和夜晚，累了就在墊子上睡一覺，醒了接著幹，這

就是華為「墊子文化」的起源。雖然今天墊子只是用來午休，但創業初期形成的「墊子文化」記載的老一代華為人的奮鬥和拚搏，是我們需要傳承的寶貴的精神財富。艱苦奮鬥是華為文化的靈魂，是華為文化的主旋律。

（2）管理團隊和全體員工的共同付出和艱苦奮鬥鑄就了華為。華為在茫然中選擇了通信領域，是不幸的。這種不幸在於，所有行業中，實業是最難做的，而所有實業中，電子信息產業是最艱險的；這種不幸還在於，面對這樣的挑戰，華為既沒有背景可以依靠，也不擁有任何資源，因此華為人尤其是其領導者將注定為此操勞終身，要比他人付出更多的汗水和淚水，經受更多的煎熬和折磨。唯一慶幸的是，華為遇上了改革開放的大潮，遇上了中華民族千載難逢的發展機遇。公司高層領導雖然都經歷過公司最初的歲月，意志上受到了一定的鍛鍊，但都沒有領導和管理大企業的經歷，直至今天仍然是戰戰兢兢、誠惶誠恐的，因為十餘年來他們每時每刻都切身感受到做這樣的大企業有多麼難。

（3）虔誠地服務客戶是華為存在的唯一理由。由於華為人廢寢忘食地工作，始終如一虔誠地對待客戶，華為的市場才開始有起色，友商看不到華為這種堅持不懈的艱苦和辛勞，產生了一些誤會和曲解，不能理解華為怎麼會有這樣的進步。還是當時一位比較了解實情的官員出來說了句公道話：「華為的市場人員一年內跑了五百個縣，而這段時間你們在做什麼呢？」當時定格在人們腦海裡的華為銷售和服務人員的形像是：背著我們的機器，扛著投影儀和行囊，在偏僻的路途上不斷地跋涉……

（4）天道酬勤，幸福的生活要靠勞動來創造。我們有一種從未有過的幸福和神聖的責任感。我們的勞動不僅改變了人們的生活，增進了人們的溝通，也一天一天地充實著我們自己，充實著我們家人的生活，也在一年一年地改變我們自己的生活。我們在分享勞動果實的同時，又增加了對未來的憧憬，這些在慢慢地加深著我們對勞動本身的體悟和認識。拚搏的路雖然艱苦，但苦中有樂，樂在其中。奮鬥就是付出，付出了才會有回報。

（5）戒驕戒躁，繼續艱苦奮鬥。幸福不會從天降，全靠我們來創造，天道酬勤。

任正非的講話，在華為員工中引起了共鳴。不少人認為，選擇華為，就意味著艱苦奮鬥，如果想好好幹必須要加班，不加班怎麼做出比別人更好的成績來？如果想輕鬆地過日子，費勁到華為來幹什麼？華為是成就事業和奔小康的地方，進華為不就是想實現點人生價值嗎？

華為員工對於華為的「狼性文化」是很認同的，非常引以為榮，因此，華為員工不像人們想像的那樣反對這種文化，相反從內心擁護這個文化，加班都是自動自發的。他們不是這種文化的受害者，而是直接的、最大的受益者，成千上萬個小康之家出自華為。他們還是這種文化的傳播者。「『床墊文化』還得繼續，不然華為如何跟海內外的競爭對手拼？」一位華為員工表示，這是國內很多企業需要正視的，只是希望公司能更多關注員工的生活和工作狀態，尤其要注意公平。「這篇講話最重要的是統一了華為內部員工的思想認識，我們都

非常喜歡讀這篇文章，」華為的一位高級經理說，「這篇文章以非正式的方式，澄清了外界對華為的質疑，更重要的是，它堅定了華為人的一個信念：不管外界如何評說，華為都將走好自己的路，我們問心無愧。我們不會對外界七嘴八舌的妄議置之不理，但也不會跟著瞎起鬨，有些東西是越解釋越糊的。而這次直接由任正非出面，拋出了華為堅定的觀點，自然也就堵住了無中生有的非議。可以說，這是遏止網絡上各種版本的質疑的關鍵。」

此後，當有媒體詢問華為文化時，華為的高管就說：「我建議你們看一下任正非的《天道酬勤》，裡面說得非常明白。任由網絡媒體如何炒作，華為都有一個不變的信念——艱苦奮鬥的精神不能丟。這是華為員工的一個共識。」

確實，當任正非在內部會議上宣讀了長達八千多字的《天道酬勤》長篇講話並在華為內部刊物上發表，作為對網絡熱炒的「過勞死」「床墊文化」等指責的回應後，華為員工高度統一了認識，也在社會公眾間贏得了支持。一度熱絡的網絡指責聲漸漸歸於沉寂。

當然，任正非也知道「狼性文化」與人本文化是有衝突的，為此他在公司內部也極力提倡溫情文化。華為在公司內部發布的《2008華為社會責任報告》中指出，過去一年，公司首次設立了首席員工健康與安全官，目的在於進一步完善員工保障和職業健康計劃。從二〇〇八年下半年開始，華為員工發現，郵箱裡不時會收到副總裁紀平的郵件，提醒大家要注意勞逸結合、注意身體健康。她新增的頭銜是「首席員工健康與安全官」。公司還為研發人員增添了專用休息室、娛樂

設備等。

任正非希望這樣的文化能在華為落地生根，讓群狼在矛盾和平衡中繼續前進。

四、再一次寒冬警告

扛著「狼性文化」的大旗，華為人不懈地努力著。但二〇〇七年上半年，華為剛剛從冬天走到春天，剛走上快速發展軌道，任正非卻再一次發出寒冬預警。他說，要「對經濟全球化以及市場競爭的艱難性、殘酷性做好充分的心理準備」，並提醒員工，「經濟形勢可能出現下滑，希望高級幹部要有充分心理準備。也許二〇〇九年、二〇一〇年還會更加困難」。

這一次與二〇〇四年第二次的提法又有所不同。二〇〇四年正是我國宏觀調控嚴峻之年，一大批企業落馬，但IT業迎來了一個「暖冬」，緩解了二〇〇〇年互聯網泡沫的影響後，國內互聯網企業大批奔向復甦的納斯達克，整個IT行業開始活躍起來。二〇〇四年有多達九家中國互聯網公司在納斯達克或香港成功上市。聯想集團也在年底出手收購IBM個人電腦部門。

而在二〇〇四年第三季度的內部講話中，任正非又稱，華為要注意冬天。在長達一萬三千字的講話稿中，他檢討、審視了華為當時遇到的嚴峻困難，稱這場生死存亡的鬥爭本質是質量、服務和成本的競爭。但與上次相比，這次冬天的預告影響力有所減弱，主要是他更加細緻地探討了華為的內部問題。

任正非進一步發展了其冬天預報的理念，認為：「我們需要把困難真實地告訴大家，如果我們沒有預見未來困難的能力，我們陷入的困境就會更加嚴重。」事實上，華為二○○四年的全球實際銷售收入達到了三十八點二七億美元，創造了該公司十七年歷史中最高的銷售紀錄。國際銷售的強勁增長，對華為的銷售增長做出了主要貢獻。

任正非做出的是一個長期趨勢而不是短暫週期上的預測。他分析認為，造成冬天是因為行業供給過剩，整個信息產業都在遭遇冬天。信息產業由於技術越來越簡單，技術領先產生市場優勢已不再存在，反過來是客戶關係和客戶需求。

他的根據是，傳統經濟的調節是通過調節資源來完成的，而在信息產業，誰也控制不了資源。支撐信息產業發展的兩個要素，一是數碼，二是硅片的原料二氧化硅。這些都是取之不盡用之不竭的，從而將導致電子產品過剩。這場生死存亡的鬥爭的本質是質量、服務和成本的競爭。

華為在成本問題上占據了優勢，特別是與西方公司相比，華為的研發成本只是國際公司的三分之一左右，成長情況還比較好，所以度過困難時期的可能性要比西方公司大，同時也比小公司強。

華為的措施是，積極擴大海外市場。在國內市場上，增長速度可以下滑，但不能低於別人；要提高質量，做好服務，同時降低成本；適當與競爭對手開展合作，降低研發成本；在目前殘酷的競爭環境下，寧可虧華為也不能虧產業鏈同盟，因為華為虧一點能虧得起，同盟軍虧一點就死掉了。一旦春天到來，這些同盟軍，如代理分銷商

等，就可以生龍活虎地出去搶單，華為就緩過來了。

隨著企業規模的進一步發展，任正非對熬過冬天更有信心了，他甚至表示：「冬天也是可愛的，並不是可恨的。我們如果不經過一個冬天，我們的隊伍一直飄飄然是非常危險的，華為千萬不能驕傲。所以，冬天並不可怕。我們是能夠度得過去的，今年我們的利潤可能會下降一點，但不會虧損。與同行業的公司相比，我們的盈利能力是比較強的。我們還要整頓好，迎接未來的發展。」

二〇〇七年是華為發展勢頭強勁的一年，它進入了世界通信設備商前五強，似乎是應該慶功的時刻，但任正非仍時刻保持著危機感。他認為，面對當前的形勢，面對競爭強手，華為要做國際市場秩序的維護者，而不是破壞者；要向強者學習，尊重他們的市場領導地位，積極但有序地開展競爭。

「我們僅僅是比其他公司對這個競爭殘酷性認識早了一點點，所以才倖免於難。」任正非反覆提到一個問題，比如光傳輸產品，七八年來降價了二十倍。產品過剩導致絞殺戰，就像擰毛巾，這毛巾只要能擰出水來，就說明還有競爭的空間，但毛巾擰斷了，企業也就完了，只有毛巾擰乾了，但毛巾還不斷，才是最佳狀態。華為公司能長久保持這個狀態嗎？

任正非曾向一個朋友訴苦：「當然，我曾經悲觀過，曾經很發愁，覺得苦悶。華為公司只要稍稍不行了，怎麼發工資啊？我覺得這是一個很大的壓力。」

壓力到底來自哪些方面呢？

二〇〇六年經歷了影響甚大的員工胡新宇死亡事件後，兩年來仍不斷有員工自殺與自殘，而且員工中患憂鬱症、焦慮症的也不斷增多。針對華為內部「非正常死亡」過多，任正非發表了自己的看法，他說：「近期有些員工自殺，我心裡是很沉重的，也很理解他們，因為從一九九九年到二〇〇七年，其實我個人就多次有感覺活不下去的經歷，我跟他們是同類，所以我才有這麼多感觸。」

他勸告員工，不要做一個完人，做完人很痛苦。他在文章中寫道：

人生出來最終要死，那又何必要生呢？人不努力可以天天曬太陽，那又何必要努力以後再去度假曬太陽呢？如果從終極目標來講，覺得什麼都是虛無的，可以不努力，那樣就會產生悲觀的情緒。我們的生命有七八十年，這七八十年中努力和努力不一樣，各方面都會不一樣。在產生美的結果的過程中，確實充滿著痛苦。農夫要耕耘才會有收穫；建築工人要不懼日曬雨淋，才會有城市的美好；沒有煉鋼工人在爐火旁熏烤，就沒有你的瀟灑美麗，沒有你駕駛的汽車，而他們不再需要什麼護膚品；海軍陸戰隊員不進行艱苦頑強的訓練，一登陸，就會命喪沙灘。少壯不努力，老大徒傷悲，我想各位考上大學，都脫了一層皮吧……所有的一切，沒有付出，是絕不會有收穫的。鮮花的美麗，沒有肥料，以及精心的照料，是不可能的。當然這些都是必要的痛苦，我今天要講講如何避免一些不必要的痛苦。

......

金無足赤，人無完人。完人實際上是很少的，我不希望大家去做一個完人。大家要充分發揮自己的優點，做一個有益於社會的人，這已經很不錯了。我們為了修練做一個完人，抹去了身上許多的棱角，自己的優勢被壓抑了，成了一個被馴服的工具。但外部的壓抑並不會使人的本性完全消失，人內在本性的優勢，與外在完人的表現形式，不斷地形成內心衝突，使人非常痛苦。我希望把你的優勢充分發揮出來，貢獻於社會，貢獻於集體，貢獻於我們的事業。每個人的優勢加在一起，就可以形成一個具有「完人」特質的集體。

任正非採取了諸多措施，力求緩解員工壓力。除了安排常務副總裁紀平專門負責這項工作外，他還制定了幾項內部政策：對於那些在市場前線參與競爭投標、高強度作業，壓力太大的員工，可以短時間到海濱去度假，費用由公司支付。還有一些工作強度太大，短時間身體不太好的，可以臨時到五星級酒店進行緩衝。華為還購買了一級國際救援保險，為員工支付的各種保障費用約為八億元。華為員工在海外發生意外，會有直升機送他們到華為認證的醫院去搶救。

任正非面對的另一方面壓力則來自於全球電信業融合及企業整合與華為封閉式發展的矛盾。沒有大手筆的併購，華為的國際化幾乎是「小米加步槍」一步步走出來的。公司發展歷史不過二十年，國際化歷程不過十年，其國際化模式非常「原始」，那就是把通信產品賣給國外客戶。現在，固網與移動網絡的融合，造成運營商出現大面積的

規模重組，運營商向全業務趨勢發展，在這一趨勢促使下，硬件設備企業也需要通過重組來滿足運營商的要求，同時電信業自身的規模經濟表現日漸突出，電信業競爭向成本競爭轉移，這些實際上直接造成了華為在全球市場上競爭局面的惡化。

愛立信收購了馬可尼（即馬可尼公司）；阿爾卡特合併了老牌電信商朗訊公司，隨後又合併了北電的3G部門；諾基亞合併了西門子通信部門……這些合併其實都是在電信業融合的大趨勢下完成的，合併完成之後，華為發現，通過幾年努力縮小的差距，又很快加大了。同時，合併後的企業，在設備提供、全套解決方案及IT服務上已經發生了質變，換句話說，遊戲規則已經不同了，現在拼的可能不是簡單的設備價格問題，人家會問「你有沒有規模能力」，而不是「你能不能便宜點」。

這些因素直接造成了華為所謂冬天的逼近。不過，任正非始終是一個憂鬱的樂觀者，他有比賺錢更宏大的理想，並用它點燃了幾萬華為人的激情，從而把每個員工的個人意志轉化成組織意志。任正非也許是中國最有資格談論成功學的企業家，但他一次也沒有談過。這個龐大帝國的控制者想得最多的是失敗，準確地說，是如何避免失敗。他說：「我們生存於一個叢林世界，每一天，每一時，每一刻實際上都在被危險所包圍著。如果你不始終保持對危險的警覺，變得麻木、麻痺，危險可能就會悄無聲息地由一個黑點變成黑影，由一個黑影變成巨大的威脅籠罩在組織頭上，所以，戰勝恐懼，戰勝不安全感的過程，其實就是企業走向成功的過程。」

當然，任正非還有一個心病沒有公開表露出來，只有孫亞芳猜出了七八分——他擔心員工尤其是高級幹部「沉澱」和「腐敗」，絕不允許堡壘從內部攻破。一個人保持階段性的活力、激情是容易做到的，一個組織保持兩年、三年甚至五年的活力也是相對容易的。但是，持久地保持激情與活力，大概是組織領袖們經常面臨的難題。他一再提出「公司最大的風險來自內部，必須保持幹部隊伍的廉潔自律，努力營造一種氛圍，有利於大家團結合作」。

　　一天早晨，孫亞芳從財務部門前經過，發現一幫人前呼後擁的不知在幹什麼，走近一問，才知道任正非住醫院了，他們幾人給老闆送點東西過去。

　　以往任正非生病住院，孫亞芳總是第一個知道，但這次她毫不知情。她回到自己辦公室後一直在想為什麼，以她的心智，很快就想明白了。二〇〇五年公司內部傳出流言，說任正非想娶孫亞芳，因公司董事會不同意，所以沒有娶成。這個流言傳了兩年任正非才知道，他不申辯，也不追究，所謂流言止於智者。但他不得不重新審視自己與孫亞芳的關係，盡量避免出現讓人誤解的地方。不然，公司高層會聯合起來反對他。

　　另外還有一件事情也讓任正非很苦惱，他想讓兒子任平進入華為最高決策層，成為九個EMT成員之一，但遭到徐直軍的強烈反對，理由很簡單，老闆的直系親屬不得進入公司高層，除非經公司考評完全達到要求，而任平的資歷、知識才能和個人業績都顯得十分平淡，還需要更多的歷練。董事會裡有好幾個人都跟徐直軍持同樣意見，這

件事就此被擱置下來，使任正非的心裡也擱置了一塊石頭。

孫亞芳聽到任正非住院的消息後，第二天便去了醫院，見到任正非時，她發現他面色蠟黃，眼神黯淡憂鬱，滿臉皺紋使他看上去比實際年齡蒼老許多。她低聲說：「任總生病幾天了我都不知道，今天才來看你，你不會怪罪我吧？」

任正非苦笑道：「老毛病了，沒什麼好看的。年紀一大，毛病就多，胃病、糖尿病、高血壓、抑鬱症，甚至這個癌那個癌都找來啦，我是不是真的已經老了？」

「是啊，才幾天沒見，你的確老了許多。一晃我到華為來都已經十六年了，相當於兩個抗戰的時間，我也老了。你帶著華為風風雨雨地走過了二十年，太操心了。你雖然是軍人出身，但也不是鐵打的，現在累出一身病來，還跟那些小夥子一樣拼，那怎麼行啊！」孫亞芳動情地說。

任正非本想對孫亞芳說「你還年輕」，但他想了想，還是決定只談工作。「華為要過冬，不拼不行啊。縱觀那些已經倒下的企業，固然有外力的作用，但根本原因還在於內部，在於自身生長的基因，能否保持持續的危機意識和創新精神，能否構建良好的內部機制，進而長期保持自身的內在活力，從而為企業提供生生不息的長期牽引力。我們管理隊伍中的老幹部太多了，他們的奮鬥精神還在不在？他們的雄心壯志還在不在？這是我最擔心的。」他始終堅持認為，任何一個組織，尤其是商業組織，在成長的過程中不可避免會滋生怠惰、腐敗、內幕交易等，這些問題會使一個組織走向衰落和崩潰。華為發展

了二十多年，也充滿相似的企業病變，只有對此保持足夠的警覺並進行有效的清洗，才能使華為持續不斷地進步。

孫亞芳知道，人力資源治理始終是任正非不斷強調的主題，他要求在市場低潮期間培育出一支強勁的隊伍來，提高人均效益，同時強化績效考核管理，實行末位淘汰，激活整個隊伍，強調末位淘汰永不停止，研發體系的戰略隊形和組織結構要隨著環境變化進行調整和變化，確保冬天過去、春天到來時，組織結構和戰略隊形保持不亂。但現在華為內部的確出了問題，他一貫的集權主張與目前的「諸侯割據」有很大衝突，華為各個支持平台的老總都有相當大的權力，任正非擔心自己會被架空；各部門之間經常出現不協調和利益矛盾，內耗也越來越大。對此，孫亞芳勸任正非說：「你都躺在病床上了，還擔心那麼多。高級幹部都是經過無數次考驗的，絕大部分人值得信賴，他們會做好自己分內的事情，你對他們應該放心。」

「我不是對他們不放心，而是因為他們中間功臣太多，有的人開始居功而懈怠下來了。幹部隊伍要永遠保持活力，要有更嚴密、更高效的組織。對華為來說，只要結構不散，組織不垮，前面燒掉的錢就會變成所有後來的無形財富，這些都是華為的增值財富。現在，華為正處於關鍵時期，要享受以前的投資增值，就要團結起來，使這個隊伍不要散掉。你回去後馬上召開一次高級幹部會議，討論一下幹部和治理架構調整問題。」

孫亞芳淡淡地說：「我明白你的意思，回去就把你的指示傳達下去。」

第九章

不斷超越

從模仿到跟進，再到超越，這是華為成長的三步曲。任正非領導下的華為太任性了。它不上市，在獨立自主、艱苦奮鬥中獨闖江湖；它不引進，不吸收，在獨立進行科研開發中摸索前行；它不怕虎，不懼豹，在全世界範圍內逼平思科，叫板微軟，令愛立信膽寒。更為重要的是，任正非既能超越別人，更能不斷超越自己。

一、為了打贏「班長戰爭」

在任正非的授意下，二〇〇七年最後兩個月，孫亞芳開始調整七大支持平台的領導幹部。這既是激活幹部隊伍的需要，也是打贏「班長的戰爭」的需要。

任正非解釋說，經過二十年的發展，華為已經從過去的中央集權變陣，未來有可能通過現代化的小單位作戰部隊在前方發現戰略機會，迅速向後方請求強大火力，以現代化手段實施精準打擊。一線作戰部隊可能不需要這麼龐大了。他同時強調：我們既要及時放權，把指揮權交給一線，又要防止一線的人亂打仗，所以監控機制必須及時跟上。我們利用資本的方式跟上去，資本不是流程化的，而是在流程外面的。當「軍隊」快速前進時，很多車嘩嘩嘩就過去了，子公司董事會在旁邊看半天，一旦發現問題，就坐著直升機來追，你就是非流程化。我們從以技術為中心，向以客戶為中心的轉移過程中，如何調整好組織，始終是一個很難的課題。

在一次高級幹部會議上，任正非給大家講了一段「九龍治水」的故事。九龍治水是一個古代的典故，原意指多條龍治水，結果沒有龍

去管行雲布雨之事。華為在內部管理流程上，還存在「九龍治水」的局面，各管一攤，流程上無法打通，責任也不明確。還有一個類似的說法是：鐵路警察各管一段。華為結合公司的業務，二〇〇三年以來，內控、流程質量等都加大了對合規和流程遵從的管理力度，投入了很多精力，這是好事，但是，如果每個部門每個主體都有一套自己的做法，各自為政，既管理不好，也會浪費人力物力。「你們看重過程，但我看重的是結果，從結果來選拔幹部。另外，高端手機若以技術為導向，賺不了錢，那這個高端是沒有價值的，過不了三個月，高端就成低端了。如果只是試探著科研，我們不反對，但是你們若要做成一個產品，需要別的業務來補貼，我認為有必要在策略上好好分析。」他最後總結說，「一年之計在於春，希望你們在春天播的是好種子，發的是好芽，秋天才能帶給我們收穫。若你們在秋天收不到糧食，我們一定會餓死。漲工資的錢從哪裡來？」

任正非始終認為，人才進來後要不斷流動，能上能下，征伐四方。因此，華為的人才調配與一般公司不同，它往往不是把差的人調走，而是把最好的員工「發配」各地。一位員工感慨道：「在華為的短短四年，我獲得了難以想像的豐富經歷，從研發部到市場部到服務部，在其他企業是完全不可能的。」華為的人員調配致力於鍛鍊優秀者，攪活「沉澱層」。

孫亞芳與華為決策層EMT中的其他元老不同，儘管她對工做事無鉅細，但她似乎沒有刻意建立自己的隊伍，也沒有培植自己的親信，可以說她一直堅持著公平和公正的幹部調整原則，在處理人事問題上一向鐵面無私。但即使如此，她也沒有樹敵太多，甚至很多從華

為走出來的高管，談起孫亞芳，依然對她十分敬重。這次她不再反對任正非的決定，準備妥協，畢竟管理機構的確是太臃腫了，不僅運行成本過高，而且內耗也影響到了效率。她採取了一個折中的辦法，力爭把精簡人數控制在百分之十以內，骨幹人員還是得保持相對穩定。

會後，所有工作滿八年的幹部和員工，在二〇〇八年元旦之前都要辦理主動辭職手續，然後再與公司簽訂返聘勞動合同。這次申請辭職的有六六八六人，其中六五八一人重新簽約上崗，其餘的全部「自願」選擇退休或病休，有九十多名幹部主動要求減薪。在這次人事變革中，任正非向董事會申請了退休，董事會批准後又返聘他擔任首席執行官的職務。

外界分析認為，這種先「主動辭職」再「競爭上崗」的做法，目的是想卸下新勞動法律下應承擔的經濟與法律責任，減少對解聘員工的補償。任正非對此不做任何解釋，只給核心管理層及部分產品線高管發了一封郵件，他在郵件中說：「思科現在開始實行很多政策，如減少員工出差；減少會議；高層領導出差不能坐頭等艙，要坐須自己掏錢；等等一系列措施。思科尚且如此，華為就能獨善其身？」

在二〇〇九年元月的銷服體系奮鬥頒獎大會上，任正非又闡述了這樣幾條：

其一，後方配備的先進設備、優質資源，應該在前線一發現目標和機會時就能及時發揮作用，提供有效的支持，而不是擁有資源的人來指揮戰爭、擁兵自重。

其二，誰來呼喚炮火？應該讓聽得見炮聲的人來決策。

其三，努力做好客戶界面，以客戶經理、解決方案專家、交付專家組成的工作小組，形成面向客戶的「鐵三角」作戰單元。

其四，基層作戰單元在授權範圍內，有權力直接呼喚炮火。

其五，一線的作戰，要從客戶經理的單兵作戰轉變為小團隊作戰，而且客戶經理要加強營銷四要素（客戶關係、解決方案、融資和回款條件交付）的綜合能力。

任正非強調說，我們機構設置的目的，就是為了作戰，作戰的目的，是為了取得利潤。平台的客戶就是前方作戰部隊，作戰部隊不需要的，就是多餘的，這才是打贏「班長戰爭」的組織保證。

剛開始任正非的認識也是有侷限性的。他在EMT會上講了話，要縮短流程、提高效率、減少協調，使公司實現有效增長，以及現金流的自我循環。但他提出的措施確實有點問題，單純地強調精簡機關、壓縮人員、簡化流程，遭到了部分EMT成員的反對。他們認為機關幹部和員工壓到一線後，會增加一線的負擔，增加成本，而且也幫不上什麼忙。機關幹部下去後以總部自居，反而干預了正常的基層工作。後來，任正非聽取了一些中層幹部的意見，他們認為組織流程變革要倒著來，從一線往回梳理，平台（支撐部門和管理部門，包括片區、地區代表處的支撐和管理部門）只是為了滿足前線作戰部隊的需要而設置的，並不是越多越好、越大越好、越全越好。要減少平台部門，減輕協調量，精減平台人員，效率自然就會提高。這樣，

EMT決議還未出籠就被反了一個方向，但如何實現這一點呢？問題仍然擺在前面。

任正非長篇大論，對如何打贏「班長戰爭」作了說明。用個比喻，就是過去的組織和運作機制是「推」的機制，現在要將其逐步轉換到「拉」的機制上去，或者說，是「推」「拉」結合，以「拉」為主的機制。推的時候，是中央權威的強大發動機在推，一些無用的流程、不出業績的崗位，是看不清的。拉的時候，看到哪一根繩子不受力，就將它剪去，連在這根繩子上的部門及人員也一併減去，組織效率就會有較大的提高。最後，他提醒說，未來的不可知性使我們的前進充滿了風險，面對著不確定性，各級主管要抓住主要矛盾以及矛盾的主要方面，要有清晰的工作方向，以及實現這些目標的合理節奏與灰度；多一些自我批判，要清醒感知周圍世界的變化，「深淘灘，低作堰」。「深淘灘」就是多挖掘一些內部潛力，確保增強核心競爭力的投入，確保對未來的投入，即使在金融危機時期也不動搖；「低作堰」就是不要因短期目標而犧牲長期目標，多一些輸出，多為客戶創造長期價值。

為了體現對管理的重視，任正非在公司召開了一次「藍血十傑」表彰大會，表彰那些對華為的管理做出貢獻的員工。「藍血十傑」是「二戰」結束後發生在美國的故事，來自美國戰時陸軍航空隊「統計管制處」的十位菁英，被剛剛從老亨利・福特手中接過福特汽車公司控制權的亨利・福特二世招至麾下，進入公司計劃、財務、事業部、質量等關鍵業務和管理控制部門。從此，他們掀起了一場以數據分析、市場導向以及強調效率和管理控製為特徵的管理變革，使得福特

汽車公司擺脫了老福特經驗管理的禁錮，從低迷不振中重整旗鼓，扭虧為盈，再現當年的輝煌。這十位菁英所抱持的對數字和事實的始終不渝的信仰，以及對效率和控制的崇拜，使之獲得了「藍血十傑」的稱號，人們將他們尊稱為美國現代企業管理的奠基者。

任正非在這次表彰大會上提出了這樣的問題：有一種流行的觀點說，在互聯網時代，過去的工業科學管理的思想和方法已經過時了，現在需要的是創新，是想像力，是顛覆，是超越。真的是這樣嗎？科學管理過時了嗎？我們真的不再需要基於數據和事實的理性分析和精細管理了嗎？他的回答是否定的。

任正非認為：「西方的職業化，是從一百多年的市場變革中總結出來的，它這樣做最有效率。穿上西裝，打上領帶，並非為了好看。我們學習它，並不是完全僵化的照搬，難道穿上中山裝就不行？華為發展二十年來，有自己成功的東西，我們要善於總結，我們為什麼成功，以後怎樣持續成功，再將這些管理哲學的理念，用西方的方法進行規範，使之標準化、基線化。只有這樣，我們才不會成為一個僵化的西方樣板，而是一個有活的靈魂的管理有效的企業。」

這次變革，意味著經過二十年的發展，華為已經從過去中央集權變陣，開始採用特種兵小單位作戰模式。只有具備特種兵的素養，才可能打贏「班長的戰爭」。在深圳華為公司總部，開始流行這樣一句話：「要想進步快，趕快去海外。」歐洲市場業務的拓展，對華為員工提出了新的挑戰。任正非在重新上崗的幹部中抽調了一批業務骨幹，充實到歐洲市場，很大一部分人都是降級使用。即使如此，但他

們的工作激情仍然很高。改革後，項目組從簽合同到實際供貨只要四天的時間，這得益於華為管理結構的變革。華為不僅把各部門之間的配合管理做到了極致，還把供應鏈上公司以外的環節，當成公司的一個有機整體，使外協人員變成華為團隊的一個有機組成部分。華為成了一台由「狼群」組成的高效運轉的「戰爭機器」，其效率之高、配合之好，其他對手是很難超越並戰勝的。

任正非每隔三五年就階段性地宣布冬天到來的警示，而每次警示之後都有較大的人員調整、治理結構變革，有較高幅度的業績增長，這或許正是任正非的獨門秘訣吧？

二、決戰3G，超越對手

華為的人員、治理結構調整剛剛告一段落，任正非就摩拳擦掌，準備大幹一場，這時，他迎來了一個好消息。

二○○八年六月的一天，分管市場營銷的副總裁徐直軍走進任正非的辦公室，興沖沖地說：「有個好消息，任總，中國電信近日拋出了二七○億元CDMA網絡招標的大訂單，這可是中國電信接下C網後的首次動作。如果我們能夠將這塊蛋糕切下一大塊來，將是意義重大啊！」

任正非聽了十分驚喜，忙問道：「你的消息從哪裡來的？具體是怎樣的一個情況？」

「消息當然是來自中國電信決策層。中國電信表示將堅持『聚焦

客戶的信息化創新戰略』，綜合採取有效措施穩定固網經營，以3G發展為契機，將3G業務納入全業務經營，統一部署，穩步推進。將充分利用CDMA升級速度快、成本低的技術優勢，加快CDMA2000 EV效DO網絡在重點、熱點地區的建設覆蓋和網絡優化。」

任正非興奮地說：「好啊，我們苦等的時間實在太長了，機會終於來了。這次機會能不能抓住，全看你們市場營銷部的了。」

「我們會全力以赴的。不過，華為一向講究團隊作戰，還得有其他部門的緊密配合。」徐直軍說。

「是的，要讓所有支持平台快速運轉起來，進入戰備狀態，打好這一仗。」任正非的眼中閃耀著堅毅的光芒。

任正非之所以如此重視這單生意，其中一個原因是他曾經因為錯失CDMA與小靈通的發展機會而敗給了中興，弄得自己患了幾年的憂鬱症。這一次，賺錢多少不重要，只要拿到的單比中興多就行。

面對這份大餐，中興和華為劍拔弩張，準備決戰3G。

當時很多人還不知道3G到底有什麼用，只略知它是對基於2G的GSM網的升級換代。專業一點講，3G可提供視頻電視、手機電話、高速下載等移動寬帶多媒體業務，並保證高質可靠的服務。但因為經營商不同，採用的制式標準也不同。國內存在三種3G標準，即CDMA2000、W-CDMA、TD-SCDMA。中國政府積極倡導科研機構和移動通信企業儘早參與後3G時代技術的研發，以期在未來移動通信的發展上爭取發言權，與歐美等發達國家並駕齊驅。

但是，3G牌照在中國的下發可謂一波三折，儘管TD-SCDMA和W-CDMA各具優勢，TD-SCDMA相關產品已基本具備商用化的水平，但是，相比W-CDMA、CDMA2000存在的技術差距還很大。而W-CDMA、CDMA2000兩大標準的知識產權大部分掌握在歐美國家企業手中，國外眾多實力廠商對中國3G市場虎視眈眈，對TD-SCDMA的態度則以打壓為主，使得TD-SCDMA很難實現國際漫遊。對3G前景的難以把握，使國內各大運營商對網絡建設的投入有所顧忌，國內整個通信設備行業的發展也出現了等待3G的真空期。

　　W-CDMA、CDMA2000、TD-SCDMA這三大標準到底如何選擇？在無法預測的情況下，很多設備商不得不腳踏三隻船，中興和華為也不例外，雙方均在三大標準上有所投入。華為自一九九九年就啟動了ASIC項目，對3G的熱忱已經到了「從芯片做起」的程度，每次投片（將設計好的芯片交ＩＣ廠投產）所需費用都在幾百萬美元以上，加上高昂的設備投入，累計達五十億元人民幣。同時，為了促進3G業務價值鏈的發展，華為於二〇〇四年十二月建設完成了inTouch Lab體驗中心及聯合實驗室，提供給運營商及SP合作夥伴一個業務體驗和試運營的環境，建立廣泛的合作聯盟，鍛鍊業務創新開發能力。

　　任正非對3G可謂「潑金如水」，隨後又設立了多個研究所。深圳主要是W-CDMA數據卡的研發中心，在北京主要從事W-CDMA手機的研發，在美國主要是芯片和核心技術的研發，在瑞典則提供用戶界面設計和消費者研究，在韓國主要是工業設計和結構設計，在印度主要是軟件和算法支持。全球高科技人才協同作戰，持續高額的研發投入，奠定了華為3G堅實的技術基礎，也縮短了從技術向市場轉化的

時間。

在二〇〇五年十一月於香港舉行的亞太移動盛會——「二〇〇五3G世界峰會暨展覽會」上，一個走出去的華為全面展示了其國際化的3G戰略。從跟隨者到領跑者，再到布道者，華為的蛻變正以驚人的速度進行著。華為在此次展會上展示了包括3G業務、3G終端等在內的從系統平台到終端業務的全套3G解決方案，再次證明了其作為頂級3G設備提供商的技術實力。

其中，華為展台最耀眼的技術亮點就是率先推出了商用的新一代基站。這種新一代基站系統採用了從根本上提升3G網絡性能的三項標誌性技術：數字功放、寬帶收發信機和支持分布式應用。數字功放技術可以將現有基站系統的功放效率從百分之九提高到百分之二十七。寬帶收發信機帶來的直接好處是提高了基站系統的集成度，使基站擴容費用平均可以節省百分之二十以上。分布式應用是解決機房尋址、租賃困難的最好方案，採用分布式基站系統可以節省TCO（總擁有成本從產品採購到後期使用、維護的總的成本）高達百分之三十。

不過，侯為貴似乎比任正非有更多的籌碼，繼一九九七年順利在A股上市後，二〇〇四年中興再次啟動資本戰略登陸H股市場，為中興募集到了數額龐大的海外資金，中興完全有資本從容應戰。面對任正非的豪賭，侯為貴選擇中庸之道進行應對：W-CDMA不放棄，適度投入；依靠CDMA95標準大規模商用基礎，平穩向CDMA2000過渡；TD-SCDMA方面，拉攏業內國字號大唐電信，共同起草TD-

SCDMA國際標準，而且很快爭取到了政府的支持。中興既有資本優勢，又有政策和信息優勢，華為在第一輪CDMA與小靈通的競爭中失利完全在情理之中。

在一般人看來，任正非是一個有著非凡膽識的決策者，實際上他在重大戰略方向的決策上卻異乎尋常地謹慎。他說：「即便華為有3G之類的好時機，我們也不會盲目地把隊伍擴張得很大。」華為在GSM上晚了十多年，但是在3G上卻實現了與世界級水平同步。任正非從一開始就把寶押在W-CDMA上，決定將大部分公司資源投入到自己最擅長的GSM和W-CDMA領域。他認為W-CDMA是歐洲標準，與GSM一脈相承，必定是3G市場最大的蛋糕。中國電信C網產業鏈格局即將面臨重新洗牌，原來錯失C網發展機遇的華為，希望借此一役重新確立自己的王者地位，而在國內C網市場占有百分之三十份額的中興，則希望在3G來臨之前把盤子做大，不給華為任何可乘之機。

雙方在排兵布陣的同時，也各自發動了一些上不了檯面的「偷襲」戰。招標初期，雙方就開始較量，不僅互放裁員煙幕彈，力圖用輿論壓制對方。

就在華為和中興在北京為CDMA大訂單爭得頭破血流的第二天，就有報告稱，華為將在全國範圍內免費贈送設備，「華為在國內的CDMA市場接近零份額，因此進行大舉贈送的行為可以理解，但需強調的是，贈送設備未必能獲得市場份額」。似乎是為了配合這份報告，當天下午，市場就開始傳言華為在這次一百多億元的設備招標中，竟給出了六點九億元的「地獄價」，僅為報價最高的阿爾卡特–

朗訊公司的二十分之一。

消息出來當天，中興在A股和H股市場上就全線下挫。侯為貴知道，華為的招數是要給市場吹風，形成輿論攻勢。不過，華為更離奇的招數還在後頭。

據一位參與競標的業內人士說，在出手生猛的華為面前，中興不得不選擇降價更改標書，最終，中興使出了更令人怵目驚心的價格屠刀：「0」報價！但中興一早派出去送標書的工作人員卻錯過了送標時間，有謠傳說「其實是華為派人中途製造意外，把人截留了」。

首輪爭奪，華為成功將自己在國內CDMA的市場份額提升到百分之二十五。

二〇〇九年初，等來了W-CDMA標準3G牌照的中國聯通，迅速發放招標說明。擁有研發及市場優勢的華為對這次招標誌在必得。

第二次爭奪3G市場，中興在W-CDMA領域表現實在一般，最後它僅獲得百分之二十的市場份額，而華為則拿到了百分之三十一份額的訂單，華為兩戰雪恥。

國內3G大勢已定，侯為貴也無心戀戰，再次跟隨華為將觸角伸向歐洲，搶奪起數據卡業務。一個有趣的現像是，華為的兩個拳頭產品——W-CDMA、CDMA2000，銷售最為廣泛的地區恰恰就是它們的發祥地：W-CDMA在歐洲，CDMA2000在北美及日本。這從側面也說明了華為雄厚的技術實力，已經得到了最為挑剔的客戶的認可，其國際化戰略的深度可見一斑。但侯為貴很不甘心，他帶上低價屠

刀，在歐洲市場上又掀起了一場價格混戰，將原本售價二百歐元的數據卡降至十七歐元，致使華為損失了十億美元。不僅如此，中興的高調行為還引來了歐盟對包括華為在內的中國公司進行「三反」調查，令華為差點喪失繼續留在歐洲市場的權利。

面對挑戰，任正非自然不會坐視不理。很快，華為宣布將以侵犯公司數據卡、LTE（第四代移動通信系統）專利和商標權的名義，正式在德國、法國和匈牙利對中興提起法律訴訟。

面對這樣擺上檯面的對抗，中興會如何應對呢？二十個小時之後，中興發表了反訴聲明，聲稱中興也以侵犯LTE若干重要專利的名義，在國內對華為提起法律訴訟。

事實上，在通信業內，設備商之間相互置換專利已屬行規，華為、中興此番如此小題大做，實則是為了爭奪3G之後更有潛力的4G市場。這一戰，究竟是華為笑到最後，還是中興能絕地偷襲成功，一切有待揭曉。

任正非始終堅信，任何高科技企業都不可能在技術上長久處於領先地位，由於技術已經逐漸深入和完善，業務代替技術成為3G發展的瓶頸。長期打價格戰，也只會兩敗俱傷，唯有擁有大客戶，牢牢守住市場才是王道。

早在二〇〇二年，任正非就寫過一篇題為「迎接挑戰，苦練內功，迎接春天的到來」的文章，其中講了一個故事：「這次我們在發展過程中，在上海要建一個房子（華為上海研究所），市場部是少數

派，據理力爭，最後把我們多數派說服了。修了一個美國AMBOY公司設計的上海研究所的基地，當然也包括市場部的辦公機構和展廳。這裡面有一條走廊，有二十二米寬，三十五米高，六百五十米長，我看裡面可以起降五台直升機，可以在房子裡面進行飛行表演了。市場部說五年以後要把客戶嚇一跳，把他們震撼住，把合同給我們。」

五年過去了，華為在市場費用上「敢於花錢」已經出了名。任正非鼓勵員工該花錢的時候一定要捨得花錢，對重點客戶的投入不惜血本。他提出：「在資源和生產過剩的情況下，競爭的要義是什麼？就是看誰的質量好、服務好、成本低。」所謂服務好，主要是與客戶建立緊密連繫。

二○○九年夏，華為新買了一輛加長奔馳，任正非看到這輛超級豪華轎車時，還有點不滿地抱怨了一句：「這麼貴的車，原來只長了這麼一點！」不過抱怨歸抱怨，該花的錢還是要花。據說華為買這輛車的原因是非洲客戶喜歡。

去過華為總部的人，除了會對阪田高新技術工業園的優美感慨不已之外，都會被華為的超豪華車隊所震撼：受過嚴格訓練的一般身高的司機，還有清一色的奔馳車。但這支車隊的服務對象並不是任正非等華為高管，而是那些來華為考察的合作夥伴和客戶。華為總部每天都要接待來自全世界各地的客人。華為系統技術支持部（主要做客服工作）解釋說，上面提到的「加長奔馳」主要是投非洲合作夥伴所好。華為需要時刻做好準備，接受國際最挑剔客戶的目光的審視。

就在這一年，任正非帶領華為成功坐上了世界第二大通信設備商

的寶座，實現全球銷售收入二一八億美元，僅次於愛立信的二八六億美元，位居通信設備提供商世界第二。但是，在淨利潤和利潤率上，華為是當之無愧的第一。華為運營年度利潤率為百分之十四點一，淨利潤則為二十七億美元，淨利潤率達百分之十二點二。

至此，華為躋身電信運營商五十強（名列第22位）。華為在全球各地承建了近百個3G業務商用局和試驗局，產品涵蓋數據業務、話音業務、多媒體和融合業務等領域，尤其在移動流媒體、多媒體消息、視頻增值業務、FMC融合業務領域已取得全球領先地位。華為通過成熟的網絡設備提供豐富多彩的3G業務，包括多媒體彩鈴、無線監控、在線電視、在線訂票、無線廣告、聯網遊戲等3G業務應用，讓人們體驗到真實的3G生活。

可以說，在3G問題上，華為的目標清晰，決策快速，以其豐富的商用經驗和創新精神在挖掘3G業務體驗領域拔得頭籌，正是華為「以市場為導向，以客戶需求為驅動的行為宗旨」的結果。任正非為此感到十分高興。勝則舉杯相慶，二〇一〇年元旦，他設宴獎勵有功之臣。在宴會上，董事長孫亞芳自信地說：「我們不想當第一，但我們已經不可避免地走在成為第一的路上。」

三、由「硬」變「軟」的考量

在3G市場上拚殺一陣後，任正非回頭認真審視戰場後，不得不著力解決華為發展史上的一個重大困境——國內電信市場日益飽和，華為的巨大製造能力需要釋放，高額的研發費用需要新興市場的支

撐，華為必須找到新的快速增長的市場空間。任何公司從優秀到卓越的關鍵時刻，都會面臨「成功者的詛咒」，曾經的優勢會成為未來的包袱，華為也不例外。

IT業界有人說，三流的企業賣產品，二流的企業做技術，一流的企業做服務。在高度信息化的時代，軟件比硬件更重要，軟件需要密切關注用戶需求，提供個性化服務，「由硬變軟」成為未來的主流。從產品到技術，再由解決方案過渡到整個運營層面的服務，這是未來IT業發展的主流方向。

因此，很多人勸任正非「軟化」，甚至勸他跟阿里巴巴網絡技術有限公司（以下簡稱阿里巴巴）聯手或者自建網絡。但任正非最初設定的終極目標就是成為世界一流硬件供應商，怎麼能忘掉初心而改投其他門路呢？近十年來，電信業幾經沉浮，老牌巨頭朗訊、西門子紛紛倒下，競爭者中興也被爆出一系列腐敗醜聞。時至今日，華為列車正以加速度前行，處在保持國際一流設備商的征程中。

「媒體總是喜歡說我們『轉型』——不要提『轉型』！」任正非對華為的高管們說，「因為『轉型』會讓大家覺得今天幹這個，明天想幹那個，打一槍換一個地方，南轅北轍。華為的戰略是有持續性的，如果整天在改變，就不是戰略了。」所以，他一般不提「轉型」、（發展方向）「變革」這樣的字眼，只提「持續改良、改善」。

過去幾年，為了與中興、UT斯達康等競爭對手相抗衡，華為從二〇〇三年起就將硬件的研發延伸到了通信終端，開始製造手機。儘管任正非的初衷只是為了壓制對手，卻在「不經意」間壯大起來。不

過，在二〇〇八年之前的五年間，華為內部始終被視為滿足端到端解決方案的「配套存在」，甚至一度傳聞華為要出售終端業務。前幾年時間裡，華為從未生產過零售價高於二千元的手機。產品項目經理們必須經受住運營商苛刻的價格要求，其產品開發策略亦要求極強的成本導向——所有的產品立項書中最常用的詞彙就是「超低價」「超底價」「超低端」，而用戶個人體驗和精品意識並非首要考量要素。

終端走低端路線，也習慣了運營商定製模式，運營商也習慣將華為視作貼牌手機提供商，而不希望看到某一天貼牌手機上面同時印著華為的商標。因此，轉變不僅意味著成本增加，還面臨著丟失客戶的風險。終端和電信設備往往捆綁在一起，成為華為向運營商提供的產品，打自主品牌甚至還有可能影響華為的固有業務。果然，華為向運營商公布轉型之後，沃達豐、法國電信等全球大型運營商都撤銷了華為的訂單，而且華為終端公司內部機制和流程也都按照運營商定製來制定，員工和主管們形成了只為運營商低成本定製的思維習慣，對最終消費者的理解和把握還有所欠缺。

世界變了，從運營商級市場到消費者級市場，從低成本策略到消費體驗驅動，從工程師文化到消費者文化，成了華為內部熱烈討論的內容。最大的疑問是，一個講了二十多年的好故事，需要加入哪些新橋段？

IBM專注於企業市場，砍掉了面向消費者的PC業務；三星集團能夠給消費者帶來巨大驚喜，卻不能夠感動講求性價比的企業客戶。而任正非希望在一家公司裡將兩種基因混合在一起，製造一個新物

種。

二〇一〇年下半年，任正非將余承東從無線產品線調至終端業務，很快，余承東便成為華為終端的一面旗幟。他直率敢言、大話連篇的風格，使他成為網友「吐槽」最多的華為高管。面對「余大嘴」的稱呼，余承東只是戲謔地說：「我確實沒有吹牛，頂多就是不謙虛。」

余承東對任正非的意圖心領神會，抓住機會就充滿激情地長篇大論，關鍵詞是：意識，意識！他不止一次提及精品意識、消費者意識，在他看來，這是終端團隊甚至是華為最缺少的東西。他還說，長期做運營商定製手機，這個基因是華為終端最大的挑戰。最先嘗試從電信運營商背後跳到大眾消費者面前的是Ascend P1智能手機，這是第一款不依靠電信運營商，完全走社會渠道銷售的新產品。

在巴塞羅那世界移動通信大會上，華為用三千五百台手機模型搭建了一座高達六米的飛馬雕像。這個為外界稱道的策劃，華為內部卻再次有聲音斥之為「過於張揚」。不同觀念之間的衝突和碰撞，影響到了具體業務進展。

不過，從二〇一〇年開始，華為終端業務在保持高速度增長的同時，產品、渠道、營銷同時實現了重大轉變，不斷向更高端的產品突破。在渠道方面，華為終端開始自建品牌形象店，並與蘇寧雲商集團股份有限公司（簡稱蘇寧）、迪信通商貿股份有限公司（簡稱迪信通）等社會化渠道進行深度合作，使得華為終端的品牌可見度大幅提高；在新興的互聯網營銷上，華為電商渠道運營已初見成效。

二〇一一年初，華為最高管理層齊聚意大利西西里島，經過一番激烈的討論，他們終於統一認識，決定大力拓展運營商之外的市場，還提出了未來幾年內將銷售收入做到一千億美元的目標，這也意味著未來幾年華為必須保持不低於百分之二十的高速增長。此時，華為的「老師」IBM規模也在一千億美元左右。隨後，任正非將公司分成三大業務集團，分別面向運營商、企業和消費者。其中，所有面向消費者的業務如手機、其他終端設備、互聯網以及芯片業務（主要由華為控股的海思半導體有限公司承擔）整合在一起，並希望以此帶動公司繼續高速成長。這既是華為的主動轉型，也是外界的壓力所致：目前的運營商市場留給華為的空間已經極為有限。

余承東立下了軍令狀：在二〇一〇年完成二千萬部智能手機銷售目標的基礎上，二〇一一年華為必須完成六千萬部智能手機的銷售任務。

為了實現這一目標，余承東開始招兵買馬。隨著終端人員不斷增加，他向任正非求援，希望從運營商平台上調一些人過來。任正非兩眼盯著他，戲謔道：「我給你推薦兩個優秀人才吧，一個是普京，一個是梅德韋傑夫。」余承東只得自己另想辦法。

這並不是說任正非不重視終端，相反，他在智能手機市場重點投入，全線布局。華為的目標是在全球開一千家店。而且，他的思想已經開始轉變，有了由硬變軟的考慮。在他看來，未來的競爭不僅是終端的競爭，更重要的是應用軟件的競爭。他對余承東說：「相信未來兩三年，華為公司終端的質量會大幅度提升，讓它慣性往下走。你應

該重點抓商業模式、計劃管理這些方面。」他最後還強調：「你們這棵桃子樹上一定要結西瓜，不能只結桃子這一種商業模式。」

二〇一一年，華為實現銷售收入三二四億美元，折合二〇三九億元人民幣，距離電信設備老大愛立信（336億美元）僅一步之遙。華為即將面臨登頂時刻。在國內同行中，它已經無人比肩。在全國工商聯公布的中國民營企業五百強榜單中，華為名列榜首。

不久，任正非任和余承東進行了一次電話討論，兩人就互聯網是怎麼回事，華為的終端云該朝什麼方向發展，華為要不要由「硬」變「軟」進行了一番溝通。任正非的想法外界不得而知，但可以猜想，此時的他對華為由硬變軟是有所保留的。在後來提到華為轉型的話題時，任正非說：「我們已經走到了通信業的前沿，要決定下一步如何走，是十分艱巨的問題。我們以前靠著西方公司領路，現在我們也要參與領路了，我們要像西方公司一樣努力地對世界有所貢獻。」

相對於企業業務，華為的消費者業務進入更晚，而UT斯達康和中興一直走在前面。余承東不得不奮起直追。二〇一二年，華為在消費電子展上發布了最薄的雙核智能機，一個多月後，華為又發布「全球最快」的Ascend D Quad四核智能機。業界一片驚嘆，在西班牙巴塞羅那世界移動通信大會上要求進入華為演講現場的全球媒體遠遠超過預期。

如今已經不是僅靠產品（硬件）打天下的時代了，僅僅追求硬件的極致，已經讓一群半路殺來的互聯網廠商搞得完全沒有利潤。但余承東自信，蘋果打通硬件、軟件的模式，華為同樣也能做好，甚至做

得更好。

四、甩手掌櫃與輪值CEO制度

與時俱進的任正非，不斷調整著華為的業務方向，使得華為繼續保持高速成長，而在具體的管理上，他也主張分權、放權，發揮眾人的智慧。

華為在二〇〇四年便引進了EMT制度，隨後又導入了IBM原汁原味的IPD、ISC、IFS（集成財務轉型）管理模式，不過，任正非在EMT主席位子上屁股還沒坐熱就開始煩了，想做一個「甩手掌櫃」。為此，他在極力推行高層管理幹部輪崗的同時，實行EMT主席輪值制度：由八位領導輪流執政，每人半年，經過兩個循環，演變到輪值CEO制度。任正非稱，「也許正是這種無意中的輪值制度，平衡了公司各方面的矛盾，使公司得以均衡成長」。到二〇〇七年他被返聘為CEO後，又開始採用類似IBM的分權式管理制度。他在不斷否定過去和自我否定的基礎上，試圖完成一項畢其功於一役的使命：力圖將企業生命從企業家生命中剝離出來，完成從老闆到企業家的蛻變。

任正非認為，老闆與企業家的區別在於：首先，企業家應該以事業為重而不在乎個人名利，應該有為事業艱苦奮鬥、勤儉節約的精神；其次，企業家應具備社會責任感和歷史責任感，他領導的現代化企業也應當具有社會責任感；第三，企業家應具備開放的心態和與時俱進的學習精神，應有指導企業發展的理論和成功的實踐積累。

作為一個企業首腦，任正非是一個符號。這是一個深刻擁抱現實圖景而又有強大突進意志的人，他冷靜卻又激情，廣博卻又孤獨，偏執卻又包容，對危機坐立難安，而對戰勝困難又不可救藥地樂觀，如同歷史上的很多傑出人物一樣，複雜多面，與眾不同。

創業之初的任正非只是一個草根英雄，華為深深打上了他個人的烙印──一個經歷過「文革」和部隊的洗禮，熟讀「毛選」的中年人，來到深圳謀生，「由於當時幼稚」誤入了通信設備這樣一個競爭激烈的市場。作為一個管理者，他其實很喜歡務虛，選擇弱小者的生存法則，對內紀律嚴明、軍事化管理，對外採取游擊戰術，抓住一切可能抓住的機會，不給對手喘息的時間，做「讓洋對手睡難安枕的狼」。他的每一次征戰，都是竭盡全力，充滿了濃烈的火藥味。為了適應市場的這種打法，華為誕生了著名的「床墊文化」「狼文化」，也出現了過去沒怎麼聽說過的「過勞死」和不太被人們認知的「抑鬱症」。他總結說：「華為第一次創業的特點，是靠企業家行為，為了抓住機會，不顧手中資源，奮力牽引，憑著第一、第二代創業者的艱苦奮鬥、遠見卓識、超人的膽略，使公司從小發展到初具規模。第二代創業的目標就是可持續發展，要用十年時間使各項工作與國際接軌。它的特點是要淡化企業家的個人色彩，強化職業化管理。把人格魅力、牽引精神、個人推動力變成一種氛圍，使它形成一個場，以推動和引導企業的正確發展。」

任正非既傳統保守，又善於吸納新知識。從一九九六年開始，在中國企業普遍接受「狼性文化」的時候，華為就開始褪掉狼性，思考管理的標準化、規範化、國際化和職業化。任正非選擇並行兩條路徑

來完成這次嬗變：一條是改造企業文化與核心價值觀，包括重修《華為基本法》，對「狼性文化」進行重新定義；另一條是進行流程再造，不惜巨資引進IBM的IPD模式，進行面向客戶的流程管理。

在這一過程中，最令任正非和華為員工印象深刻的是英國電信對華為的考核，其內容細到「員工宿舍安全、員工工資是否符合《勞動法》、產品環保認證」等，應該說，IBM的IPD模式和承接英國電信的訂單，不僅從內部和外部再造了華為，使華為的經營國際化、管理規範化、人員職業化，真正從「土八路」蛻變為「正規軍」，而且讓華為人第一次真正意識到那些跨國公司在關注產品背後的「人」時，細化到何種地步，而這是華為和其他進軍國際市場的中國企業的一個不容忽視的短板。

有人說，任正非這一代中國企業家最大的痛苦，不是對自身企業與國際企業之間的巨大差距有著清醒的認知，而在於明知差距所在，卻無法按照國際企業已經驗證的成功發展模式去追趕，只能遷就於人與制度的現狀迂迴前進。這樣的一種「路徑依賴」，體現在任正非身上，隨著華為的「運動」力量越來越稀少，從告別二十多年的「中央集權」到懸而未決的接任人問題，企業家精神正在經受嚴峻的考驗，在一個人的企業和一個傳承的組織之間，有著一條巨大的鴻溝。

所以，任正非說：「也是無能、傻，才如此放權，使各路諸侯的聰明才智大發揮，成就了華為。」他又說，「我那時最多是從一個甩手掌櫃變成了一個文化教員。」在這一轉變過程中，他提出的解決辦法是自我批判。在一次高管會議上，他講了這樣一個故事：

鳥類最長壽的動物是老鷹，老鷹到了四十歲，喙就開始變得越來越長，越來越厚，爪子變得越來越遲鈍，身上的羽毛積得越來越厚，飛行起來越來越笨重。兩個選擇，選擇之一就是等死，第二個選擇是挑戰自我。老鷹在自我戰勝這個問題上比我們人類，第一聰明，第二意志堅定。當四十歲到來時，老鷹就開始很艱難地飛行到某處布滿岩石的山區，然後把喙在岩石上來回磕打，最終把自己的喙打掉。過了一段時間，喙稍微硬了一點兒，又用喙一點一點地把爪子上的指甲拔掉，再一點一點地把身上的很多羽毛拔掉，這時的老鷹變得極其衰弱，但是一次痛苦的自我改造和自我批判，帶來的是一五〇天之後，老鷹的重生。所以，它接著還可以活三十歲。老鷹尚且如此，萬物之靈的人類為什麼就不能做到自我批判、自我挑戰，在痛苦中自我更新呢？

　　任正非在二〇一〇年還寫了一篇文章，題為「堅持自我批判不動搖」。他在文中寫道：我們在這困難的一年，同步展開了組織結構及人力資源機制的改革。改革的宗旨是，從過去的集權管理過渡到分權制衡管理，讓一線擁有更多的決策權，以適應情況千變萬化中的及時決策。這種讓聽得見炮聲的人來呼喚炮火，已讓絕大多數華為人理解並付之行動。

　　二〇一一年一月一個週六的早晨，華為高管齊聚一堂，在華為深圳總部召開了股東大會，會議選舉產生了華為投資控股有限公司第四屆董事會、監事會。董事長、副董事長以及常務董事的名單也進一步

確定：孫亞芳當選為董事長，郭平、徐直軍、胡厚崑和任正非為副董事長，另八位董事分別是常務董事：徐文偉、李傑、丁耘、孟晚舟，董事：陳黎芳、萬飈、張平安、余承東。

與前一屆董事會相比，新董事會出現了幾個年輕幹將如李傑、丁耘、孟晚舟，而原董事會成員、華為老人紀平、費敏則退出董事會。其中最引人關注的是常務董事孟晚舟。孟晚舟是任正非的女兒，一九九二年從大學畢業後在建設銀行工作過一年時間，由於銀行整合撤銷了一個網點，她進了華為，在一個「特混」辦公室工作──文秘、前台、《華為人報》編印都在這裡。她原本計劃出國留學，也拿到了錄取通知，但是因為被認為有移民傾向被拒簽了。任正非建議她出國前學點謀生技能，於是讓她到華為做秘書，協助銷售和服務部門，負責打字、製作產品目錄、安排展覽會務等雜務。跟她同辦公室的人都不知道她是任正非的女兒。她工作兩年後仍未能出國，便去華中理工大學讀會計專業碩士。一九九八年獲得碩士學位後重返華為，到財務部門做本行，這才真正開始了她在華為的職業生涯，她先後任公司國際會計部總監、華為香港公司首席財務官、賬務管理部總裁、銷售融資與資金管理部總裁等職，二〇一一年四月擔任華為常務董事兼CFO（首席財務官）。

董事會名單公布後，有媒體報導稱，任正非的女兒孟晚舟進入新一屆董事會，並出任華為CFO一職，顯出華為家族化企業的一面。幾年前的話題──華為的股份制結構和未來接班人問題，再次被重提。

任正非並不在意媒體的報導，依然以「輪值CEO制度」來回應外界對華為治理的疑問。對於華為的輪值CEO制度，以及其他潛在的接班人而言，這也意味著一個機會。任正非一直認為輪值制度「比將公司的成功繫於一人，敗也是這一人的制度要好。每個輪值CEO在輪值期間奮力地拉車，牽引公司前進。一個人走偏了，下一輪的輪值CEO會及時糾正航向，使大船能早一些撥正船頭，避免問題累積過重，無法解決」。

不過，外界並沒有因此而減少對任正非的議論。不少人認為，華為的CEO輪值制度，應該是以「任正非依然控制董事會（主導股東層面的最終決策）」為前提的，未來任正非若徹底退出，則CEO輪值制度將會終止，改為實行國際通行的CEO制，即CEO向董事會負責，董事會向全體股東負責的二級代理機制。任何企業都需要一個真正意義上的領導者，中國也不例外，「輪流坐莊」是一個過渡模式，從輪值COO到輪值CEO，已經體現了華為接班計劃的循序漸進。不過，華為的接班人並不一定來自內部，來自外部的可能性依然存在。未來任正非的隱退將是一個循序漸進的過程，在他繼續掌控華為期間，他將通過實戰檢驗來選擇華為最終的接班人。

二○一一年聖誕節前夕，任正非在華為內部論壇發表了題為「一江春水向東流」的文章，揭開了一個華為崛起的重大祕密：人人股份制，並直接戳中了外界對華為最敏感的接班人問題。

這篇文章繼續為輪值CEO制度鳴鑼開道，在接班的問題上，任正非沒有用「接班人」一詞，而用了「接班人們」。他認為，通過歸

納找到方向，並使自己處在合理組織結構及優良的進取狀態，以此來預防未來的種種不測。

他說，相信華為的慣性，相信接班人們的智慧。

他說自己少年不知事時崇拜過「大力神」，認同個人英雄主義，而後來，「處處都處在人生逆境，個人很孤立，當我明白『團結就是力量』這句話的政治內涵時，已過了不惑之年」。

華為和任正非都迎來了一個微妙的時刻。華為經過二十四年的風雨歷程之後，任正非已經年滿六十八歲，並且身體狀況漸差，而他的子女已經長大成人；華為正從「跟隨者」變為「領跑者」，但它面對的卻是一個「不清晰、不確定」的未來。

二○一二年，孫亞芳對任正非所寫的《一江春水向東流》做了一點詮釋：甩手掌櫃培育接班人土壤。她說，《一江春水向東流》「這篇文章是華為成長的真實縮影，和他對輪值CEO制度的期盼。就像回放電影一樣，華為成長經歷中的關鍵鏡頭，一幕幕真實地再現。在回放中，任總道出自己的心路歷程，總結了自己是怎樣帶領公司走到今天，也幽默誠懇地告誡接班團隊，怎麼做一個『無為』的帶頭人，怎麼能『團結眾人』實現企業目標。」胡厚崑則說，與其說任正非的文章袒露了他作為創始人二十多年來帶領華為走到今天的心路歷程，不如說他的肺腑之言留給我們這些隨華為一起長大的曾經的年輕人一個嚴肅而又無法迴避的問題：面向未來，我們靠什麼活下去？

五、堅守？開放？

企業傳承也好，業務轉型也罷，任正非深知，已經在全球電信設備領域處於「坐二望一」位置的華為，各方面都面臨著巨大的挑戰。

二〇一二年早春的一天，任正非在百草園的一棟樓下，第一次正兒八經地坐下來與余承東單獨交談。他稱余承東「是華為最會吹牛的人」，所以第一句話就說：「你一直說做手機要高調，我今天是專門來聽聽這個調子的。」

余承東坐在籐椅上，直截了當地回答：「軟硬兼施，網絡、渠道一起上。」

任正非說：「我想聽聽更具體的東西。」

玩笑歸玩笑，現在談的是正事。余承東認真地想了一會兒，說：「華為現在是面對CT（通信技術）向ICT（信息與通信技術）轉變，這是轉基因式的變革，不是捨此求彼，這將成為中國信息產業第一次真正意義上的產業融合，也需要組織管理者抓管理、抓制度，關注團隊和組織，在帶好團隊的同時還需要關注業務，需要有學習能力，需要對行業有較為深刻的理解，才不至於在戰略及業務方向上迷失或做出大的錯誤決策。」

「你能說說走網絡比走傳統渠道有哪些優勢嗎？」任正非問道。

余承東說：「手機產品渠道和網絡平台產品最大的區別在於它的海鮮性質和庫存壓力——一旦明星機型發布日確定，就需要數百萬部

備貨。如果只賣出幾十萬台，餘下的庫存將會直接拖死整個公司。這種壓力和網絡平台的壓力是完全不一樣的概念。網絡平台產品山頭（目標）明確，只要不停地狂轟濫炸就可以，代價不過是一些研發費用，而渠道產品往往一招不慎，滿盤皆輸。」

任正非又問：「你希望公司為你提供怎樣的支持平台呢？」

「儘快啟動醞釀了兩年的『雲計算』戰略和構建電子商務平台。華為原來依賴的低成本、工程師文化、集體主義將會經歷消費市場的各種衝擊。」余承東答道。

「為什麼一定要這樣呢，真的沒有其他路可走了嗎？」

「因為我們的終端要趕超三星、蘋果。」

任正非笑了笑，說道：「我這張老臉也要被你們逼著換新顏了。」過去他一直認為互聯網江湖太混亂，是非多。

華為最為顯著的變臉就是從華為終端形象的轉變開始的。任正非也開始了以親和生動的新形象換下嚴肅老面孔的嘗試。

其實，二〇一〇年十一月以來，任正非已經在公司內部就「變臉」問題作了三次意味深長的發言。

二〇一〇年，在「華為雲計算發布會」上，任正非表達了他對通信產業發展趨勢下，華為面臨的雙重困境——電信業面臨天花板以及「雲計算」時代電信業與IT信息業的相互滲透，對華為業務模式、市場策略、企業文化帶來的全方位挑戰。他敏感地意識到，華為必須從

過去電信設備商封閉競爭的慣性中走出來，走向開放與合作。但他同時還想繼續保持世界一流電信硬件供應商的形象。

同年十一月二十五日，任正非與華為董事長孫亞芳，常務副總裁徐直軍、郭平，公共關係、品牌部、媒體關係、終端公司、黨委相關人員就「向媒體開放」問題進行座談，針對漫天飛舞的流言對華為形象的傷害，他檢討了自己的個人作風對公司品牌策略的負面影響：「我和媒體打交道的方法是存在障礙的，但華為只是個二十多歲、朝氣蓬勃的小夥子，需要被世界正確認識。別人對公司的誤解，一個很重要的原因是我們不主動與別人溝通，甚至連被動的溝通我們都害怕，還把這當成低調。在輿論面前，公司長期的做法就是一隻把頭埋在沙子裡的鴕鳥，我可以做鴕鳥，但公司不能。」他同時號召公司宣傳部門採取「文責自負」的態度，不要害怕對外說錯話，將其個人作風和公司作風有效區別開來，「如果不區分開來，公司的宣傳將永遠定位在一個不正確的位置上，以致把公司給耽誤了。」

這兩次發言，說明任正非並不古板。他領導下的華為其實比很多企業都開放。華為二十幾年的創業史，可謂是一部對外開放史、全面西化史，無論是市場開拓還是管理。華為收入（2014年銷售收入為2881.97億人民幣）中大約百分之六十來自海外，世界上三分之一的人在使用由它的設備構築的網絡。但在外界的印象中，這家全球通信設備巨頭就像一個封閉的帝國，對它充滿了誤讀和偏見。

任正非認為，華為在二十年間雖然向西方學習了很多東西，但戰鬥方式如同一個孤獨的農民，從青紗帳裡彎彎曲曲的田間小路走出

來，像當年堂‧吉訶德一樣手拿長矛、單打獨鬥，一路跌跌撞撞地走到今天，只不過靠緊緊咬住前面的西方公司。現在，華為也要參與領路。但是，華為過去為運營商修的「管道」，只承載水，承載不了雲。「怎麼適應未來的新世界，華為面臨著很大的挑戰，我認為華為是不適應的，因為華為大多數的人是修萬里長城的，但是用過去修萬里長城的辦法，修完了導彈一來，長城就沒有用了。」在「雲時代」，他急需與其他人接觸，需要與其他人共振。華為只是一條河，雖然是一條大河，但是現在要流入大海。為此，他督促手下的高管都去開通微博，多上網與各種企業和個人溝通。他認為，未來的網絡世界只有兩樣東西，一個是管道，一個是雲。

自二〇一〇年十一月任正非高調發布開放合作的雲計算戰略起，華為便像打了興奮劑一樣高歌猛進。「開放、合作是云產業未來的最重要的標誌」，任正非於二〇一一年初對華為進行了業務架構調整，打破過去按產品分類的方式，轉向按照面向客戶的不同將公司業務分為四大塊——運營商業務、企業業務、終端業務以及其他。傳統的電信設備企業大都是以產品來劃分業務，如有線、無線、終端（手機）、數據等業務部門，這次華為將有線、無線等傳統面向運營商的產品線併入「管道」，將它與「企業網」「終端」放在並列的位子上，充分體現了任正非對電信業面臨的瓶頸和天花板有充分預期，同時對電信與IT業正在相互滲透帶來的機會也有所警覺。這或許代表了華為新業務劃分的思路，比如將目前還相對邊緣的、面對企業市場的「企業網」（數據業務），和面向個人消費電子的「終端」產品線，看得與目前主體運營商業務「管道」一樣重要。

此後，任正非進行了一系列戰略布局。在二〇一一華為雲計算大會暨合作夥伴大會上，華為正式啟動「雲帆計劃2012」，發布了綠色雲數據中心、系列服務器、桌面雲、雲平台、雲存儲、媒體雲等系列雲計算產品和解決方案，並宣告與英特爾集成電路公司、IBM等三百多家合作夥伴攜手打造共贏的雲計算產業鏈。華為已將雲計算列為未來十年的核心戰略，並對雲計算的投入「不設上限」。

在企業業務方面，華為收購了賽門鐵克公司，以其存儲和安全產品迅速補齊華為企業業務雲計算產品線；高薪招攬大批IBM、思科、惠普公司等知名公司的高級主管，以提升企業業務的戰鬥力。

華為高層中很大一部分人都贊同雙管齊下。在二〇一二年巴塞羅那世界移動通信大會期間，余承東高調張揚「華為要做電子商務」，同年三月，華為商城便正式對外營業。同年六月，華為終端公司的電子商務部悄然成立，更是意味深長。

二〇一三年四月初，在被南美洲某運營商老大用私人飛機接到莊園，品嚐烤肉和各式水果之後，吹著安第斯山脈凜冽、剛硬的風，任正非做大電商的念頭繼續發酵著。他從南美洲回來時，恰逢一年一度的華為終端戰略研討會召開。在這次會議上，任正非毫不客氣地說：「你們太僵化了。」他說，二〇一〇年之前他一直贊同終端去做所謂的渠道，但實踐證明做渠道一家家去談，成本太高，因此應該發展低成本的電商。「我們優先發展低成本的網絡模式，改變格局。我看可以大膽地干。」任正非還說，「電商做好了以後，我們的酒也在這上面賣，我們將來從阿根廷買回來的牛肉也可以在網上賣。我們的貨物

是真的,我控制貨物質量。北京京東世紀貿易有限公司(以下簡稱「京東」)、淘寶網都管不住質量。我們有貨源,全球一四〇多個國家,從每個國家買個好東西放到電商上銷售,華為公司的零部件將來都可以拿到網上去賣。」

任正非為華為電商的發展定了基調。五月定調之後,華為電商開始醞釀一系列大動作,任正非甚至把目標指向淘寶、京東,這聽著的確太魔幻,跨度太大。但如果外界全部了解華為在電商領域一年來的變化,也許就不會那麼吃驚了,真有那麼點靠譜。

很快,人們就看到,向來習慣「踏踏實實修萬里長城」的華為正藉著雲計算大潮變得更加開放,更加親民。二〇一三年八月三日,華為發布了「雲服務」平台、首款雲手機Vision(遠見)和Android 3.2平板電腦MediaPad。發力終端,華為有自己的王牌——基於獨特運營商網絡優勢而制定的「雲管端」(雲端、網絡「管道」、終端)一體化戰略。任正非對華為終端有明確指示:終端將是華為「雲管端」戰略的重要組成部分;華為終端要成為這個領域重要的玩家;到二〇一三年,銷售要超過一百億美元。

當然,在「移動互聯網+雲計算」這一新的角力場,華為將不得不直面與蘋果、三星等主流終端廠商的競爭。顯然,作為新手,華為終端無論是在品牌、渠道還是銷售模式的轉型方面,仍面臨著諸多挑戰;而對於慣穿「西裝+領帶」的電信巨人來說,想要換一身「牛仔+T恤」以拉近與消費者的距離,也絕非那麼輕鬆。

前幾年手機市場的興衰沉浮,跟背後與芯片廠商的博弈有很大關

係。而華為很早就意識到了這種處境的危險。華為最早做數據卡，要用到高通公司的基帶解決方案。為了制衡華為，高通公司同時也在扶持中興。由於高通公司供貨不及時，極大地制約了華為的供貨，華為終於成立了華為海思半導體技術公司，做芯片研發。

到了智能手機時代，華為堅定地選擇了在高端機型上全部使用華為海思半導體技術公司芯片，為了扶持它，華為終端已為此付出過代價。

二〇一二年，在巴塞羅那世界移動通信大會上，華為推出了當年的高端機型Ascend D1，這是世界上第一款正式發布的四核手機，此款手機芯片使用的就是華為海思半導體技術公司四核處理器K3V2。余承東曾經希望靠這款機器一舉樹立華為手機在高端市場的地位，但最終事與願違。這款芯片不但因為GPU的問題導致遊戲兼容性差，更重要的是工藝不成熟導致的發熱和高功耗。不過，它在華為終端歷史上的意義是：幫助華為摸索到了高端機型整合芯片的經驗。

之後，華為P系列和Mate系列依然使用了華為海思半導體技術公司的芯片，直到Mate8使用的麒麟950，已經突破了高通公司的封鎖，在性能上完全可以與之相媲美。芯片領域的突破，無疑能為華為在手機領域進一步突破提供更大空間。

余承東多次在內部放話：「在我手裡，華為終端要麼做沒了，要麼做上去，沒有第三條路。」他幾乎拼盡全力才在終端站穩腳跟。

當然，這還要歸功於華為上海研發基地的幾千名研發工程師，以

及華為大平台的運作體系。更為重要的是，華為不再做埋在沙子裡的鴕鳥，終於向外界開放了。在巴塞羅那世界移動通信大會期間，從下飛機那一刻開始，撲面而來的就是華為的廣告轟炸，燈箱、海報、報紙、雜誌⋯⋯華為品牌年就是從這裡起航的。隨後，從華為終端體驗店在北京西單開張，到公司高管陸續開通微博，華為大張旗鼓地宣傳華為。無論是刊登在路邊的小廣告，還是遍及地鐵、機場、意大利超級杯賽場等各大城市的時尚地標和核心商圈的形象廣告，都顯示出從運營商幕後來到大眾消費者面前的華為，越來越隨意和張揚。

第十章

保持節奏

企業發展猶如登山，在這個枯燥的過程中，最重要的是保持一個良好的節奏，讓每一個人和整個團隊找到最有效地發揮自身能量的前進步調。通常，當最後的目標若隱若現時，人們會急於求成。任正非警示說，在重要任務和硬期限的壓力下，那些自控能力強、情緒穩定的人表現得更優秀，或者說，他們更懂得節奏的控制，直到取得最後勝利。

一、「喜羊羊」的故事

華為的開放之路一經起航，便堅定不移地走了下去。二〇一三年一月二十一日，華為CFO孟晚舟首次公開露面並接受媒體採訪，向外界介紹華為二〇一二年的業績狀況，並解答了一些外界想知道的華為祕密。這是任正非允許華為高管對媒體自由發聲、對外開放的一種表現。在這次訪談中，有人問了一個備受外界關注的話題——華為的股份制和華為到底有沒有上市的打算？

孟晚舟解答說：「個人認為，如果華為上市，對華為的開放透明肯定是好的，但是華為上市存在一個天然障礙，中國相關法規規定上市公司最多只能有二百個股東，但是華為超過六萬名員工持股。對於上不上市，近期還沒有進入到我們的議程中。」關於華為的股份制，她也做了簡短的解釋：我個人認為華為的員工持股是激勵方式。華為在一九八七年創辦時只有二萬多元，一無所有，如果沒有員工持股機制，華為是發展不到今天的。華為就是一個合夥制的公司，只不過「夥」多了點，它解決了公司發展中「力出一孔（聚焦、合力），利

出一孔」的問題。

　　或許，「力出一孔，利出一孔」正是華為成功的最大祕密。任正非是這樣闡述的：「水和空氣是世界上最溫柔的東西，因此人們常常讚美水性、輕風。但大家又都知道，同樣是溫柔的東西，火箭是空氣推動的，火箭燃燒後的高速氣體，通過一個叫拉法爾噴管的小孔，擴散出來的氣流，產生巨大的推力，可以把人類推向宇宙。像美人一樣的水，一旦在高壓下從一個小孔中噴出來，就可以用於切割鋼板。可見力出一孔，其威力之大。華為是平凡的，我們的員工也是平凡的。過去我們的考核，由於重共性而輕個性，不注意拉開適當的差距，挫傷了一部分努力創造的人，有許多優秀人才也流失了。但剩下我們這些平凡的十五萬人，二十五年聚焦在一個目標上持續奮鬥，從來沒有動搖過，就如同從一個孔裡噴出來的水，產生了今天這麼大的成就。這就是力出一孔的威力。我們聚焦戰略，就是要提高華為在某一方面的世界競爭力，也從而證明不需要什麼背景，也可以進入世界強手之列。」如果華為能堅持「力出一孔，利出一孔」，下一個倒下的就不會是華為。

　　華為的人人股份制體現的正是「聚焦戰略」。任正非曾公開把他實施「人人股份制」等具有開創性的一些重要舉措歸結於他的父母。他說：「我創建公司時設計了員工持股制度，當時我還不懂期權制度，僅憑自己過去的人生挫折，感悟到與員工分擔責任，分享利益。華為創立之初，我與父親相商過這種做法，結果得到他的大力支持。」更確切地說，他設計這個制度是受到了父母不自私、節儉、忍耐與慈愛的影響。

有評論說：華為的成功，許多人將原因歸結於中國政府的支持，實際上，最支持任正非的是十五萬華為員工。因為任正非用了中國企業中史無前例的獎酬分紅制度，百分之九八點六的股票都歸員工所有，任正非本人所持有的股票僅占百分之一點四，造就了華為式管理的向心力。員工一旦離職，股票可以馬上兌現，股份該得多少，馬上把現金給他。哪怕是幾千萬元現金，任正非眼睛也不眨一下。但是，員工離開公司後，就不能再繼續持有華為股份。華為股份只給那些為華為效力的人。這樣一種體制的設計，是全球獨有的。

二〇一〇年前後，曾有傳言說，任正非有意扶持兒子任平接班，準備拿出十億送走二十多年的合作夥伴孫亞芳。對此，任正非在《我們要習慣在謠言中發展》一文中調侃道：「這是個娃哈哈的問題，媒體現在很沉悶，如果不哈哈，大家很壓抑，沒有愚人節，就開了個大玩笑。」他強調說，華為從創立開始以及此後公司的股權結構設置，已經注定了一開始就是走「去家族化」的道路。

有一次，四通集團公司聯合創始人段永基造訪華為，與任正非談及華為股份制問題，段永基問道：「你自己只有百分之一點四的股份，有一天別人可能聯合起來把你推翻，將你趕走，你怎麼辦？」任正非回答說：「如果他們能夠聯合起來把我趕走，我認為這恰恰是企業成熟的表現。如果有一天他們不需要我了，聯合起來推翻我，我認為是好事。」

還有人問：「你在華為主要幹什麼？」任正非回答兩個字：「分錢。」他後來又補充道，華為人為什麼願意這麼玩命幹？就是因為

「分臟分得好」！他提出要學索馬里海盜，科學地解決合理「分臟」的問題。

任正非對「分臟」的另一種說法是「利出一孔」，意思是只有一個獲利的孔道、途徑。「我們的EMT宣言，就是表明我們從最高層到所有骨幹層的全部收入，只能來源於華為的工資、獎勵、分紅及其他，不允許有其他額外的收入。從組織上、制度上，堵住了從最高層到執行層的個人謀私利，通過關聯交易的孔，掏空集體利益的行為。二十多年來我們基本是利出一孔的，形成了十五萬員工的團結奮鬥。」一方面是他「開放、妥協、灰度」的管理哲學，將一批批「秀才」造就成具有同一價值觀和統一意志的「戰士」，同時又避免將「戰士」扭曲成「奴才」。而作為掌舵者的任正非，「理想精神與危機意識」相混合的思維定勢，就是他的鮮明特質，在激盪和平衡中自然實現了「辯證法的勝利」。

根據《財富》雜誌的報告，作為一家百分之百的民營企業，世界五百強企業中唯一一家非上市的公司，華為在二〇一三年營收達到三四九億美元，超過愛立信的三三六億美元，成為全球通信產業龍頭企業。華為的營業收入七成來自海外，比聯想集團的四點二成還要高。它在一五〇多個國家中擁有五百多名客戶，超過二十億人每天使用華為的設備通信，也就是說，全世界有約三分之一的人口在使用華為的服務。即使在4G技術領先的歐洲，華為也有過半的市場占有率。它的技術研發能力也超越了一般人對中國企業的想像。華為擁有三萬項專利技術，其中有四成是國際標準組織或歐美國家的專利。

但是，這麼強大的一個企業，為什麼偏偏就不上市呢？

在任正非眼中，搞金融的人光靠數字遊戲就能賺進大筆財富，真正捲起袖子苦幹的人卻只能賺取微薄的工資，這是全世界最不合理的事。所以他堅決不讓華為上市，而是選擇與員工分享利潤。當然，華為也有困難的時候，但因為不是上市公司，不需要面對大眾和媒體的拷問，自己扛過去了，就會有雲開霧散的時候。而上市公司的股民希望的是企業永遠高速度發展，只要出現困難，就會幹掉創始人，找人來負責，最後的結果只會是一個公司快速垮掉。

任正非曾給員工講過「喜羊羊」的故事：青青的草原上有一群羊，其中有一些特別懶惰和貪吃的羊，每天吃飽後就不願再奔跑，所以有很多時間可以用來睡懶覺，於是越來越肥，漸漸變成了喜羊羊，總是一副「舉重若輕」的樣子。當狼來了，它們想跑也跑不動了，只能淪為狼的美餐。華為的十五萬員工是十五萬隻羊，如果沒有狼追趕，羊早就死掉了，有群狼環繞，才逼著十五萬隻羊緊緊擁抱在一起。如果沒有強大的凝聚力，沒有強烈的生存意識，沒有天敵，這個羊群就會分裂。因此，華為要避免變成喜羊羊。

在美國紐約一家著名俱樂部的一次午餐會上，任正非與十多位美國頂尖的商界人士會面，其中包括AIG（美國國際集團）前董事長格林伯格、美國私募基金AEA公司董事長文森特‧梅等知名人士。當有人問及「華為為什麼不上市」時，任正非答道：「豬養得太肥了，連哼哼聲都沒了。科技企業是靠人才推動的，公司過早上市，就會有一批人變成百萬富翁、千萬富翁，他們的工作激情就會衰退，這對華為

不是好事，對員工本人也不見得是好事，華為會因此增長緩慢，乃至於渙散。」

任正非倡導「高層要有使命感，中層要有危機感，基層要有飢餓感」。所謂「小富快跑，暴富跌倒」，不管是中國的還是西方的同行業公司，不少是上市前生氣勃勃，上市後不到兩年，公司就開始動盪，「暴富」起來的個人要麼變得不求進取，要麼被競爭對手挖牆角，更嚴重的是賣掉股票後，從公司挖走一批人才，自立山頭，成為公司的競爭對手，甚至成為可怕的敵對者。很顯然，這是一種有重大缺陷的人力資源管理制度。

「不上市，就可能稱霸世界！」任正非私底下這麼說。這句話至少包含三層意思。一是團隊的戰鬥精神。過多的「餡餅」會腐蝕一個人、一個組織的活力，會敗壞團隊的「精氣神」，這是最可怕的「肌體壞死症」；不上市，有國際業界標準的薪酬待遇，每年還有可觀的獎金和相對穩定的分紅，「既對團隊有利益的吸引，同時又可保持鬥志」，這一點至少在華為實現了成功的平衡。

二是決策的可控性。以華為如此分散的股權結構，任何一家資本投資者都可以輕而易舉地形成相對控制權。但當以短期逐利為本性的金融資本左右華為的發展格局時，華為就離垮台不遠了。

三是華為人的目標追求。華為能走到今天，並超越一些西方巨頭，成為一家極具競爭力的國際公司，就是因為華為總是「謀定而圖遠」，以十年為目標來規劃公司的未來，而不像其他業界同行，總是被資本市場的短期波動牽著鼻子走。資本是最沒有溫度的動物，也是

最沒有耐心的魔獸。「資本市場都是貪婪的，從某種程度上說，不上市成就了華為的成功。」

舉例而言，當摩托羅拉投資五十億美元的「銥星計劃」失敗後，資本市場用腳投票，使摩托羅拉從此走向了衰敗；而華為曾經在3G產品上投資接近六十億元人民幣，很長時期顆粒無收（或「狸貓換太子」把3G產品當成2G賣），任正非又力排眾議，不允許研發小靈通產品……假如當時華為是上市公司，資本大鱷們將有何舉措？結論不言自明，也許任正非早就下台了，也許華為早就衰亡了……

在二○一三年四月的股東代表大會上，任正非對媒體記者重申：在今後的五至八年內，甚至更長時間，華為不會考慮上市，也不會進行任何的資本運營，包括收購與兼併等。

任正非強調說：

我們要理解做出大貢獻的員工，通過分享制，要比別人拿到手的多一些，或多得多。工作努力的一般員工的薪酬也應比社會高百分之二十至百分之三十，當然工作效率也要高百分之二十至百分之三十。我們要注意優秀種子的發現，以及給予他們成長的機會。

在互聯網時代，學習能力很重要，只要自己多努力，多踐行，努力奮鬥的人，總會進步快一些，我們要創造一些機會讓他去艱苦地區、艱苦崗位、艱難的項目去放射光芒。那些在安逸小窩中的小鳥，終歸不能成為鯤鵬。

......

前期的成功，也許會使我們自信心膨脹。這種膨脹不合乎我們的真實情況與需求。我們還不知道未來的信息社會是什麼樣子，又怎麼知道我們能領導主潮流。我們從包著白頭巾，走出青紗帳，不過二十幾年，知道全球化也只是近幾年的事。我們要清醒地認識到，我們還擔不起世界領袖的擔子，任重而道遠！雖然聚焦不一定能引領主潮流，但發散肯定不行。

二、華為要擁有全世界

不論華為方面如何解釋，華為的不上市，仍被很多人認為是「不適時宜」「封閉保守」，說任正非根本不懂資本運作，極大地限制了華為的兼併擴張。然而，歷史上很多大公司包括上市公司都是在非常成功之後走向大衰退的。全球化進程的加快，導致許多上市公司在小憩打盹、思考猶豫的時候，就被淘汰出局，曾經輝煌的西門子、摩托羅拉、松下等財團的衰退，無不說明全球化的殘酷與「公正」。上市只能讓企業成長得更快，但並不能保證它活得久。

任正非選擇的道路是通過自身的資金積累或是融資，穩紮穩打，將自己的根底坐牢，一步步超越對手而不是吞併。因為那些能被吞併的企業並不是華為真正需要的，不會給華為帶來新的活力。保持一個合理的擴張節奏，會使華為比其他公司走得更遠、活得更長久。

不上市而稱霸世界，這條務實之路艱巨而漫長。華為進入國際市

場的十多年裡，遭遇過層層阻擊──政治的、商業的、文化的、技術的……

在美國，思科起訴華為那場災難性的危機及扭轉危機的過程中，華為已經學到了很多。持續近兩年的訴訟，華為經歷了法庭最為嚴厲的審查，幾乎每一個毛孔都被放大鏡照了個遍。自此以後，華為進入歐美尤其是美國市場，都要經歷西方客戶甚至政府機構的輪番「拷問」。

二〇一二年十月十日，美國國會眾議院情報委員會公布對華為的調查報告，報告中明確表述稱，美國應該以懷疑的目光審查中國電信公司在美國電信市場的持續滲透，不管是政府還是私營部門，都不應該與華為合作，同時被懷疑的對象還有華為的老對手──中興。

這次調查先後歷時一年，但即使用了如此之久的時間查證，美國最終還是選擇了「懷疑」華為。當然，美國人懷疑的不是華為的技術，恰恰相反，或許正是華為的技術讓他們開始感覺害怕，所以無往不利的「危害國家安全」這個藉口便被搬了出來，他們擔心華為生產的設備會被用來從事不利於美國的間諜活動。

報告如此撰文：「考慮到華為和中興對於美國國家安全利益造成的威脅，美國外國投資委員會必須禁止涉及華為、中興的併購、收購和兼併交易……美國政府系統，特別是敏感系統，不應該使用華為或中興的設備以及零部件。」

此外，報告還強烈建議美國的網絡提供商或系統開發商為他們的

項目尋求另外的合作廠商，因為華為會對美國和他們的系統構成安全威脅。他們的建議甚至考慮到了立法層面。

報告一出，各方迅速反應，媒體爭相報導，看熱鬧者有之，樂見其成者有之。

《60分鐘時事雜誌》在刊物上發表了對華為的觀點。文章中提到，一個美國小鎮的網絡公司經理認為購買的華為設備讓鄉村的網絡速度變快，但不久之後兩位特工就找上門來，要求他換一家供應商。

各方都伸長了脖子，想看一看任正非和他的華為會有什麼反應。但任正非的反應很平淡，沒有對此事做過多的評價，只是表示「美國的障礙很正常……」同時，他也不想就此遠離美國市場。

一位國內政府部門的領導問任正非：「華為進入國際市場有些什麼經驗，能否向別的企業介紹一下？」任正非答道：「只有一條，就是遵守法律。一定要遵守對方國家的法律、聯合國的法律……同時視美國國內法為國際法，因為美國太強大了，它可以依美國國內法在任何地方打擊你。中國法制不健全，或者執行太靈活、無規則，使中國一些企業沒有形成嚴格的管理。它們以為在國際市場上也可以渾水摸魚，結果使自己陷入苦難。」

任正非告誡公司高層，不能讓對手給華為下定論。商局是活的，就怕指揮者的頭腦是僵化的。華為要想不被別人定義為「神祕的黑寡婦」和「魯莽的角鬥士」，就得全面走向開放。儘管華為自認為過去是開放的，正因為走了開放之路才有了發展，但別人仍然指責華為

「封閉」「另類」，說明華為的開放還是不夠充分，所以華為還要更加開放。任正非打了個比喻：人家熱情邀請你去做客，結果你卻到人家客廳裡脫鞋，撬腳丫子，勢必會引起主人的厭惡和排斥。華為絕不做這樣的無禮者，我們要以更開放的姿態向別人證明：華為是按照國際規則做事的。

那麼，那華為能否走出「強則霸」「大則傲」的歷史性陷阱呢？在一次高級幹部會議上，任正非以極其冷峻的口吻告誡大家：任何強者都是在均衡中產生的。我們可以強大到不能再強大，但是，如果一個朋友都沒有，我們能維持下去嗎？顯然不能。我們為什麼要打倒別人，獨自稱霸世界？想要把別人消滅、獨霸世界的成吉思汗和希特勒，最後都滅亡了。華為如果想獨自稱霸世界，最終也是要滅亡的。我們為什麼不把大家團結起來，與強手合作呢？我們不要有狹隘的觀點，想著去消滅誰。我們和強者要有競爭，也要有合作，只要有益於我們就行了。任正非在此強調的是，「擁有」比「消滅」更有利，不做「神祕的黑寡婦」。

由於美國以安全為藉口對中國的電信設備企業設立屏障，華為一直未能進入龐大的美國無線市場。二〇一三年十一月，任正非的一篇內部講話稿遭到曝光，在這份內部講話中，任正非對於華為一直受阻的美國市場放出了豪言：「總有一天我們會反攻進入美國的，什麼叫瀟灑走一回？光榮走進美國。」

任正非的這次發言被整理成講話稿，群發給了所有華為員工。講話中最為重要的一點，是任正非提出華為「要敢於打破自己的優勢，

形成新的優勢」。他認為，華為過去在市場上走的是從下往上攻的路線，除了質優價低，沒有別的方法。如果不能打破華為的傳統優勢，別人早晚也會來打破。他還提出，華為要學會給盟友分蛋糕。針對美國市場，他已經採取了慢慢滲透的策略。

在英國，二〇一二年奧運會前夕，華為決定免費為倫敦地下鐵路系統安裝移動電話網絡，涉及金額五千萬英鎊。但華為的熱臉貼了個大大的冷屁股。這個提議被倫敦市政府以武斷的語氣拒絕了。依然是文化差異，英國人的冷戰思維固然讓人生厭，但是，華為的唐突之舉也未免讓人心生疑竇。在沒有建立起完全互信的關係，而且在缺少前期鋪墊的情況下，這種事還是少作為妙，否則，被人打臉並且打腫，即使回頭去看病，大夫診斷結論也必定是自己的自虐行為。不過，華為後來得以亡羊補牢——光明正大地聯手Eurosport（歐洲體育）電視台，讓華為廣告和三星等一起轟炸了奧運歐洲螢屏，總算扳回一局。

在南非，華為差不多有十年時間沒有做過大單，但任正非對南非始終保持高度關注並充滿信心。功夫不負有心人，二〇一三年，南非鐵路集團客運服務公司（PRASA）終於與華為簽約，採用華為先進的GSM-R移動通信系統和基礎承載網絡為其提供無線語音和數據服務。華為協助PRASA公司在開普敦、德班和豪登省境內，全長一千二百公里路網沿線部署撒哈拉以南非洲地區的第一套GSMR移動通信系統。該項目建設不但將提升該區域鐵路的運輸效率，而且對南非及周邊國家後續的鐵路系統規劃和建設具有重要指導意義。

印度與中國市場非常類似，人口眾多，專利門檻不高，渠道分

散，智能手機普及率僅占一成左右，互聯網產業發展百廢待興，因此，不管是拓展市場還是緩解庫存，以高性價比著稱的華為手機在這裡都有施展拳腳的空間。

任正非是一個「先知先覺、思維深邃」的智者，每一次寒冬到來的同時也帶來全新的發展機遇。現在華為每天都有至少二千人在天上飛。如果一架飛機上坐著一個華為員工，那麼全世界有二千架飛機上都有華為員工，所以只要坐飛機，特別是跨國航班，一般都能遇見華為人。任正非的全球布局就是通過他們的奔勞去完成的，偉大的事業就是通過一天天的奮鬥、一點點的進步去實現的。到二〇一四年底，華為的產品和服務遍及一百七十多個國家，服務於全球約三分之一人口，其全球智能手機出貨量位列第三，在美國、德國、瑞典、俄羅斯、印度及國內設立了十六個研發中心。消費者業務是華為三大業務之一，產品全面覆蓋手機、移動寬帶和家庭終端。基於華為二十多年通信行業的深厚沉澱，憑藉自身的全球化網絡優勢、全球化運營能力和全球化合作夥伴，華為消費者業務致力於將最新的科技帶給消費者，讓世界各地更多的人享受到技術進步的喜悅，以行踐言，實現夢想。

二〇一五年初，華為終端官方公眾號「華為終情」發布了任正非在二〇一五年市場工作會議上的講話。任正非在講話中表示，華為全體員工要清醒地認識到，目前華為還擔不起世界領袖的擔子。「要明白我們不是萬能的，大象踩死一隻螞蟻，是必然可能的，沒有什麼稀奇的。在主航道外，爭做雞頭的方法是不好的。」

任正非想在電商模式上多作點文章，他沒有把線上渠道僅僅當成一個線下渠道的補充，而是做了特別規劃，比如把傳統渠道與電商銷售的手機截然分開，甚至讓一款新推出的主流手機，先在電商上銷售，傳統渠道完全沒有鋪貨。這樣做有兩個好處：一是可以看出華為對電商的重視和培養，二是有目的地避免傳統渠道與電商渠道的「打架」，避免造成價格體系混亂。最具人氣的手機華為榮耀四核在電商上的銷售非常火爆，最高一天訂貨達到五萬台。

　　電商成立不到一年，已經盈利。華為電商的試水非常符合任正非對終端發展的預期，甚至讓他對互聯網銷售有了切實的感覺和更大的設想，包括賣阿根廷牛肉。華為在全球一百五十多個國家經營多年的人脈，可以利用起來。據一位從巴西回來的朋友稱，巴西當地人把中國人分為三類：一是早期移民，二是華為人，三是近年來的旅遊者。由此可見，華為在全球各地的紮根之深。

　　在二〇一四年上海訂貨會期間，任正非對華為終端的渠道發展形成了因地制宜發展渠道的核心思路，即以盡量少的編制，優先發展低成本渠道，達到最大化的銷售覆蓋。在以開放市場為主的國家中，華為將通過加強與大零售、大國包的合作，實現快速和高效的渠道覆蓋；而對有電商基礎和發展潛力的區域，則會採取優先發展電商模式。先做好手機電商，打開互聯網銷售通道，進而依託全球一百五十多個國家的貨源，玩一把大的。謀劃一個華為電商夢，這就是任正非正在下的另一盤棋。

三、基業常青的秘訣

華為在任正非的帶領下，實現了一個又一個的目標，如今的電商夢，又會如何收場呢？我們拭目以待。不得不承認的是，華為歷經二十幾年的發展，獲得了今天的地位，依靠的是技術創新能力以及海外市場的經營績效。當過去的通信產業巨擘摩托羅拉、阿爾卡特-朗訊、諾基亞、西門子等都面臨衰退危機時，華為卻在過去十年間持續成長。

那麼，華為基業常青的秘訣是什麼呢？

1. 樹立理想，願景驅動

任何一個組織存在的本質，是一群人為了完成一個共同的目標走到了一起。每一個成功的人心底都必然堅守著一種信念、目標和精神支柱。任正非在華為還只有十幾個人七八條槍時，就確立了在電信業三分天下的戰略目標（或者說是藍色狂想），他始終在向員工灌輸華為是一個有志之人成就夢想的地方，讓一幫有文化的人才相信他們不是在華為打工，而是在創立一項了不起的事業。在華為，有舞台讓他們展示自己的才能，使他們日夜奮戰，自覺加班，不計報酬，甚至不惜累垮身體。

而任正非自己也是「一根筋」，對事業充滿著奮鬥的激情，為將華為辦成世界一流企業而拚命，「不撞南牆不回頭」，甚至撞破了頭也要「撞個洞」，堅決從陡峭、人跡罕至的地方攀登，向技術的制高點挺進。他知道「開發不是一件容易的事，要做好投入幾十個億，幾

年不冒泡的準備」，但他仍堅定不移地走下去，從困境中走出一條全新的路來。

華為創立之初，任正非就提出以技術立足，獨立自主，決不向跨國巨頭低頭，為此他「潑金如水」，保證每年把銷售收入的百分之十投入研發中，聚集了大批研發人員，頂著負債和破產的壓力，毫不畏懼。在做房地產可以一夜暴富的誘惑下，他仍選擇苦行僧一般的活法，以苦修的方式研發產品，讓華為活下去，再慢慢長大。電信行業是一個競爭殘酷的行業，世界上任何電信公司不是發展，就是滅亡，沒有第三條路可走。華為同樣如此，沒有退路，要生存就得發展。任正非是個「偏執狂」，即使是在華為充滿危機的時刻，依然對華為的前景表現出不可救藥的樂觀，堅守著信念。

目標明確，思路清晰，又有嚴格的紀律，有靈魂統帥全員的思想，華為自然戰無不勝。

2. 團隊保持活力，組織結構「均衡發展」

任何一家企業在經過持續的高速發展後，企業的資源就會有幾近枯竭之感。如同打仗一樣，被消耗掉的東西要得到及時補充，人員疲憊需要休整，以便團隊始終保持活力。任正非最初採取的措施是用餓狼替代飽狼，並且效果很好。

但是，當企業發展到一定規模時，飽狼會很多，尤其是華為這樣高速發展的科技企業。如果一定要用餓狼替代飽狼，會使人員波動過大，使企業組織不穩定，技術研發出現斷層。擴張與效益，團隊與個

性，控制與活力，過程與結果……這些都是企業管理中既相互對立又相互依存的矛盾，矛盾的哪一方都不可偏廢，它們是共同推動企業發展的兩股力量。企業組織的主要功效，就是要像搓麻花一樣，通過扭力將兩股力量扭合在一起。也就是說，企業內部的許多矛盾都可以通過組織結構變革來解決。

為此，華為先後幾次進行了治理結構調整，構建起矩陣式管理模式，並形成了幹部輪崗制度。幹部輪崗採取兩種方式：一種是業務輪換，如研發人員去搞中試、生產、服務，使他們真正理解什麼叫作商品，才能成為高層資深技術人員，如果沒有相關經驗，就不能叫資深。因此，「資深」兩字就控制了他們，使他們朝這個方向努力。另一種是崗位輪換，讓高中級幹部的職務發生變動，一是有利於公司管理技巧的傳播，形成均衡發展；二是有利於優秀幹部快速成長。他們有實踐經驗，在各個崗位上進步很快，又推動新的員工投入這種循環。

但是，不久，任正非又發現了新的問題：在矩陣式管理模式下，相互平行的部門之間因沒有隸屬關係而缺少溝通和主動配合，求助者往往得不到及時的援助，公司的共享資源不能發揮最大效益。摩擦增多，內耗加大，龐大機器運轉不暢。同時，各部門分工不同、實力有差距，收益（報酬）也有很大差別。組織結構是低效率的運作結構。就像一個桶裝水多少取決於最短的一塊木板一樣，不均衡的地方就是流程的瓶頸。比如，公司初創時期處於飢寒交迫、等米下鍋的境地。華為創立初期十分重視研發、營銷，以快速適應市場的做法是正確的。活不下去，哪來的科學管理？但是，隨著創業初期的過去，這種

偏向並沒有向科學合理轉變，因為晉陞到高層的幹部多來自研發、營銷部門，他們在處理問題、價值評價時，有不自覺的習慣傾向，使強的部門更強，弱的部門更弱。有時，一些高層幹部指責計劃與預算不準確，成本核算與控制沒有進入項目，會計賬目的分產品、分層、分區域、分項目的核算做得不好，現金流還達不到先進水平……公司從上到下都重視研發、營銷，但不重視理貨系統、中央收發系統、出納系統、訂單系統等方面，這些不被重視的系統就是短木板，前面幹得再好，後面發不出貨，還是等於沒幹。

針對這些問題，二〇〇〇年底任正非提出了「均衡發展」的原則。他指出，均衡發展就是抓企業最短的一塊木板，基本措施是建立起統一的價值評價體系，統一的考評體系，使人員在內部流動和平衡成為可能。比如有人說搞研發創新很厲害，但創新的價值如何體現，創新必須通過轉化成商品，才能產生價值。任正非認為，重視技術、重視營銷，這並沒有錯，但每一個鏈條都是很重要的。一個用戶服務工程師可能要比研發人員的綜合處理能力更強一些，如果售後服務體系不給予認同，那麼這個體系就永遠不是由優秀人才組成的。不是由優秀人才組成的組織，就是高成本的組織。

華為的每個階段都有不同的治理結構，也就是說，持續的管理變革是團隊保持活力，組織結構「均衡發展」的保證。

3. 走正道，努力打造一個有靈魂的企業

企業要活著就得有靈魂，靈魂是企業文化的核心。在華為人的大腦中，文化不是靜止的，文化是運動著的，它是經過挖掘、總結、提

煉，進而塑造出獨具自身特色又充滿恆久活力的企業文化，在這個過程中，文化能最大限度地被企業的員工接受，固化下來變成企業的一部分。華為從「床墊文化」「狼文化」和「運動文化」中提煉出了核心部分：以客戶為中心，以奮鬥者為本，長期堅持艱苦奮鬥。任正非說：「這就是華為超越競爭對手的全部祕密，這就是華為由勝利走向更大勝利的『三個根本保障』。我們提出的『三個根本保障』並非先知先覺，而是對公司以往發展實踐的總結。這三個方面，也是個鐵三角，有內在連繫，而且相互支撐。以客戶為中心是長期堅持艱苦奮鬥的方向；艱苦奮鬥是實現以客戶為中心的手段和途徑；以奮鬥者為本是驅動長期堅持艱苦奮鬥的活力源泉，是保持以客戶為中心的內在動力。」

4. 結成「生命共同體」，讓華為人萬眾一心

在華為工作，高壓力與高薪並存，高薪並非單純的薪酬高。實際上，華為的基本酬勞與其他同類企業並無太大區別，高薪主要來自於華為給員工配發的股份所產生的分紅，華為在過去二十幾年裡一直保持著人才優勢，配股政策功不可沒。

首先，任正非「肯給」，有員工一年就拿一二〇萬元股利，從而誕生出最拼團隊。

華為沒有上市，而是把百分之九十八點六的股權開放給員工，任正非作為創始人僅擁有公司百分之一點四的股權。除了不能表決、出售、擁有股票之外，股東可以享受分紅與利潤。而且每年所賺取的淨利，幾乎是百分之百分配給股東。

二〇一〇年，華為淨利達到二三八億元人民幣，配出了一股人民幣二點九八元的股息。若以一名在華為工作十年、績效優良的資深主管來配股，可達四十萬股，該年光是股利就將近人民幣一二〇萬。這個數字，甚至比許多同類外企的高級經理人還要高。

「我們不像一般領薪水的打工仔，公司營運好不好，到了年底會非常感同身受。」二〇〇二年加入華為的LTE TDD產品線副總裁邱恆說，「你拚命的程度，直接反映在薪資收入上。」

以他自己為例，二〇〇九年因為遭遇金融海嘯，整體環境不佳，公司成長幅度不如以往，他的底薪不變，分紅跟著縮水。隔年，華為的淨利創下歷史新高，他的分紅超過前一年的一倍。

這等於是把公司的利益與員工的個人利益緊緊綁在一起。在華為，一個外派非洲的基礎工程師如果能為公司服務好客戶，爭取到一張訂單，年終獲得的配股額度、股利以及年終獎金總額，會比一個坐在辦公室但績效未達標的高級主管還要高。

事實上，即使一個剛剛加入公司的本科畢業生，起薪也比一般企業高，以第一年月薪人民幣九千元換算，加上年終獎金，年薪至少人民幣十五萬起。

員工在華為工作二至三年，便具備配股份紅資格。在華為有「1＋1＋1」的說法，也就是工資、獎金、分紅比例是相同的。隨著年資與績效增長，分紅與獎金的比例將大幅超過工資。這在即使號稱重視員工福利的歐美企業都很罕見，而這個源頭竟然只是為了三個字：

「活下去」。

其次，任正非的生存理念是要活大家一起活，始終堅持利益共享。

這與任正非的成長經歷有很大關係。出身貴州貧寒家庭的任正非，家中有七個兄弟姊妹，「我們家當時是每餐實行嚴格分飯制，控制所有人慾望的配給制，保證人人都能活下來。否則，恐怕會有一兩個弟妹活不到今天。」任正非回憶，即使是每天辛苦工作十幾個小時養活一家人的父母，或是年幼的弟妹，從來都不會多吃一口。

「要活，大家一起活！」這意念從此深植於任正非心中，成為他創業後堅持利益共享的基礎。

再次，綁定客戶的利益。華為的企業文化中，第一條就是「以客戶為中心」。這句話說起來容易，事實上，很多公司嘴上說維護客戶的利益，實際上是維護自己的利益，兩者經常發生衝突。通信產業會因為技術標準、頻率波段不同，衍生出不同的產品，一個電信商可能會為了滿足消費者，需要用到三種技術標準，採購三套不同的機台，其中的安裝與後續維修費用，甚至高過於購買機台本身。以一個製造商的角度，自然希望客戶買更多產品，才能賺取更多的服務費。這個算盤連小學生都會打，但華為走了一個逆向的路：幫客戶省錢！華為站在電信商的角度思考，主動研發出把三套標準整合在一個機台的設備，幫客戶省下了百分之五十的成本。

客戶省下的錢，可以用於其他投資，研發出更新的產品，從消費

者端賺來更多的錢，再回頭來跟你合作，雙方一起成長。

在許多場合，任正非屢次稱讚戰國時代李冰修築的都江堰工程。李冰留下「深淘灘，低作堰」的治堰準則，是都江堰長盛不衰的主要「訣竅」。淘灘是指都江堰飛沙堰一段、內江一段河道要深淘，深淘的標準是古人在河底深處預埋的「臥鐵」。歲修淘灘要淘到臥鐵為止，才算恰到好處，才能保證灌區用水。低作堰就是說飛沙堰有一定高度，高了進水多，低了進水少，都不合適。古時飛沙堰，是用竹籠卵石堆砌的臨時工程；如今已改用混凝土澆築，以一勞永逸。二〇〇〇多年前的都江堰至今仍造福人民，可謂澤被千秋，功著萬代。任正非在闡釋企業核心價值觀時，用了這個貼切形象的說法：要深淘灘、低作堰。

華為若想長久生存，就要不斷地挖掘內部潛力，降低運作成本，為客戶提供更有價值的服務。客戶不肯為你的光鮮以及高額的福利多付出一分錢。低作堰，就是節制自己的貪慾，自己留存的利潤低一些，多讓一些利給客戶，以及善待上游供應商。將來的競爭就是一條產業鏈與另一條產業鏈的競爭。從上游到下游的產業鏈的整體強健，是華為的生存之本。

商業活動的基本規律是等價交換，華為員工能夠為客戶提供及時、準確、優質、低成本的服務，也必然可以獲取合理的回報，這些回報有些表現為當期商業利益，有些表現為中長期商業利益，但最終都必須體現在公司的收入、利潤、現金流等經營結果上。華為員工因為把自己當成老闆，待得越久，領的股份與分紅越多，所以大部分人

不會為了追求一年兩年的短期業績目標而犧牲客戶利益，而是想盡辦法服務好客戶，讓客戶願意長期與華為合作，形成一種正向循環。

「你們腦袋要對著客戶，屁股要對著領導」，任正非一再強調這一行為準則。他認為，大部分公司會腐敗，就是因為員工把力氣花在討好主管上，而非思考客戶需求。因此，他明文禁止上司接受下屬招待，就連開車到機場接機，都會被他痛罵一頓：「客戶才是你的衣食父母，你應該把時間和精力放在客戶身上！」淘灘的過程並沒有想像的簡單，對一些人來說是更痛苦的過程，但華為員工都在朝一個方向努力。

二〇一一年，在日本福島核災的恐怖威脅下，華為員工仍然展現了服務到底的精神，不僅沒有因為危機而撤離，反而加派人手，在一天內就協助客戶，搶通了三百多個基站。自願前往日本協助的員工，需要經過身體與心理素質的篩選，足夠強壯的人才會被派到現場。

客戶非常驚訝：「別家公司的人都跑掉了，你們為什麼還在這裡？」「只要客戶還在，我們就一定在，」當時負責的華為員工回答得理所當然，「反正我們都親身經歷過汶川大地震。」

任正非在一九九四年底發表過一篇《致新員工書》的講話稿，二十多年來，這篇講話稿修訂了五六次，二〇一五年再次發表，它闡釋的主題就是華為共同的價值體系，也是華為基業常青的秘訣之一。

華為的成功不僅僅是它創造了巨大的物質財富，更在於它創造了豐富的精神財富。任正非作為一個精神領袖，解決了企業的戰略與目

標問題，得以在自己的旗幟下面召集更多的能人志士。他也是一個非常有危機感的企業家，總在想著明天華為就會倒掉。在華為面臨困難時，他能夠帶領大家面對困難；在華為發展較為順暢時，他能夠提醒華為員工可能面臨的問題；在電信行業跟隨了二十多年後，他知道及時要求華為人怎麼做好一個領跑者。

二〇一四年，任正非已經跨進七十歲的門檻。對於普通中國人來說，「人生七十古來稀，從心所欲不踰矩」，意味著含飴弄孫的美好退休歲月，但任正非似乎還沒有功成身退之想。

早春的一天，任正非站在桌前，凝視著華為的「芭蕾腳」廣告，沉思默想。歲月不饒人啊，不管你是坐著還是站著，歲月都在那個時候，悄悄流逝。他這樣感嘆，準備對「芭蕾腳」廣告詞做一次修改。

「芭蕾腳」廣告藉助美國攝影藝術家亨利・路特威勒的「芭蕾腳」攝影作品，畫面是一雙跳芭蕾舞的腳，一隻是壞腳，纍纍傷痕，一隻包裹在華美的芭蕾舞鞋中。這幅作品構圖對比鮮明、充滿衝擊力，華為人用它作為主題廣告，上面配有一句話：我們的人生，痛，並快樂著。廣告宣揚的是一種「奮鬥、堅持、奉獻、快樂」的精神，讓人們看到芭蕾舞演員的極致美麗與背後的汗水。

從創辦華為那天起，任正非一直如履薄冰，唯恐它過早夭折。為了讓華為活下來，他經歷了一次又一次的磨礪，一隻腳都磨爛了，但只要還有一隻腳，他就要堅持走下去，走向輝煌之巔。羅曼・羅蘭說過「偉大的背後都是苦難」！如今華為已成業界老大，任正非似乎可以功成身退了。但他還放不下，覺得還有許多未竟的事業需要他繼續

奮鬥，不應該有絲毫的猶豫。

　　任正非思索良久之後，建議將廣告詞改為：人們總是崇尚偉大，但當他們真的看到偉大的面目時，卻卻步了。廣告的內涵是延續的，契合華為理念的。任正非反覆強調「在大機會時代，千萬不要機會主義」，華為要有戰略耐性，一定要堅持艱苦奮鬥的優良傳統，堅持自己的戰略，堅持自己的價值觀，堅持自己已經明晰的道路與方法，穩步地前進。華為憑著一雙很爛的腳走向了世界，眼下還要憑藉這雙爛腳走向未來。

　　但華為的未來到底是什麼樣子的呢？任正非說過，華為的未來就是死亡。但這只是一個沒有時空定義的概念。任正非希望自己能為華為規劃未來，他用二十七年時間締造了一個龐大的全球通信帝國，關於接班人的問題幾度傳聞甚囂塵上。但他已經決定從家族企業傳承的桎梏中解脫出來，淡化子女接班的問題，試圖創建一個全新的制度——集體接班人制度。這也可能是對現行的「CEO輪值制度」的升級。他在二○一五年的一次高管會議上談到了華為未來的勝利保障，主要有三個要素：

　　第一，要形成一個堅強、有力的領導集團，但這個核心集團要聽得進批評。

　　第二，要有嚴格、有序的制度和規則，這個制度與規則是進取的。什麼叫規則？就是確定性，以確定性應對不確定性，用規則約束發展的邊界。

第三，要擁有一個龐大的、勤勞勇敢的奮鬥群體，這個群體的特徵是善於學習。

　　這三個要素在華為是有可能具備的。在未來三五年變革的過程中，華為要堅定不移地基於「面對客戶，創造價值」，不斷簡化管理、優化流程，那麼，華為就有可能在這三個要素的基礎上，獲得更大的成功。

　　會後，不少媒體又關心起華為的接班人及未來發展問題。任正非拒絕了很多媒體採訪，卻與福布斯英文網「中國企業的國際願景」專欄主編楊林進行了一次座談。楊林最後從任正非的談話中，提煉出了主題：我們除了勝利，已經無路可走了！

　　是的，華為現在是行業甚至是中國企業國際化的領頭大哥，路帶錯了，失敗的就不只是華為，所以任正非深感重任在肩。他還有夢想：完成全球布局，做業界霸主。所以，這個「體面的小老頭」七十出頭了還在努力。

　　現在，任正非仍將主攻方向放在歐美。華為十五年前就在英國貝辛斯托克設立了歐洲總部，後來又設置了研究所和分公司。

　　華為英國分公司坐落在倫敦雷丁南橡樹路三百號。在這裡，越來越多的本地人渴望到這個注重研發的信息通信公司工作，無論是華為智能手機的現身，還是電信基礎設施的改造，當地人都無法忽視這個巨型跨國公司的存在。據二〇一五年第一季度統計，華為在英國設有十五個辦公室，共計一〇三〇名員工，按照預測，二〇一七年員工數

量將增至一千五百人。有意思的是，在華為英國公司中，英國人的比例已達百分之七十至百分之七十五。截至二〇一四年，華為通過三個渠道在英國新增七三八六個就業崗位。在二〇一二至二〇一四年三年期間，華為對英國經濟的貢獻為九點五六億英鎊，其中包括二點三一億英鎊的直接經濟貢獻、四點三五億英鎊的間接貢獻以及二點九〇億英鎊的伴生經濟貢獻，另外產生約四點一一億英鎊的英國稅收。

儘管華為在美國市場遇到了關於信任安全方面的阻力，但任正非相信，華為可以幫助歐洲傳統製造商和行業與互聯網實現對接，歐洲完全有能力引領全球工業的數字化。這也暴露了他在歐洲的商業野心。

二〇一五年十月二十一日，正在英國進行國事訪問的習近平主席，在任正非的陪同下，參觀了華為英國分公司。習近平聽取了華為公司在英國發展情況的匯報，肯定了華為積極推動理念創新和組織創新。隨後，習近平走進公司展廳，駐足參觀機械手和終端產品展示，與發明設計的英國員工親切交談，不時詢問有關情況。

任正非宣稱，華為將耗資數百萬英鎊投資一個由曼徹斯特大學國家石墨烯研究所牽頭的研究項目。該項目將分析石墨烯在信息和通信技術方面的應用。

石墨烯僅有一個原子的厚度，就像是高科技版的保鮮膜，是一種能夠導電的透明材料，可以用於手機或平板電腦的玻璃表面，將其變成觸摸屏。相對於當前的技術，石墨烯更薄、強度更大、彈性更好，對於柔性智能手錶及可摺疊成智能手機的平板電腦等未來的電子設備

來說，石墨烯是極為理想的材料。二〇〇四年在曼徹斯特大學被兩名科學家發現之後，石墨烯的問世已經催生了多家獨立公司，這些公司都希望挖掘這種材料蘊含的商業價值。

石墨烯比鋼鐵強韌二百倍，被稱為「改變未來世界」的新材料。外界認為它在燃料電池、飛機機翼、淨水科技，以及更加方便耐用的電池（這一點對華為很重要）等諸多領域將有廣泛應用。

早前，手機巨頭三星和蘋果已經在石墨烯領域展開了激烈競爭，並且愈演愈烈。華為某材料實驗室人員也出席了二〇一四中國國際石墨烯產業創新大會，並參加了石墨烯在觸摸屏領域的應用主題論壇。

華為和曼徹斯特大學國家石墨烯研究所宣布石墨烯應用為合作項目。新材料作為新興產業的重要組成，已納入「十三五」國家戰略性發展規劃，而石墨烯又將被列為重點發展對象。

任正非十分看好石墨烯。他認為，未來十至二十年內將爆發一場技術革命，這個時代將來最大的顛覆事件，是石墨烯時代取代硅時代。因此，華為年報在行業趨勢展望的環節著重提及了石墨烯在材料領域的價值。

如今，在英國參與投資運營的眾多中國企業中，無論是國際化程度、管理運營水平，還是科學研發力度，華為都是一個重量級的企業。近幾年，任正非在英國乃至歐洲接連斥巨資布局投資藍圖，愈發顯示出他失意美國市場後轉戰英國的雄心。華為將如何用受傷的腳走下去，令世人矚目！正如任正非所說：「我們還擔不起世界領袖的擔

子，任重而道遠。」

　　每一個時代，都會湧現出一大批英雄人物，而任正非正是我們這個時代的英雄。他經營華為期間所主導的一次次精彩的攻城略地戰役、大氣磅礴的全球性布局、遊刃有餘的競爭策略，終使華為成長為最值得國人驕傲的民營企業。他的經營思想，也得到了許多國家和學者的重視和傳播。從現實出發，我們在企業管理和經營方面，的確可以以任正非為楷模，以任正非為方向，以任正非為導師。

昌明文庫·悅讀人物 A0603039

聲名顯赫又沉默如謎：任正非傳

作　　者　林超華
版權策畫　李煥芹

發 行 人　林慶彰
總 經 理　梁錦興
總 編 輯　張晏瑞
編 輯 所　萬卷樓圖書股份有限公司
臺北市羅斯福路二段 41 號 6 樓之 3
電話 (02)23216565
傳真 (02)23218698

出　　版　昌明文化有限公司
桃園市龜山區中原街 32 號
電話 (02)23216565
發　　行　萬卷樓圖書股份有限公司
臺北市羅斯福路二段 41 號 6 樓之 3
電話 (02)23216565
傳真 (02)23218698
電郵 SERVICE@WANJUAN.COM.TW
大陸經銷　廈門外圖臺灣書店有限公司
電郵 JKB188@188.COM

ISBN 978-986-496-480-2
2020 年 2 月初版二刷
2019 年 3 月初版一刷
定價：新臺幣 460 元

如何購買本書：
1. 轉帳購書，請透過以下帳戶
　合作金庫銀行　古亭分行
　戶名：萬卷樓圖書股份有限公司
　帳號：0877717092596
2. 網路購書，請透過萬卷樓網站
　網址　WWW.WANJUAN.COM.TW
大量購書，請直接聯繫我們，將有專人為您
服務。客服：(02)23216565 分機 610

如有缺頁、破損或裝訂錯誤，請寄回更換
版權所有·翻印必究
Copyright©2020 by WanJuanLou Books CO., Ltd.
All Rights Reserved　　　Printed in Taiwan

國家圖書館出版品預行編目資料

聲名顯赫又沉默如謎：任正非傳 / 林超華
著.-- 初版.-- 桃園市：昌明文化出版；臺北
市：萬卷樓發行, 2019.03
　面；　　公分
ISBN 978-986-496-480-2(平裝)
1.任正非 2.傳記

782.887　　　　　　　　　　108003213

本著作物經廈門墨客知識產權代理有限公司代理，由華中科技大學出版社授權萬卷樓
圖書股份有限公司（臺灣）、大龍樹（廈門）文化傳媒有限公司出版、發行中文繁體
字版版權。